EICKHORST
INTERKULTURELLES LERNEN
IN DER GRUNDSCHULE

STUDIENTEXTE ZUR GRUNDSCHULPÄDAGOGIK UND -DIDAKTIK

Herausgegeben von Günther Schorch
Begründet von Rainer Rabenstein

In dieser Reihe (vormals Studientexte zur Grundschuldidaktik) sind lieferbar:

Maria-Anna Bäuml-Roßnagl: Sachunterricht. Bildungsprinzipien in Geschichte und Gegenwart. Bad Heilbrunn, 3., überarbeitete und mit didaktischen Cartoons angereicherte Auflage 1995.

Heiner Böttger: Englisch lernen in der Grundschule. Bad Heilbrunn 2005.

Wolf Engelhardt / Hans Glöckel (Hrsg.): Wege zur Karte. Bad Heilbrunn, 2. Auflage 1977.

Hans-Joachim Fischer: Grundschule – Vermittlungsschule zwischen Kind und Welt. Bad Heilbrunn 2002.

Edith Glumpler: Interkulturelles Lernen im Sachunterricht. Bad Heilbrunn 1996.

Günter Graumann: Mathematikunterricht in der Grundschule. Bad Heilbrunn 2002.

Hartmut Hacker: Vom Kindergarten zur Grundschule. Theorie und Praxis eines kindgerechten Übergangs. Bad Heilbrunn. 2., erweiterte und aktualisierte Auflage 1998.

Paul Helbig, Eva-Maria Kirschhock, Sabine Martschinke, Ursula Kummer: Schriftspracherwerb im entwicklungsorientierten Unterricht. Bad Heilbrunn 2005.

Joachim Kahlert: Der Sachunterricht und seine Didaktik. Bad Heilbrunn, 2., überarbeitete Auflage 2005.

Kurt Meiers: Lesen lernen und Schriftspracherwerb im ersten Schuljahr. Ein Studienbuch. Bad Heilbrunn 1998.

Günther Opp / Paul Helbig / Angelika Speck-Hamdan u.a.: Problemkinder in der Grundschule. Bad Heilbrunn 1999.

Werner Sacher u.a.: Medienerziehung konkret. Konzepte und Praxisbeispiele für die Grundschule. Bad Heilbrunn 2003.

Otto Schober (Hrsg.): Deutschunterricht für die Grundschule. Bad Heilbrunn 1998.

Günther Schorch (Hrsg.): Schreibenlernen und Schriftspracherwerb. Bad Heilbrunn, 3., aktualisierte Auflage 1995.

Michael W. Schwander / Katja N. Andersen: Spiel in der Grundschule. Multiple Funktionen – maßgebliche Aufgaben. Bad Heilbrunn 2005.

INTERKULTURELLES LERNEN IN DER GRUNDSCHULE
Ziele – Konzepte – Materialien

von
Annegret Eickhorst

VERLAG
JULIUS KLINKHARDT
BAD HEILBRUNN • 2007

Die Deutsche Bibliothek – Cip-Einheitsaufnahme
Ein Titelsatz für diese Publikation ist bei Der Deutschen Bibliothek erhältlich.

2007.9.Kh. © by Julius Klinkhardt.

Druck und Bindung: AZ Druck und Datentechnik
Printed in Germany 2007.
Gedruckt auf chlorfrei gebleichtem alterungsbeständigem Papier.

ISBN 978-3-7815-1552-9

Inhaltsverzeichnis

Einleitung

Das Zusammenleben mit Menschen aus verschiedenen Ländern und Kulturkreisen ist bei uns mittlerweile zu einer Alltagserfahrung – auch für Kinder im Grundschulalter – geworden. Zwar gibt es Unterschiede zwischen städtischen Ballungsgebieten und eher ländlich strukturierten Regionen. Jedoch dürfte die Tatsache, dass über eine Million Kinder und Jugendliche aus anderen Herkunftsländern derzeit die allgemein- und berufsbildenden Schulen in Deutschland besuchen, es gerade für die „Basisinstitution" Grundschule notwendig werden lassen, sich mit den bei uns vertretenen Kulturen und dem Erfordernis eines „guten" Zusammenlebens auseinander zu setzen. Weitere Aspekte kommen hinzu: die bereits begonnenen Schritte zu einem stärker zusammenwachsenden Europa, verbunden mit der Vorstellung einer weitgehenden Aufhebung der nationalen Grenzen und der Einrichtung gemeinsamer politischer Gremien, verlangt nach Öffnung für andere Lebensweisen und Sprachen. Das Wissen darum, dass wir es weltweit nicht nur in ökonomischer, sondern auch in sozialer und kultureller Hinsicht mit ähnlichen Problemlagen und zunehmender Vernetzung zu tun haben, ist z.B. über die Nutzung des Internet aber auch durch entsprechende Berichte in den Medien schon Grundschulkindern gegenwärtig. Entsprechend soll mit der Vorbereitung auf ein friedliches Miteinander in globaler Verantwortung vor der „Einen Welt" so früh wie möglich begonnen werden.

Die Forderung, interkulturelles Lernen in allen Schulformen und -stufen tatsächlich zu praktizieren, ist inzwischen schon „populär" geworden. Dagegen sind die Sensibilisierung für damit verbundene Fragen und Probleme bzw. das Wissen um die darin beschlossenen pädagogischen Möglichkeiten und Grenzen unter (angehenden) Lehrerinnen und Lehrern noch wenig entwickelt. Mit Blick auf den stufenspezifischen Auftrag der Grundschule, sich unterschiedslos an *alle* Kinder zu wenden, ist für das interkulturelle Lernen eine breite Ausgangsbasis mit Blick auf weiterführende Bildungsgänge gegeben. Dies macht aber auch deutlich, dass der für den Umgang mit kultureller Vielfalt in der Schule geforderte Balanceakt, möglichst viel an Gemeinsamkeiten zu finden und der Verschiedenheit soweit als möglich gerecht zu werden, die Arbeit in der Grundschule in besonderem Maße betrifft und vor ganz spezifische Herausforderungen stellt. Dies umso mehr, als sie nach dem nicht zufrieden stellenden Abschneiden deutscher Schülerinnen und Schüler in den großen internationalen Vergleichsuntersuchungen für die Förderung der Basiskompetenzen unter dem Postulat der Chancengerechtigkeit in die Pflicht genommen wird.

Für die angesprochenen Aufgabenfelder reicht es nicht aus, interkulturelles Lernen sozusagen „punktuell" für einige besonders anregend und „interessant" erscheinende Themen aufzunehmen und es z.B. mit dem Blick auf eine Projektwoche an den „Rand" des schulischen Alltags zu verweisen. Der seit Vorliegen der Ergebnisse aus den PISA-Studien verstärkt diskutierte Aspekt der *Förderung* von Kindern mit einem Migrationshintergrund lenkt den Blick darüber hinaus auf die Konzeption und Umsetzung besonderer Angebote – z.B. in den Feldern von Sprache und Umgang mit Heterogenität.

Zielgruppe des Buches sind vornehmlich Studierende, die eine Tätigkeit als Lehrerinnen und Lehrer an (Grund-) Schulen anstreben bzw. Personen, die diesen Beruf bereits ausüben und die sich nicht ausdrücklich als „Spezialisten" für den Bereich des interkulturellen Lernens verstehen. Darüber hinaus angesprochen sind alle, die mit der Ausbildung von pädagogischen Fachkräften befasst sind, die in der Schulverwaltung und -administration Verantwortung übernommen haben; diejenigen, welche sich mit der Produktion von Medien und Materialien (einschließlich der Schulbücher) für den interkulturellen Bereich befassen; letztlich auch die Eltern und die interessierte Öffentlichkeit.

Die Kenntlichmachung interkulturellen Lernens als *durchgehend* zu beachtendes Unterrichtsprinzip – häufig verbunden mit dem Ausweis einer spezifischen, bereits in der Schule zu entwickelnden Kompetenz – nimmt auch die zugeordnete pädagogische Fachwissenschaft in die Pflicht. Entsprechend soll es hier darum gehen, diesen Bereich als ein *schulisches Arbeitsfeld* und das heißt auch – mit Blick auf die Ausbildungssituation von Lehrerinnen und Lehrern – als ein zusammenhängendes Studiengebiet der *Schul-* bzw. hier (im engeren Sinne) *Grundschulpädagogik* zu erschließen. Damit wird eine von der üblicherweise erfolgten disziplinären „Verortung" – als Bereich der Allgemeinen bzw. Vergleichenden Pädagogik – abweichende Akzentuierung vorgenommen. Im Rahmen der Teildisziplin Schulpädagogik nehmen Fragen der unterrichtlichen Gestaltung (einschließlich des Einsatzes geeigneter Materialien und Medien) – auch in Verbindung mit didaktischen Überlegungen – einen zentralen Stellenwert ein. Somit liegt hier ein Schwerpunkt darauf, die Interkulturelle Pädagogik unter dem Aspekt des in der Grundschule „Machbaren" darzustellen und das heißt, Anregungen und Reflexionshilfe für die pädagogische Praxis unmittelbar zu geben.

Die Konzeption als *Studienbuch* bringt es mit sich, dass auf eine systematische Erschließung des Arbeitsfeldes großes Gewicht gelegt wird. Grundlegende theoretische Bezüge und Begriffe werden ausgeführt. Zusammenfassungen sind nach jedem größeren Abschnitt vorgesehen und rollen zentrale Zusammenhänge nochmals unter einer spezifischen Problemstellung auf bzw. bringen zusätzlich kritische Aspekte ein. *„Exkurse"* sind da angefügt, wo es die Diskussionslage verlangt, zusätzlich auf angrenzende thematische Zusammenhänge einzugehen, die über den engeren Rahmen des in dem jeweiligen Kapitel erörterten hinausgehen. Ein „Anhang" mit Hinweisen auf Materialien und Internetadressen ergänzt die Ausführungen. Die Umsetzung interkulturellen Lernens im Rahmen des *Fächerspektrums* der Grundschule wird dagegen lediglich exemplarisch erschlossen. So sind beispielsweise das Fach Religion wie auch Fragen des religiösen Lernens im Grundschulalter auf Grund der großen Komplexität und relativen Eigenständigkeit dieses Bereichs hier ausgeklammert.

Mein Dank gilt allen, die an der Erstellung des Manuskripts zu dem vorliegenden Band mitgewirkt haben. Dazu gehören vor allem auch die Studierenden aus meinen Lehrveranstaltungen zum Interkulturellen Lernen in Braunschweig, Münster, Vechta und Paderborn, die mit ihren Fragen, Beiträgen und Hinweisen wesentlich zu der vorliegenden Konzeption des Buches beigetragen haben.

1 Gesellschaftliche Herausforderungen und Erwartungen: Migration und Globalisierung

Gesamtgesellschaftliche Veränderungen, wie sie mit den Begriffen „Migration" und „Globalisierung" eher schlagwortartig gekennzeichnet werden, sind es, welche die Notwendigkeit interkulturellen Lernens in der Schule nachhaltig angestoßen haben. Dabei sind Wanderungsbewegungen als solche nichts Ungewöhnliches. Sie gehören vielmehr, wie dies der Historiker Klaus Bade ([3]1993, S. 15) ausdrückt und auch detailliert belegt, zu den „existentiellen Grunderfahrungen" der Menschheit. Für die Situation in Deutschland neu und verändert ist es, dass hier seit dem Zweiten Weltkrieg eine ungewöhnlich große Zahl an Flüchtlingen, Vertriebenen, Über- und Aussiedlern ins Land kam. Seit Mitte der 1950er Jahre bis zum Anwerbestopp 1972 waren es verstärkt Beschäftigung suchende Menschen, was in den 1960er Jahren in die Problematik der „Gastarbeiterfrage" mündete. Eine eigene Gruppe bilden die Kinder und Enkel der Arbeitsmigranten, die ganz oder teilweise in Deutschland aufgewachsen sind, hier eingeschult wurden und auch die deutsche Staatsangehörigkeit besitzen.

Hinzu kamen in den späten 1980er Jahren viele Flüchtlinge aus der ehemaligen DDR sowie asylsuchende Menschen aus Europa und der so genannten „Dritten Welt", die einen unterschiedlichen rechtlichen Status besitzen. Weiterhin leben in Deutschland Personen aus Mitgliedsländern der Europäischen Union, die sich hier einen Arbeitsplatz gesucht haben, auch hochqualifizierte IT-Fachkräfte kamen durch Anwerbung ins Land. Eine weitere Gruppe stellt die der Aussiedler oder Spätaussiedler aus den ehemaligen deutschen Ostgebieten (z.B. Polen, ehemalige Sowjetunion, Balkanstaaten, Estland, Litauen, Lettland) dar. Da sie überwiegend die deutsche Staatsangehörigkeit besitzen, werden sie statistisch häufig gar nicht als Ausländer erfasst. Gegenwärtig kommen Angehörige dieser Gruppe fast nur aus dem Gebiet der ehemaligen UdSSR nach Deutschland. Auch ihre Zahl ist rückläufig, da sie mittlerweile eine Unterstützung bekommen können, wenn sie in ihren Herkunftsgebieten bleiben möchten.

Schon aus diesen Angaben wird deutlich, wie unterschiedlich sich die Lebenssituation von Kindern und Jugendlichen mit Migrationshintergrund darstellt. Traumatische Erfahrungen im Heimatland, Ungewissheit über den weiteren Verbleib bei Asylsuchenden gegenüber dem Recht auf staatliche Unterstützung und Hilfe beim Spracherwerb für Aussiedlerkinder, bei möglicherweise ähnlichen Belastungen beim Eingliederungsprozess, kommen vor (vgl. Herwartz-Emden 2003, S. 662f.). Auf Grund unterschiedlicher Fähigkeiten in Kenntnis und Verwendung der deutschen Sprache, kulturell überformter Norm- und Wertvorstellungen im familiären Umfeld haben wir es auch bei Angehörigen der „zweiten" und „dritten Generation" keineswegs mit einer einheitlichen Gruppe zu tun. Menschen, die – entweder innerhalb ihres Landes wandern bzw. dabei auch die Grenzen ihres Landes überschreiten – werden als *Migranten* bezeichnet. Der – häufig undifferenziert gebrauchte – Begriff ‚Ausländer' wird mittlerweile als diskriminierend empfunden und in den Diskursen zum Schulwesen durch ‚Kinder und Jugendliche mit Migrationshintergrund' ersetzt.

Eine weitere Herausforderung für interkulturelles Lernen lässt sich mit dem Begriff der „Globalisierung" verbinden und bringt zum Ausdruck, dass sich die Lebensbedingungen aller Erdenbewohner zunehmend vernetzen. Viele Probleme, mit denen wir es hier und heute zu tun haben (wie z.B. Knappheit natürlicher Ressourcen, Klimaveränderungen) sind überall auf unserem Planeten gegenwärtig. Aber auch Handel, Investitions- und Produktionsstrukturen sind weltweit so miteinander verbunden, dass wir von einer „Weltwirtschaft" sprechen. Der Blick auf die „Weltgesellschaft" konfrontiert auch mit Ungleichheiten innerhalb der Weltbevölkerung. Unterschiede in der Einkommensverteilung vor allem zwischen den Industrienationen und den (so bezeichneten) Staaten der „Dritten" und „Vierten Welt" hat zu einer Kluft zwischen armen und reichen Ländern geführt, zumal wenn die Ungleichheit als unverschuldet erlebt wird.

Im Globalisierungsprozess geht es nicht nur um wirtschaftliche Prozesse; zunehmend sind soziale und kulturelle Faktoren eingeschlossen. Nicht die Tatsache kultureller Austauschprozesse „an sich" ist dabei neu und ungewohnt, sondern ihre dramatische Beschleunigung und das Auftreten in teilweise ungewohnten Formen. Auch hier deutet der neue Begriff einer „Weltkultur" an, dass oberhalb der Ebene teilweise nationalstaatlich gebündelter Teilkulturen eine globale Ebene kultureller Gemeinsamkeiten entsteht (z.B. über Konsummuster oder den Musikgeschmack Jugendlicher), die zudem auf dem Feld der Massenkommunikation durch weltweit ausgewiesene Fernsehprogramme (auch schon für Kinder) oder über das Internet miteinander verbunden sind. Auch der Bereich des „Wissens" steht unter einem starken Homogenisierungsdruck – denkt man z.B. an der in allen OECD-Staaten in den internationalen Leistungsvergleichsstudien erhobenen Orientierung an Basiskompetenzen wie „Reading Literacy", „Mathematical" und „Scientific Literacy", die auf die zukünftige Möglichkeit des Heranwachsenden zu erfolgreicher gesellschaftlicher Teilhabe hin ausgewiesen werden.

Der Pauschalbegriff „Ausländer" wird im neueren Migrationsdiskurs zunehmend zurückgewiesen, da er sich als „unscharf" erweist und auch von den Betroffenen als ausgrenzend und unangemessen empfunden wird. Nicht selten impliziert der Begriff eine negative Zuschreibung, die auf leistungsschwache Kinder und „bildungsferne" Elternhäuser verweist. Weitgehend durchgesetzt haben sich – z.b. im Kontext von Schule und Unterricht – die Bezeichnungen „Migrationskinder" oder „Kinder und Jugendliche mit Migrationshintergrund".

1.1 Interkulturelle Bildung als Schlüsselkompetenz

Mit der Etablierung eines neuen Arbeitsbereichs, der so bezeichneten „Ausländerpädagogik" reagierte die Erziehungswissenschaft während der 1960er Jahre in Deutschland auf die verstärkt einsetzende Arbeitsmigration, die sehr stark verknüpft wurde mit der Vorstellung des nur kurze Zeit und meistens ohne eigene Familie in Deutschland lebenden „Gastarbeiters". So blieb auch die Zahl der schulpflichtigen Kinder anfangs noch gering und veranlasste die Schulverwaltungen zunächst nicht zu besonderen Maßnahmen. Auch die Erziehungswissenschaft reflektierte bis in die 1970er Jahre hinein die Problematik nur „am Rande", wobei die Reformvorschläge, wie sie beispielsweise im Strukturplan des Deutschen Bildungsrates (1973) unterbreitet wurden, im Blick auf den Umgang mit Migrationsfolgen nicht aufgegriffen worden sind (vgl. Auernheimer [3]2003, S. 35).

Seit den 1990er Jahren ist in diesem Rahmen ein zunehmender Rekurs auf den Begriff ‚interkulturell' zu beobachten; dies mit Bezug auf vielfältige Aufgabenfelder und Fächer aber auch im Hinblick auf teildisziplinäre Zusammenhänge (wie z.B. die ‚Interkulturelle Pädagogik'). Dabei wären Reformansätze durchaus geeignet gewesen etwa Strukturveränderungen im Bildungswesen anzustoßen (vgl. die jüngste Diskussion um Bildungsbenachteiligung für Kinder und Jugendliche mit Migrationshintergrund, Abschnitt 1.4).

Erst Anfang der 1980er Jahre begann die so genannte „Interkulturelle Erziehung" die Ausländerpädagogik abzulösen, wobei die von Nieke ([2]2000) unterschiedenen fünf Entwicklungsphasen einen gewissen Anhaltspunkt vorgeben, wenngleich zu sehen ist, dass die markierten Einschnitte nach der je eingenommen Perspektive unterschiedlich ausfallen können. Die erste Phase ist umschrieben mit „Ausländerpädagogik als Nothilfe". In der zweiten erfolgte eine intensive Kritik an der so bezeichneten Richtung. In der Reaktion darauf kam es mit der Differenzierung zwischen „Förderpädagogik" und „Interkultureller Erziehung" zu ersten praktischen Konsequenzen. Nach einer Blickerweiterung auf die ethnischen Minderheiten erfolgte letztlich die „Sicht" auf die Interkulturelle Pädagogik als (notwendiger) Bestandteil von Allgemeinbildung. Gegenwärtig zeichnet sich eine Ausrichtung hin zu Fragen einer differenzierten Förderung – vor allem im Bereich der deutschen Sprache bzw. im Kontext des übergreifenden Ansatzes „Umgang mit Heterogenität" – ab.

Die Diskussion um einen zeitgemäßen Begriff von Allgemeinbildung geht einher mit einer intensiven Auseinandersetzung zum Verhältnis von Pluralität, Differenz und Gleichheit in Schule und Unterricht sowie mit einer Verschränkung der sogenannten „Differenz-Diskurse" (Geschlechterforschung, Interkulturelle Bildung und Integrationspädagogik), wie dies z.B. in der „Pädagogik der Vielfalt" (nach Prengel [3]2006) versucht wird. Interkulturelle Bildung und Erziehung erscheint aus dieser nunmehr geweiteten Perspektive

> „... als nichts Anderes, aber auch nichts Schwierigeres, als Erziehung und Bildung *in einer und für eine* sprachlich, ethnisch, national, sozial und im weitesten Sinn kulturell pluralisierte(n) demokratische(n) Gesellschaft" (Krüger-Potratz 2005, S. 15).

In der Umschreibung interkultureller Bildung als *„Schlüsselqualifikation"* bzw. als *Querschnittsaufgabe* (KMK-Empfehlung 1996; vgl. Abschnitte 1.1.bzw. 2.2) wird versucht, diesem Verständnis Rechnung zu tragen. Die Metapher ‚Schlüsselqualifikation' wurde im Jahre 1974 von dem damaligen Direktor des Instituts für Arbeitsmarkt- und Berufsforschung in der Bundesanstalt für Arbeit, Dieter Mertens, geprägt. Angesichts außerordentlich beschleunigt ablaufender Veränderungen in Wissenschaft, Technik und Arbeitswelt reicht es – so seine Position – nicht mehr aus, sich Wissen „auf Vorrat" anzueignen, um für künftige Anforderungen in Beruf und Gesellschaft ausreichend gerüstet zu sein. Schlüsselqualifikationen sind vielmehr nötig und definiert als

> „... solche Kenntnisse, Fähigkeiten und Fertigkeiten, welche nicht unmittelbaren und begrenzten Bezug zu bestimmten, disparaten praktischen Fähigkeiten erbringen, sondern

- die Eignung für eine große Zahl von Positionen und Funktionen als alternative Optionen zum gleichen Zeitpunkt, und
- den Zeitpunkt und die Eignung für die Bewältigung einer Sequenz von (meist unvorhersehbaren) Änderungen von Anforderungen im Laufe des Lebens" (Mertens 1974, S. 40) einschließen.

Vor allem für den berufspädagogischen Bereich entstanden „Listen" von erwünschten Qualifikationen, die als „Schlüssel" für weitere definiert wurden: wie z.B. Teamfähigkeit, Belastbarkeit und kreatives Denken. Ab Ende der 1980er Jahre wurde das Konzept der Schlüsselqualifikationen auf die grundlegenden Kompetenzen des lernenden Subjekts (Selbst-, Sach-, Sozialkompetenz) – teilweise noch erweitert durch Methoden- und Moralkompetenz – bezogen und in die Diskussion um Allgemeine Bildung, etwa unter dem Zielaspekt einer „ganzheitlich-integrativen Handlungsfähigkeit", eingebracht (vgl. z.B. Peterßen [2]2001, S. 10ff.).

Die in Deutschland stark verbreitete *bildungstheoretische Didaktik* nach Wolfgang Klafki weist in ihrer Neukonzeption als kritisch-konstruktiver Ansatz (1985) beispielsweise mit Blick auf das Mündigwerden des Heranwachsenden eher als Qualifikationen umschriebene Grundfähigkeiten wie Selbstbestimmungs-, Mitbestimmungs- und Solidaritätsfähigkeit aus, die als Grundkomponenten von Bildung begriffen werden können. Allgemeinbildung bedeutet in diesem Zusammenhang „... ein geschichtlich vermitteltes Bewusstsein von zentralen Problemen der Gegenwart und – soweit voraussehbar – der Zukunft zu gewinnen, Einsicht in die Mitverantwortlichkeit aller angesichts solcher Probleme und die Bereitschaft an ihrer Bewältigung mitzuwirken" (Klafki [5]1996, S. 56). Gefasst als „epochaltypische Schlüsselprobleme" setzt dies die Auseinandersetzung z.B. mit der Friedens-, der Umweltfrage, den Gefahren und Möglichkeiten der neuen Kommunikationstechnologien voraus.

Eine weite Verbreitung gefunden hat auch die Definition der Bildungskommission Nordrhein-Westfalen (1995) in ihrem Gutachten „Zukunft der Bildung – Schule der Zukunft". Schlüsselqualifikationen sind hier definiert als

„... erwerbbare allgemeine Fähigkeiten, Einstellungen und Strategien, die bei der Lösung von Problemen und beim Erwerb neuer Kompetenzen in möglichst vielen Inhaltsbereichen von Nutzen sind" (ebd., S. 113).

In der Erprobungsfassung der nordrhein-westfälischen Rahmenrichtlinien für die Grundschule (2003) wird der Erwerb „grundlegender Kompetenzen" ausdrücklich mit der „Lese- und Schreibkompetenz" (ebd., S. 16) der

Schülerinnen und Schüler in Verbindung gebracht, zumal sprachliche Fähigkeiten für das Lernen in der Schule schlechthin von Bedeutung sind. Gelingendes interkulturelles Lernen und ein hohes Maß an interkulturellem Verstehen sind Grundvoraussetzungen für den Aufbau interkultureller *Handlungskompetenz*. Diese Fähigkeit nimmt Bezug darauf, dass der Einzelne mit unterschiedlichen kulturellen Anforderungen (aus dem „eigenen" und dem „fremden" Orientierungssystem) konfrontiert sein kann und zeigt sich darin, „... beide Orientierungssysteme in einer aufeinander abgestimmten Weise der interkulturellen Überschneidungssituation wirksam zum Einsatz zu bringen" (Thomas [2]2003., S. 439).

1.2 Begriffsklärungen: Kultur und Interkulturelles Lernen

Neben den in der gesamten Diskussion häufig anzutreffenden Begriffen des Interkulturellen bzw. der Interkulturalität hat der Begriff ‚Kultur' einen relativ hohen Stellenwert, hängt doch von den Deutungen, die diesem im Rahmen der Diskussion insgesamt gegeben werden, auch die Bestimmung von interkulturellem Lernen ab. Da andere Begriffe noch in den jeweiligen Kapiteln angesprochen werden, soll in diesem Abschnitt eine Konzentration auf den Kulturbegriff bzw. das Merkmal „interkulturell" erfolgen.

Im Kontext einer – z.T. auch geforderten – „Interkulturellen Pädagogik" (vgl. z.B. Krüger-Potratz 2005) verweisen die kennzeichnenden Aspekte ‚multikulturell' und ‚interkulturell' auf unterschiedliche Akzentsetzungen. Während ersterer eher auf eine gesellschaftliche Situation hindeutet und auch im politischen Diskurs herangezogen wird, hebt letzterer auf Zielvorstellungen und Maßnahmen pädagogischer und sozialer Konzepte ab. Dazu vermischen sich in beiden Begriffen programmatische Aspekte mit eher auf Beschreibung und Analyse bezogenen Merkmalen. Auf jeden Fall lässt sich das hier favorisierte Konzept „interkulturelles Lernen" in Verbindung bringen mit der Vielfalt pädagogischer Handlungsfelder, wie sie durch die institutionellen Rahmenbedingungen von Familie, Kindergarten, Schule, Hochschule und Freizeiteinrichtungen gegeben sind.

Der für das gesamte Diskussionsfeld zentrale *Kultur*begriff wird – nicht zuletzt bedingt durch die Vielfalt an Vorschlägen zur Definition und Abgrenzung – intensiv erörtert. Dazu gehört im Ansatz auch der Rückgriff auf die grundlegende anthropologische Sichtweise des Menschen als Natur- und Kulturwesen. Während die Seite der „Natur" als im Wesentlichen vorgegebene und aus sich selbst heraus entwickelnde anzusehen ist, haben wir es auf der „Kulturseite" mit eigenen menschlichen Schöpfungen zu tun (vgl. Wiater 2004, S. 47). Überwiegend akzeptiert ist letztlich ein relativ weit gefasstes Verständnis von „Kultur"; umschrieben als

„... Gesamtheit der kollektiven Deutungsmuster einer Lebenswelt (einschließlich materieller Manifestationen)" (Nieke [2]2000, S. 50).

Gefragt sind nicht *individuelle* Bedeutungen, wie sie der Einzelne im Laufe seiner Sozialisation und Bildung erwirbt, sondern gesellschaftlich *geteilte* Deutungsmuster. Sie beziehen sich auf die Bereiche des Wahrnehmens, Orientierens, Denkens, Fühlens, Wertens und Handelns. Als „fraglose Gewissheiten" des Alltags (ebd., S.51) – dies impliziert der Begriff der ‚Lebenswelt' nach Schütz (1932) – können sich derartige Deutungen ganz selbstverständlich einstellen und werden in der Regel dem Einzelnen erst bewusst, wenn sie sich bei der Orientierung und dem Handeln im sozialen Feld als unzulänglich erweisen bzw. mit einer „fremden Lebenswelt" konfrontiert werden. Kultur in diesem Sinne schließt die Fülle der Lebensgewohnheiten – Sitten und Gebräuche, Ess- und Kleidungsvorschriften, Feste und Feiern – ein und erstreckt sich auch auf deren materielle Ausdrucksformen, wie sie sich z.B. in Bauten, Kunstwerken oder ästhetischen Produktionen; aber auch in institutionalisierten Feldern (wie Wissenschaft, Wirtschaft, Religion) darstellen. Mit einbezogen sind darüber hinaus Wertvorstellungen und Normen, Emotionen und Motivationen. Einzelne Kulturelemente haben einen symbolischen Charakter und sind prinzipiell mehrdeutig (z.B. „Rituale"). Auernheimer ([3]2003, S. 75) führt denn auch die Umschreibung von Kulturen als „Landkarten der Bedeutung" (nach Clarke u.a. 1981) an. Diese sind dann wiederum in den Formen der gesellschaftlichen Organisationen und der Beziehungen objektiviert. Die Zugehörigkeit zu einer Kultur wird – auf dem Wege der „Enkulturation" – unter den Bedingungen der sozialen Gruppe erworben, in der ein Mensch aufwächst. Dies kann ungeplant erfolgen (wie z.B. in der Familie) oder auch im Rahmen institutionalisierten Lernens (so in der Schule) geschehen. Ferner bringt die Einführung in die Lebensformen einer Kulturgemeinschaft bestimmte verbindliche „Muss-Erwartungen" (Einhalten von Gesetzen und Vorschriften), die geforderte Orientierung an „Soll-Erwartungen" (z.B. Umgangsregelungen mit den Klassenkameraden) aber auch eine Reihe von „Kann-Erwartungen" (eigene kulturschaffende Aktivitäten) mit sich (vgl. Wiater 2004, S. 48). Die Stichworte der „Kulturdynamik" bzw. der „Subkultur" deuten darauf hin, dass für den Einzelnen grundsätzlich die Möglichkeit besteht, sein unmittelbares kulturelles Umfeld eigenständig zu verändern oder auch weiterzuentwickeln. Zudem ist durch einen Wechsel der Gruppenzugehörigkeit auch der Weg zu einer anderen kulturellen – z.B. auch zu einer bikulturellen – Orientierung offen. Kulturen sind daher – soweit zeichnet sich in der pädagogischen Diskussion ein Konsens ab – nichts Statisches, sondern sie gelten als in sich *heterogen* und als *prozesshaft-dynamisch*. Dies erweist sich beispielweise insofern als bedeutsam, als sich auch die kulturellen Orientierungen bei uns lebender Migranten in Bezug auf die Dauer ihrer Abwesenheit vom Herkunftsland und in Abhängigkeit der hier wirksam werdenden Kontakte und Erfahrungen verändern und so etwas wie typische „Migrantenkulturen" mit ganz eigenen Ausformungen – z.B. in der Sprache der Kinder und Jugendlichen – entstehen können.

Das Präfix „inter" weist auf die Bedeutungsdimension „zwischen (lokal, temporal und übertragen)" hin (Duden, Band 5 [9]2007, S. 466); „interkulturell" betrifft deshalb die „Beziehungen zwischen den verschiedenen Kulturen" (ebd., S. 468). Die Orientierung am Kulturbegriff einschließlich der darin angelegten Konsequenzen für die Konzepte von ‚Interkulturalität' bzw. ‚Interkultureller Pädagogik' sind nicht unumstritten. Kulturen können sich als „Befangenheiten im Denken" erweisen. Daher sei nicht Erhalt und Herausbildung einer „kulturellen Identität" das Ziel interkulturellen Lernens, sondern Überwindung von kulturellen Schranken und Begrenzungen (Auernheimer [2]1996, S. 31). Folgende Begründungen werden dazu gegeben:
- Der Verfassungsauftrag der öffentlich-rechtlichen Schule schließt eine Verpflichtung auf Universalität ein und lässt nicht Raum für eine Orientierung an Kulturen von Minoritäten, zumal dies eher eine „Stabilisierung" kultureller Identität zur Folge hätte (ebd., zit. nach Radtke 1988). Kulturelle Identität kann auch als „historisches Relikt" aufgefasst werden. Unter heutigen Bedingungen ergibt sich aus dieser Perspektive die Gefahr des „Traditionalismus" und „Folklorismus" (ebd., S. 32).
- Die „Transzendenz" von Kulturen erscheint sinnvoller als eine Orientierung am Bestehenden – so die bildungstheoretisch-philosophische Sicht. Aus dem Dilemma heraus, dass nur eine kulturrelativistische Haltung möglich und der Geltungsanspruch schulischer Erziehung und Bildung dann unter Umständen preiszugeben sei, wird die Konzeption einer „transkulturellen Bildung" vorgeschlagen (z.B. Schilmöller 1996). Beschrieben wird diese Orientierung auch als neues „Leitbild" für Bildungsprozesse, das jenseits eines gedachten Gegensatzes von Eigen- und Fremdkultur die Befähigung zu „transversaler Vernunft" einschließt (Bolscho 2005). Als Konsequenz daraus ist zu sehen, dass sich Individuen

in modernen Gesellschaften mit vielfältigen Orientierungen identifizieren können und nicht an den Erwerb der einen spezifischen kulturellen Identität gebunden sind. Im Kontext von Globalisierungstendenzen wird es zunehmend darum gehen, Transformationsleistungen über Kulturen hinaus im Blick zu haben. Dies ist – gegenwärtig noch – als eine Zukunftsperspektive zu betrachten.

Der Stellenwert der mit der Vorstellung des „Interkulturellen" gleichermaßen verknüpften pädagogischen Grundanliegen von ‚Bildung' und ‚Erziehung' soll keinesfalls in seiner Bedeutung zurückgesetzt, hier jedoch in enger Beziehung gesehen werden zugunsten einer als umfassend(er) gedachten Auffassung von *interkulturellem Lernen*. Lernfähigkeit – aber auch Lernbedürftigkeit – gehören zur Grundausstattung des Menschen und tragen dazu bei, dass vielfältige Kenntnisse, Fähigkeiten, Fertigkeiten und Haltungen erworben werden können. Lernen vollzieht sich zum einen im Rahmen von Entwicklung und Sozialisation eher „beiläufig". Es kann aber auch – zumal in didaktisch arrangierten Unterrichtssituationen – ausdrücklich intendiert und als solches überzeugender mit Vorstellungen von Erziehung und Bildung verbunden werden.

Von großer Bedeutung für das interkulturelle Lernen ist es, dass Lernprozesse von allen in einer Gesellschaft zusammenlebenden Menschen erwartet werden: von Einheimischen wie Fremden; von Mehrheiten wie Minderheiten. Das schließt in der neueren Diskussion den geografischen Rahmen Europas wie auch den der Weltgesellschaft insgesamt ein. Mit Bezug auf die so genannte „Austauschforschung" im Rahmen internationaler Jugendarbeit schlägt Thomas (1988, S. 83; zit. nach Auernheimer [3]2003, S. 82) folgende Begriffsdefinition vor:

> „Interkulturelles Lernen findet statt, wenn eine Person bestrebt ist, im Umgang mit Menschen einer anderen Kultur deren spezifisches Orientierungssystem der Wahrnehmung, des Denkens, Wertens und Handelns zu verstehen, in das eigenkulturelle Orientierungssystem zu integrieren und auf ihr Denken und Handeln im fremdkulturellen Handlungsfeld anzuwenden. Interkulturelles Lernen bedingt neben dem Verstehen fremdkultureller Orientierungssysteme eine Reflexion des eigenkulturellen Orientierungssystems".

Auch angesichts der Offenheit und Prozesshaftigkeit von Kulturen wird hier an der Vorstellung bestehender kultureller „Orientierungssysteme" festgehalten, die eine Art „Muster" bereitstellen für die Erfahrbarkeit der Differenz von „eigen" und „fremd" und vor deren Hintergrund die Rede von kulturellen „Überschneidungssituationen" Sinn macht. Festzuhalten aber bleibt: ‚Kultur' – verstanden als „Orientierungssystem" – wird zum einen immer wieder neu geschaffen und ausgehandelt. Zugleich basiert sie auf bestimmten Regelwerken, die in sozialen Gemeinschaften entwickelt werden, einen hohen Verbindlichkeitsgrad haben und ein relativ reibungsloses Kommunizieren und Kooperieren untereinander ermöglichen (Thomas [2]2003, S. 437).

In interkulturellen „Überschneidungssituationen" sind es gerade die stabilisierten und „Halt" gewährenden Regeln und Vorschriften, die zu Missverständnissen und Handlungsabbrüchen führen können. Eine spezifische kulturpsychologische Forschung setzt hier an, um spezifische interkulturelle Austauschprozesse zu analysieren. Die zentralen Merkmale eines kulturspezifischen Orientierungssystems lassen sich auch als „Kulturstandards" kennzeichnen. Die Mehrzahl der Mitglieder eines bestimmten Kulturraumes betrachtet sie als „normal, typisch und verbindlich" (ebd.). Da sie innerhalb der eigenen Kultur nicht mehr bewusst sind, können sie sich in Kontakt mit in anderen Kulturen sozialisierten Partnern als kritische Interaktionserfahrungen bemerkbar machen.

Interkulturelles Lernen kann dann als „erfolgreich" angesehen werden, wenn es zu einem interkulturellem „Verstehen" führt (ebd., S. 439). Dazu gehören Kenntnisse über die fremde Kultur, Erfassung ihrer Standards und ihrer handlungssteuernden Wirkungen sowie die Fähigkeit zum Wahrnehmen, Denken, Urteilen und Empfinden im Kontext des fremdkulturellen Orientierungsrahmens und schließt – im weiteren Verlauf – die Distanznahme zu eigener kultureller Befangenheit und das Hineinversetzen in andere kulturelle Orientierungssysteme ein.

> Bei Kindern im Grundschulalter ist diese Fähigkeit nach bisher vorliegenden Untersuchungen zur allmählichen Entwicklung der „Perspektivenübernahme" (vgl. z.B. Selman 1984) noch nicht vollständig zu erreichen. Die in den weiteren Kapiteln vorgestellten Überlegungen zur Umsetzung interkulturellen Lernens im Rahmen des Grundschulunterrichts werden im Einzelnen aufzeigen, welche konkreten Möglichkeiten auf einer Entwicklungsstufe jeweils gegeben sind.

Der referierte Ansatz bestätigt die Einschätzung, dass der Begriff ‚Interkulturelles Lernen' (derzeit) vornehmlich in der Erwachsenenpädagogik bzw. Austauschforschung gebräuchlich ist (Krüger-Potratz 2005). In diesem Zusammenhang sind auch Phasenmodelle entwickelt worden, die interkulturelles Lernen als einen stufen- bzw. spiralförmigen Prozess beschreiben, in deren Verlauf sich der Umgang mit der eigenen und fremden Kultur verändert (vgl. z.B. Führing 1996).

Mit Bezug auf das schulische Lernen erscheint das Anknüpfen an einen aktuellen Lernbegriff angemessen, wie er im Rahmen der neueren Didaktikdiskussion und Lehr-Lern-Forschung gebräuchlich und z.B. von Wiater

(2004, S. 52ff.) auf den Bereich der kulturellen Integration übertragen worden ist. Er soll im zusammenfassenden Kapitel entfaltet und als Rahmenkonzeption für das Verständnis von ‚interkulturellem Lernen' in diesem Band zugrunde gelegt werden.

Zielvorstellungen, die „gelingendes" interkulturelles Lernen im Blick haben, sind keinesfalls nur kennzeichnend für die theoretische Grundlagendiskussion, sondern in unterschiedlicher Weise bereits in den (Grundschul-) Lehrplänen der Bundesländer aufgenommen worden (vgl. Eickhorst 2004). So hat beispielsweise der Rahmenplan „Interkulturelle Erziehung" von Mecklenburg-Vorpommern (2002, S. 4) den „gelingenden Aufbau" einer interkulturellen Handlungskompetenz ausdrücklich zum Ziel und schließt hier eine präzise definierte Sach-, Sozial-, Selbst- und Methodenkompetenz (ebd.) ein.

1.3 Kulturelle Vielfalt in Deutschland

Einen Einschnitt im pädagogischen Diskussionsverlauf um interkulturelle Bildung und Erziehung markiert die PISA-Studie (Baumert u.a. 2001). Die im internationalen Vergleich der Schulleistungen zutage getretenen Defizite zeigen sich für Kinder und Jugendliche mit Migrationshintergrund in besonderem Maße. Dies hat Überlegungen zu einer angemessenen (Früh-) Förderung angeregt, die vorrangig sprachliche Kompetenzen in den Blick nimmt und dabei nicht auf das Niveau der „alten" Ausländerpädagogik zurückzufallen trachtet.

Zur Einschätzung der gegenwärtigen Problemlage mag der Blick auf einige statistische Daten hilfreich sein. Nach Angaben des Statistischen Bundesamtes umfasste die ausländische Wohnbevölkerung zum Ende des Jahres 2000 insgesamt 7,3 Millionen Personen und entsprach damit einem Anteil von 8,8% der Gesamtbevölkerung. Die Zahl der Einbürgerungen ist auf Grund gewährter Erleichterungen – vor allem unter den jungen Menschen – deutlich angestiegen. Seit dem 1. Januar 2000 ist es möglich, unter besonderen Bedingungen die deutsche Staatsbürgerschaft für hier geborene Kinder ausländischer Eltern zu beantragen. Die häufig als einziges „Datum" mitgeteilte „Ausländerquote" verdeckt allerdings regionale Unterschiede. So gab es in den Einschulungsjahrgängen des Jahres 2002 in vielen deutschen Großstädten bis zu einem Drittel Kinder mit einem Migrationshintergrund (Herwartz-Emden 2003, S. 665).Von den gegenwärtig rund 1,1 Millionen in Deutschland lebenden Schülerinnen und Schülern ist die Mehrzahl hier geboren und regulär eingeschult worden. Bei den 10- bis unter 15-Jährigen sind es etwa 80%, die seit der Einschulung in Deutschland leben; bei den 15- bis unter 20-Jährigen dürften es etwa zwei Drittel sein (ebd., S. 679). Deutlich ist eine regionale Konzentration der Bevölkerung ausländischer Herkunft auf die industriellen Ballungsräume zu verzeichnen (ebd., S. 666). Allein in den Flächenländern Baden-Württemberg, Bayern, Hessen und Nordrhein-Westfalen lebten im Jahre 2000 etwa 71% aller Migrantinnen und Migranten. Menschen aus den Staaten, aus denen seit Mitte der 1950er Jahre Arbeitskräfte angeworben wurden, machen bis heute den Hauptanteil der in Deutschland lebenden Zuwanderer aus: Im Jahre 2000 stammten von ihnen 27,4% aus der Türkei; 9,1% aus dem Gebiet des ehemaligen Jugoslawien; gefolgt von Italien, Griechenland und Polen. Die Gruppe der „sonstigen EU-Länder" macht 6,0%; die der „sonstigen Länder" 27,2% der ausländischen Wohnbevölkerung aus.

Als eine besondere Gruppe werden die Personen gesehen, welche in Deutschland einen Asylantrag gestellt haben. Ihre Zahl ist seit dem Jahre 1992 stark rückläufig. Betrachtet man das Gesamtwanderungsgeschehen, so zeigt sich ebenfalls, dass im Jahre 1992 die größte Zahl an Zuwanderern nach Deutschland zu verzeichnen war. Im Jahre 2004 kamen mit ca. 600.000 ausländischen Personen fast nur noch die Hälfte davon nach Deutschland (vgl. Bundesamt für Migration und Flüchtlinge 2005, S. 11). Darunter sind viele temporäre Zuwanderungsprozesse (z.B. Saisonarbeiter und Studierende), die nicht zu den „Einwanderern" im engeren Sinne gehören. Eine weitere besondere Gruppe unter den Zuwanderern machen die „Spätaussiedler" aus, die die deutsche Volkszugehörigkeit besitzen. Die Mehrheit der aus dieser Gruppe in den Jahren 1991 bis 2005 eingewanderten Personen kam aus dem Gebiet der ehemaligen Sowjetunion.

1.4 Bildungserfolg von Kindern mit Migrationshintergrund

Die Frage nach der „*Bildungsbeteiligung*" von Kindern mit Migrationshintergrund rückte in Deutschland erst spät im Zuge der Diskussion um die Ergebnisse der PISA-Studie in das Bewusstsein der Öffentlichkeit. In allen Bundesländern sind Kinder mit Migrationshintergrund (ohne Aussiedler) an der Hauptschule – und auch an Sonderschulen – überrepräsentiert, während nur 3,9% dieser Schüler an Gymnasien zu finden sind, gegenüber einem Schüleranteil von 24,1% unter den Schülern deutscher Herkunft (Herwartz-Emden 2003, S. 684). Trotz leichter Verbesserungen zugunsten der ausländischen Schüler in den letzten Jahren ist das Bildungsgefälle zwischen ausländischen und deutschen Schülern erhalten geblieben. Nach wie vor erreichen mehr als 40% der ausländischen Jugendlichen höchstens den Hauptschulabschluss. 19,9% der ausländischen gegenüber nur 8,3% der deutschen Schüler verließen das allgemein bildende Schulwesen ohne einen Hauptschulabschluss (ebd., S. 687) – mit den entsprechenden Folgen für die weitere Ausbildung und die Chancen auf dem Arbeitsmarkt. Die dargestellte Situation wird durch die Ergebnisse des internationalen Vergleichs gestützt und ergänzt, welche gezeigt haben, dass die Koppelung zwischen sozialer Herkunft und Kompetenzentwicklung in Deutschland außerordentlich stark ausgeprägt ist (Baumert u.a. 2001, S. 375ff.).

So gilt als ein besonders gravierender Befund der ersten PISA-Studie, dass fast 50% der Jugendlichen aus zuwanderten Familien im Lesen nicht die elementare Kompetenzstufe I überschreitet (ebd.; S. 376). Die Studie hat zudem gezeigt, dass eine schlechte Lesekompetenz einhergeht mit geringen Leistungen in Mathematik und in den Naturwissenschaften. Über eine „... gezielte und frühzeitige Identifikation und Förderung von schwachen Lesern ..." (ebd., S. 401) verspricht man sich eine Verkleinerung dieser Risikogruppe zum Ende der Vollzeitschulpflicht. Allerdings ist ebenfalls ein Mangel an diagnostischer Kompetenz der Lehrkräfte offenkundig geworden. Auch individuelle Förderung gehört offenbar nicht zu den Stärken des deutschen Schulsystems. Die Zahlen sind nicht zuletzt deshalb so alarmierend, weil ein guter Schulabschluss und eine erfolgreiche Berufsausbildung als wichtige Indikatoren für die Assimilation und gelungene Integration von Jugendlichen aus anderen Ländern angesehen werden.

Das Gutachten der Bund-Länder-Kommission für Bildungsplanung und Forschungsförderung (Gogolin u.a. 2003, S. 7) zeigt auf, dass Kinder und Jugendliche mit Migrationshintergrund in besonderer Weise von den Selektionsmechanismen des deutschen Schulsystems betroffen sind. Dabei nimmt die Übergangsentscheidung am Ende der Grundschulzeit eine einschneidende Weichenstellung vor. Bereits in der Grundschule müssen ausländische Schülerinnen und Schüler – je nach Bundesland – zwei bis vier Mal so oft eine Klasse wiederholen wie deutsche. Im Gymnasium gehören ausländische Schülerinnen und Schüler etwa doppelt so oft zu den Klassenwiederholern wie ihre deutschen Mitschülerinnen und -schüler.

Unterschiede gibt es bei dem Besuch der verschiedenen Schulformen auch, wenn man die Herkunftsländer einbezieht. So besuchen nur etwa 5,4% der türkischen Schüler ein Gymnasium gegenüber 15,6% der spanischen Schüler (Herwartz-Emden 2003, S. 688f.). Als Grund werden Elterninitiativen aus verschiedenen Nationen angeführt, die integrativen Unterricht und Hausaufgabenhilfe durchsetzen. Zusätzlich gibt es Unterschiede, die auf Strukturdifferenzen zwischen den Bundesländern hindeuten. Die Chancen für höhere Bildungsabschlüsse scheinen dann zu steigen, wenn der Erwerb von Bildungszertifikaten nicht eng an eine Schulform gebunden ist bzw. Übergänge zwecks Höherqualifizierung leicht möglich sind.

Seit dem Vorliegen der Ergebnisse der großen internationalen Vergleichsstudien wie z.B. PISA und IGLU (vgl. Anhang) ist offenkundig geworden, dass in keinem anderen der zum Vergleich herangezogenen OECD-Staaten die Bildungschancen – gemessen an den Basiskompetenzen – so stark vom sozialen Status der Eltern abhängen wie in Deutschland. Den deutschen Bildungsinstitutionen gelingt es offensichtlich nicht, im Sinne von Chancengerechtigkeit zu wirken und soziale Ungleichheiten zu kompensieren. Seit für die ausländischen Schülerinnen und Schüler die allgemeine Schulpflicht ab Mitte der 1960er Jahre verbindlich ist, sind sie den deutschen Kindern formal gleichgestellt.

Etwa 50% der Jugendlichen mit Migrationshintergrund und 25% der Grundschulkinder dieser Gruppe haben sich in den Vergleichsuntersuchungen als schwache Leser herausgestellt. Das Bildungsgefälle zwischen ausländischen und deutschen Schülern ist auch in den letzten Jahren erhalten geblieben. Auf der Basis der Internationalen Grundschul-Lese-Untersuchung (IGLU) gilt es allerdings zu sehen, dass die Ergebnisse zum Ende der Grundschulzeit hin weit weniger stark streuen als am Ende der Sekundarstufe I. Auch sind die „... Leistungen in der Grundschule signifikant weniger vom sozialen Hintergrund abhängig als in der Sekundarstufe" (Bos u.a. 2003, S. 11). Dabei ist jedoch im Blick zu behalten, dass 70% der bei PISA und 75% der in der IGLU-Studie getesteten Schüler mit einem Migrationshintergrund bereits in Deutschland geboren sind und damit einen erheblichen Teil dieser Gesamtgruppe ausmacht (Beauftragte der Bundesregierung 2005, S. 31).

Die beiden folgenden Darstellungen geben die grundlegenden Daten zur Bildungsbeteiligung nach Schularten und Schulabschlüssen nochmals in Tabellenform wieder:

24

Tabelle 1: Anteile ausländischer Schüler/-innen nach ausgewählten Schularten, Schuljahr 2002/2003 (in v.H. aller Schüler/-innen)

Schulart	Anteil ausländischer Schüler/-innen	Schulart	Anteil ausländischer Schüler/-innen
Grundschulen	12,0%	Realschulen	6,8%
Hauptschulen	18,2%	Gymnasien	3,9%
Gesamtschulen	12,5%	Sonderschulen	15,8%

Quelle: Statistisches Bundesamt 2004a (nach Herwartz-Emden 2005, S. 15)

Wenngleich sich im Zeitraum 1989/90 und 1998/99 leichte Verschiebungen zu Gunsten höherer Abschlüsse der ausländischen Schülerinnen und Schüler für das gesamte Bundesgebiet ergaben (ebd.), zeigt sich die Unterrepräsentation der ausländischen Schulabsolventinnen und -absolventen bei den Schulabschlüssen in den höheren Bildungsgängen ebenfalls. Lediglich 9,6% von ihnen erreichte die allgemeine Hochschulreife gegenüber 25,1% der deutschen Schülerinnen und Schüler. Der Hauptschulabschluss ist bei den Schülern aus anderen Ländern mit 40,8% gegenüber 24,1% bei den deutschen vertreten.

Tabelle 2: Absolvent/-innen des Schuljahres 2001/2002 nach Abschlussarten

Abschluss	Insgesamt	Deutsche	Ausländer/-innen
mit allgemeiner Hochschulreife	23,9%	25,1%	9,6%
mit Fachhochschulreife	1,3%	1,3%	1,5%
mit Realschulabschluss	40,2%	41,2%	28,8%
mit Hauptschulabschluss	25,5%	24,1%	40,8%
ohne Hauptschulabschluss	9,1%	8,2%	19,5%
Insgesamt	100,0%	100,0%	100,0%

Quelle Statistisches Bundesamt 2004b (nach Herwartz-Emden 2005, S.15)

Die in unserem Bildungssystem gegebene Möglichkeit, nicht „erfolgreiche" Kinder auf Sonderschulen zurückzuverweisen, sie im Rahmen von Überprüfungsverfahren zur Schulreife/Schulfähigkeit gar nicht erst zeitgerecht „zuzulassen" schränkt bereits ihre Chancen für eine angemessene Bildungsbeteiligung ein. In dem Gutachten der Bund-Länder-Kommission für Bildungsplanung (Gogolin u.a. 2003, S. 7) wird zudem aufgezeigt, dass die Selektionsmechanismen des deutschen Schulsystems – z.B. bei der Übergangsentscheidung zum Ende der Grundschulzeit – ausländische Kinder und Jugendliche in besonderer Weise trifft. Mit Blick auf den Unterricht in der Grundschule resultiert daraus vor allem die Forderung nach einer besseren *sprachlichen* Förderung – z.B. auch im Rahmen des Konzepts „Deutsch als Zweitsprache" (vgl. Abschnitt 2.4.1).

Das Erreichen von Chancengleichheit und die Sicherstellung der für die Gesellschaft notwendigen Qualifikationen ist ein grundlegendes Ziel der Bildungspolitik. Sie nimmt daher über Gesetze, Erlasse und Verordnungen Einfluss auf die innere und äußere Gestaltung des Bildungssystems und stellt damit Vorgaben für die Strukturierung der pädagogischen Arbeit bereit (vgl. Krüger-Potratz 2005). Schulformen und -stufen, Übergänge, Klassengröße, Einteilung nach Alter, Geschlecht, Lernstand sowie die Kenntnis der Unterrichtssprache sind damit Größen, die den „Normalfall" definieren und diesen als Maßstab für alle setzen. Dies kann dazu führen, dass Abweichungen davon den Status von „Ausnahmen" erhalten und nicht als gleichwertig anerkannt werden. Gomolla/Radtke (2002) sehen hier Mechanismen einer so bezeichneten *„institutionellen Diskriminierung"* am Werk und fragen gezielt nach dem Anteil der Schule an der „... Hervorbringung solcher Differenzen und nach den Folgen dieser Prozesse für die Bildungserfolge der betroffenen Gruppen" (Gomolla 2003, S. 97). Die Ursachen von Diskriminierung werden im organisatorischen Handeln zentraler gesellschaftlicher Institutionen gesehen, die im Zusammenhang stehen zu breiter angelegten sozialen Prozessen und organisatorischen Entscheidungspraktiken. Das Nicht-Beachten derartiger Mechanismen trägt dazu bei, so die Ausgangsthese, dass sich bestimmte Muster von Benachteiligung und Marginalisierung eher noch verfestigen bzw. verschärfen als dass sie abgebaut würden. Im Rahmen einer empirischen Studie wurden die drei „kritischen Stellen" des Bildungsganges für die Grundschule – Einschulung, Überweisung an die Sonderschule und Übergang zur Sekundarstufe I – im Hinblick auf die dabei wirksam werdenden Entscheidungsmuster und ihre organisatorische Einbettung an einer Bielefelder Schule untersucht. An allen drei Stellen waren Formen der institutionellen Diskriminierung auszumachen, da in der Regel von Normalitätserwartungen in Bezug auf die Schul- und Sprachfähigkeit ausgegangen bzw. auch organisatorische Funktions- und Bestandsinteressen von Schule in den Vordergrund gerückt wurden. Vor allem das Kriterium der Sprachkompetenz wurde von den Entscheidungsträgern durchgehend an weitere Einschulungsvoraussetzungen gekoppelt, die wiederum ethnisch-kulturell kodiert wurden. Die Fördermöglichkeiten, welche Schule in diesem Rahmen grundsätzlich hat und ausschöpfen könnte, geraten aus dieser Perspektive gar nicht in den

Blick. Auch die – bestehenden oder eher nicht bestehenden – Möglichkeiten der vorschulischen Institutionen bzw. der Einrichtungen für Schüler mit Lernbehinderungen eine qualifizierte Förderung für Deutsch als Zweitsprache anzubieten, sind für die auf diese Weise wirksam werdenden Prozesse einer Ausgrenzung für die Entscheidungsträger in der Regel nicht ausschlaggebend. Einen Ausweg aus der beschriebenen Problemlage weisen neuere Ansätze zur Qualitätsentwicklung und -sicherung des Unterrichts wie auch die kontinuierliche Arbeit an einer Verbesserung der Lehrerkompetenzen – auch was den Aufbau einer reflektierten Einstellung zu diesen Fragen und Problemen angeht.

Maßnahmen, um der Bildungsbenachteiligung zu begegnen sind unmittelbar im Gefolge der Diskussion von Ergebnissen der Vergleichsstudien in die Wege geleitet worden. Besondere Bedeutung wird (über die Sprachförderung hinaus) der frühkindlichen Bildung und Förderung beigemessen. Ihr Beginn wird in Deutschland als relativ spät wahrgenommen und bedeutet auch vom Selbstverständnis der – bisher eher auf „Betreuung" hin ausgerichteten – vorschulischen Institutionen her eine einschneidende Veränderung. Die Zahl der im Frühjahr 2003 in Deutschland lebenden ausländischen Kinder in einem Alter von bis zu 8 Jahren belief sich auf 514 000. Diese Kinder besuchten noch keine allgemein bildende Schule und waren in der Mehrzahl in Deutschland geboren (vgl. Beauftragte der Bundesregierung 2005, S. 26). Etwa die Hälfte aller deutschen und ausländischen Kinder besuchte bis zum Schuleintritt eine Kindertageseinrichtung, wobei es Differenzen zwischen den einzelnen Bundesländern gibt. Ferner gehört zu den empfohlenen Maßnahmen ein flächendeckender Ausbau der Ganztagsschule und damit die Chance einer Erhöhung der – auch für Fördermaßnahmen zur Verfügung stehenden – Lernzeit sowie die Überprüfung von Lehrplänen und Curricula.

1.5 Identität und Integration

Der Begriff „Integration" kann – wie ein Blick in die Wortgeschichte zeigt (vgl. Wiater 2004, S. 49) – zurückgeführt werden auf das lateinische „integrare" („wiederherstellen, ergänzen"), das mittellateinische „integralis" („ein Ganzes ausmachend") und das lateinische Substantiv „integratio" („Wiederherstellung eines Ganzen"). Diese Bedeutungsebenen bringen im 19./20. Jahrhundert die Vorstellung mit sich, dass ein einheitliches Ganzes, das zerstört oder auch versehrt worden ist, wieder hergestellt und erneuert werden müsse. Integrieren bedeutet damit, eine als verloren empfundene Ganzheit wiederzugewinnen und schließt mit Blick auf die Eigenaktivität einer Person alle dazu notwendigen Maßnahmen ein. Dabei sollte der zu Integrierende seine Integration selbst wollen und an dieser mitarbeiten. Wird er dagegen als eher passiv in diesem Prozess angesehen, fällt der Blick auf die schulischen Organisationsformen, die so zu gestalten sind, dass eine Integration erleichtert werden kann. Der Vorstellung einer möglichst anzustrebenden Ganzheit wird mit einer spezifischen Argumentation begründet, wie sie – im Anschluss an Wiater (2004, S. 50) – in der folgenden Weise wiedergegeben werden kann:

- „Jeder Mensch ist qua Mensch prinzipiell gleichwertig."
- „Jeder Mensch verfügt über die potenzielle Fähigkeit, einen eigenen aktiven Beitrag zu seiner Lebensgestaltung zu leisten."
- „Jeder Mensch hat ein Recht auf Teilhabe, Zugehörigkeit und persönliche Entwicklungsmöglichkeiten in der Gesellschaft."
- „Jeder Mensch ist von jedem Menschen aus biografischen, kulturellen oder sozialen Gründen verschieden; Heterogenität ist der ‚Normalfall' des Menschseins."
- „Jeder Mensch hat in der demokratischen Gesellschaft einen Anspruch darauf, nicht stigmatisiert und nicht sozial ausgegrenzt zu werden."

Während diese grundsätzlichen Postulate auf jeden Fall konsensfähig zu sein scheinen, ist es schwierig zu angemessenen Integrationsstrategien zu kommen, zumal sich ein breites Spektrum eröffnet von der

„... Forderung nach (klagloser) Einordnung in die Normen der bestehenden Gesellschaft bis zu der Forderung, den Zuwanderern das (nahezu) unbegrenzte Beibehalten ihrer mitgebrachten Normen zu gestatten" (Sader 2002, S.16).

Auch ist zu sehen, dass die Integration von Menschen mit Migrationshintergrund diskutiert werden kann auf der übergeordneten gesellschaftlichen wie auch auf der Ebene der Schule, wobei es sicherlich Parallelen zwischen beiden Ebenen gibt. Insgesamt werden fünf oder sechs Denkmodelle unterschieden (ebd., S. 17f. bzw. Wiater 2004, S. 50f.), die zu je besonderen Akzentuierungen kommen. Auf die Verhältnisse in Deutschland – unter Berücksichtigung einer zeitlichen Entwicklungslinie interkultureller Pädagogik (vgl. Kapitel 1.1) – unterscheidet Wiater:

- Entsprechend der so bezeichneten *„monistischen Integration"* geht eine der beteiligten ethnischen Gruppen, zumeist die so genannte „Minderheit", vollkommen in der Mehrheitsgesellschaft auf; sie wird *assimiliert.*
- Nach der Vorstellung der *„pluralistischen Integration"* kommt es zu einem Nebeneinander von Minderheit und Mehrheit, die z.B. geprägt sein kann durch Ghettobildung und Isolation ausländischer Bevölkerungsteile.

Diese beiden Auffassungen waren vor allem in den 1960er und 1970er Jahren verbreitet.

- Die „*interaktionistische Integration*" – verwirklicht in Ansätzen zu einer multikulturellen Gesellschaft der 1980er Jahre – sieht jede Ethnie für sich segregiert und in sich solidarisch. Dabei unterhält sie geregelte spannungsarme Beziehungen mit den anderen Bevölkerungsgruppen.

- Das Modell der „*partnerschaftlichen Integration*" – favorisiert in den 1990er Jahren – geht von einer gegenseitigen Bereicherung im Prozess des interkulturellen Lernens aus und spiegelt sich auf der Handlungsebene vor allem in Programmen des Austauschs und der Begegnung wider (vgl. Punkt 2.3.2).

- Die Vorstellung von „*Integration als Prozess gegenseitiger Anpassung*" wird als eine aktuelle Auffassung dargestellt. Es geht um die Entwicklung einer neuen Gemeinschaft auf Grund veränderter Bedeutungsgehalte, die gemeinsam erarbeitet bzw. im Alltag praktiziert werden. Gefolgt wird damit einer Auffassung von „interkulturellem Lernen", die den „Perspektivenwechsel" auf beiden Seiten (nicht nur der Minderheit!) betont und sich z.B. auch in der in diesem Band herangezogenen Definition von Thomas (zit. nach Auernheimer [3]2003, S. 82) widerspiegelt.

Verwiesen sei an dieser Stelle darauf, dass diese Auffassungen eingebunden sind in einen größeren – auf gesamtgesellschaftlicher Ebene zu verortenden – Rahmen zu den Stufen der Akkulturation oder Assimilation und deren Erforschung (z.B. aus soziologischer oder eher sozial-psychologischer Perspektive; vgl. z.B. Auernheimer [3]2003, S. 77-83).

Fragen der *Identität*sbildung werden insbesondere mit Blick auf jugendliche Migranten diskutiert. In dem stark von der Psychoanalyse beeinflussten entwicklungspsychologischen Ansatz von Erikson (vgl. Baacke [6]1998, S. 161ff.) ist es eine Aufgabe des Jugendalters (nach der Pubertät) seine Identität herauszubilden. Dies geschieht nach dem zugrunde gelegten Phasenkonzept in der „Stufe V". Der Heranwachsende ist nun selbst zur Gruppenbildung fähig und kann die „... selbstreflektive Frage nach sich selbst ..." (ebd., S. 164) stellen. Dabei wird einbezogen, was andere meinen und was andere *über ihn* meinen können. Der Entwicklungspsychologe Robert Kegan (zit. nach Holzbrecher 2004, S. 90f.) geht davon aus, dass sich die Entwicklung „spiralförmig" in einem Spannungsfeld zwischen den Bedürfnissen nach Zugehörigkeit und nach Unabhängigkeit vollzieht. Im Zuge der Subjektentwicklung versucht der Heranwachsende neue Formen zum Selbst und zum Anderen zu erarbeiten. Auf der einen Seite steht der Wunsch in der Gruppe als „Gleicher" anerkannt sein zu wollen; auf der anderen der nach Abgrenzung, Ich-Behauptung und Selbstkonstruktion. Diese Errichtung von „Grenzen" und (Leit-) Differenzen macht die Konstruktion des Eigenen erst möglich. Die beiden entgegengesetzt laufenden psychologischen Strukturen werden in einem weiteren Schritt zu einer „qualitativ neuen Synthese" integriert.

Noch stark verhaftet in einer ichbezogenen Sicht der eigenen Persönlichkeit, sind Kinder im Grundschulalter auf dem Wege ihr Selbstbild aufzubauen. Statt der eigenen „Identität" wird hier eher von (bereichsspezifischen) *„Selbstkonzepten"* des Kindes gesprochen. Damit einhergehend, gewinnen für das Kind die Gestaltung von sozialen Beziehungen zu Gleichaltrigen, das Verständnis für Regeln und moralische Normen sowie dass bewusste Erleben von Emotionen und deren Regulation an Bedeutung (Dreher 2001, S. 117). Das schulische Selbstkonzept bildet sich (neben dem physischen und sozialen) z.B. beim Schuleintritt über Leistungs- und Akzeptanzerfahrungen heraus. Auch hier bewegt sich das kindliche Erleben zwischen dem Wunsch von Lehrern und Mitschülern angenommen zu sein („Zugehörigkeitsgefühl") und dem Autonomiegefühl (sich selbst als Akteur des Lernens zu erfahren) bzw. sich selbst als erfolgreich zu erleben (Hacker 2001, S. 399). Die Forschung zu diesem Bereich unterstreicht die hohe Bedeutung des Selbstkonzepts für die soziale Integration schon im vorschulischen Alter sowie den Zusammenhang von Lernerfolg und einem positiven Selbstkonzept (ebd.). Das Erfahren von Selbsttätigkeit – grundsätzlich hin angelegt auf das Erlangen von Selbstständigkeit (vgl. Eickhorst 2004) – dürfte hier noch unterstützend wirksam werden können.

Mit Blick auf die Schule sei noch einmal betont, dass sich Interkulturelle Pädagogik ihrem Selbstverständnis nach gegen Segregation und kulturelle Überformung wendet. Dies mahnt sie an, wenn am Rückkehrprinzip (als grundsätzlicher Erwägung) festgehalten wird, wenn besondere Klassen für Kinder mit einem Migrationshintergrund eingerichtet werden. Interkulturelle Pädagogik sollte auch Anstöße geben, die Integration ausländischer Kinder in das deutsche Bildungssystem zu unterstützen und für gleiche Chancen auf einen angemessenen Abschluss eintreten. Sie kann ebenso Raum schaffen für die Repräsentanz des Ungewohnten und Fremden in dem ihr zugänglichen Rahmen und sollte die Herausbildung der je eigenen Identität von Schülerinnen und Schülern fördern.

Identität und Integration stehen – auch das dürfte deutlich geworden sein – letztlich in einem spannungsvollen Verhältnis zueinander. Integration zielt auf die Eingliederung einer Minderheit in Staat oder Gesellschaft bzw. in ein gesellschaftliches Teilsystem wie der Schule oder Schulklasse. Dies stellt sich als ein langwieriger und vielschichtiger Prozess dar. Identität schließt letztlich die Herausbildung der eigenen Persönlichkeit ein; dies möglicherweise gerade unter Beibehaltung jeweiliger kulturbedingter Eigenheiten und nicht als das vollständige „Aufgehen" in den kulturellen Rahmen des je anderen Landes.

Um die Herausbildung der Identität bzw. des eigenen Selbstkonzepts im Grundschulalter zu unterstützen, sind im Unterricht didaktisch-methodische Formen wie z.b. das *autobiografische Erzählen* angezeigt (vgl. z.B. Köller 2004). Dabei übernimmt die von sich selbst erzählende Lehrkraft zunächst Vorbildfunktion und schafft damit Voraussetzungen wie den Aufbau von Mut und Vertrauen, was die Kinder dazu bewegt von sich selbst zu erzählen. Kinder berichten von sich, von Begebenheiten aus ihrem Leben, die sie entscheidend geprägt haben. Dabei entwickeln sie – insbesondere im Austausch mit anderen – ein Selbstkonzept und erlangen Selbstbewusstsein. Das Erzählen kann unterstützt werden durch mitgebrachte Fotos und Gegenstände, die für das Kind eine Bedeutung erlangt haben. Jedes Kind weiß in der Regel etwas zu berichten, was es in seinem Leben in besonderer Weise beeindruckt hat. Auf diese Weise hat das individuelle biografische Schreiben eine soziale Funktion. Es wird zu einem *geteilten* Wissen, das den Eindruck von Nähe vermittelt und beiträgt zum Herstellen einer „gemeinsamen Welt" (ebd., S. 159).

Autobiografisches Erzählen kann auch als Grundlage dienen für das Schreiben, das z.B. als *„kreatives Schreiben"* zu einem spezifischen methodischen Ansatz innerhalb des interkulturellen Lernens geworden ist. Pommerin (²1995, S. 107f.) berichtet von Erfahrungen aus einem Schreibprojekt, die gezeigt haben, dass Schreibversuche in gemischt nationalen Klassen dann wenig Erfolg versprechend sind, wenn Schreibaufgaben keinen Bezug zum Lebenszusammenhang der Kinder aufwiesen, wenn klar abgegrenzte Formen verlangt bzw. wenn kooperative Arbeitsformen, spontanes Nachfragen zurückgedrängt oder untersagt wurden oder wenn das Schreiben von der mündlichen Kommunikation (Sich-Beraten; Sich-Absprechen) abgetrennt wurde. Darüber hinaus sollte auch die Herkunftssprache aller Kinder in jeder Phase des Schreibprozesses Berücksichtigung finden können.

„Clustering" als Kernstück einer Didaktik des kreativen Schreibens sieht vor, dass in Bezug auf einen Schreibanlass (z.B. ein Bild) zunächst Ideen und Vorstellungen frei assoziiert werden können. Es folgt dann ein schriftliches Festhalten der Assoziationen auf Wortkarten und dabei das Einführen des Schriftbildes einzelner Wörter. Der Wortschatz wird dann nach Synonymen und Sprachfeldern ausdifferenziert. In einer dritten Phase werden die einzelnen erweiterten Assoziationen zu einem „Versuchsnetz" unter der Frage „Was passt für dich zusammen?" verknüpft. Die Aufgabe endet mit dem Schreiben eines zusammenfassenden Textes, für den das herangezogene Material verwertet wird, der anschließend in der Gruppe

zu korrigieren ist und z.B. auf Tapetenrollen dokumentiert werden kann. Diese Form des Schreibens kann auch zu authentischen Bildern aus einem Land erfolgen und z.B. unter das Motto „Komm, ich zeig' dir mein Land" (ebd.; S. 2) gestellt werden.

Ein anderer Weg so etwas wie „Identität" schon im Grundschulalter bewusst werden zu lassen stellt das Anknüpfen an die bei Kindern beliebte *Sammeltätigkeit* dar. Das Sammeln verbindet sich mit einem ursprünglichen Staunen über die „Vielfalt der Erscheinungsfülle der Welt" (Köller 2004, S. 160) und weist mit der Intensität, in der es betrieben wird, eine große Nähe zu Bildungsprozessen auf. Das Sammeln von persönlich wichtigen Erfahrungen könnte man auch als die „Lesbarkeit der eigenen Identität" bezeichnen (ebd.) Das Anlegen einer „Kiste" (angeregt durch das Dokumenta-Projekt einer Künstlerin) versehen mit dem eigenen Etikett kann als „Ankerpunkt" für persönliche Erfahrungen und Erlebnisse dienen. Auch Texte, Bilder, eigene Geschichten und Collagen können hier Aufnahme finden. Das reflektierte Ein- und Auspacken dieser „Kiste" soll Kinder dazu befähigen, sich ihrer selbst bewusst zu werden und sich darüber mit anderen auszutauschen. Die bewusst „offen" gehaltenen Vorschläge sind fächerübergreifend angelegt und verstehen sich als Anregung. Die Autorin gibt mögliche Aufgabenstellungen vor, die als Impulse den Umgang mit der eigenen „Kiste" lenken können (ebd., S. 163f.):

- Erzähle von Menschen, die in deinem Leben besonders wichtig geworden sind
- Berichte über besondere Tage in deinem Leben
- Stelle dir vor, du musst in ein anderes Land oder in eine andere Stadt. Du nimmst deine Kiste und verabschiedest dich von deinen Schulfreundinnen und -freunden.

Hier kann ein kleines Rollenspiel zum Abschiednehmen anschließen; die im Spiel entwickelten Gedanken und Gefühle sollen später verbalisiert und reflektiert werden:

- Stelle dir vor, du kommst mit deiner Kiste in einem fremden Land/in einer anderen Stadt an.
- Was bringst du mit, was möchtest du auspacken? (als Anregung zum biografischen Erzählen).

Auch hier kann sich ein Rollenspiel zur Situation des Ankommens anschließen, das „Einblicke" in den Inhalt der Kiste und das Sammeln neuer Kenntnisse zulässt.

1.6 Das „Eigene" und das „Fremde"

Mit dem Begriff des „Fremden" tut sich die Fachdiskussion schwer, zumal
dieser Begriff mit einem umgangssprachlichen Bedeutungsspektrum behaftet
ist, das sich nicht zuletzt in einer großen Palette an Verwendungsformen und
vielfältigen begrifflichen Komposita spiegelt. So beruft sich Sader (2002,
S. 34ff.) z.b. auf die Auflistung bei Graumann (1997): „fremdeln, fremdge-
hen, Befremden" – aber auch: „Fremdenzimmer, Fremdkörper, Entfrem-
dung". Wir unterscheiden zwischen dem Fremden (als Person und als Bereich) und der Fremde (z.b. als räumliche Zone). Fremdheit kann für den
Einzelnen in breitem Ausmaß variieren: von „leicht" (und damit nur irri-
tierend) bis „existenziell" und damit den Einzelnen ausdrücklich betreffend
und über einen längeren Zeitraum andauernd. „Fremd" erweist sich damit als
kennzeichnend für eine *Beziehung* (zwischen Personen und Personengrup-
pen) und ist nicht als ein Persönlichkeitsmerkmal zu verstehen: „jemand ist
mir fremd". „Fremde" weisen folgende Kennzeichen in erheblichem Ausmaß
auf: „unbekannt, unvertraut, bedrohlich, nicht einfühlbar". Oder auch – wie
es der marokkanische und in Frankreich aufgewachsene Schriftsteller Jelloun
(2000) für seine 9-jährige Tochter umschreibt – „von weit her" bzw. „nicht
dazugehörig". Mit Blick auf das „Fremde" ist zudem in der Regel das
„Eigene" – dazu in einer einfachen Dichotomie stehend – mitgedacht. Bei ge-
nauerem Hinsehen erweist sich geradezu, dass Fremdes notwendig ist, um
etwas als „Eigenes" wahrnehmen zu können (Sader 2002, S. 41).
In jeweiliger Abhängigkeit von ihrer Einstellung und ihrem Erfahrungshin-
tergrund können für Menschen unterschiedliche Bereiche fremd sein – und
fremd bleiben. Fremdes – auch Angst vor dem Fremden und Unbekannten –
dürfte daher für Kinder im Grundschulalter noch eine grundlegende und
existentielle Erfahrung sein, die sich insofern wandelt und verändert als
Fremdes zu Eigenem werden kann.
Jede Fremdbeziehung lässt sich durch zentrale Bestimmungsstücke charakte-
risieren (ebd., S. 38f.). So geht es zunächst für den bereits angesprochenen
Bereich um „meine Eigenschaften und mein Verhalten". Als weiteres auch
um „... die Aufgeschlossenheit, die Kontaktfreudigkeit, die Selbstsicherheit
des anderen". Sie ist mit ausschlaggebend dafür, ob mir jemand fremd bleibt.
Zudem hat die konkrete Situation einen Stellenwert wie auch die jeweilige
Vorgeschichte und die Einbettung eines Ereignisses. Reaktionen auf Fremdheit können sehr vielgestaltig sein. Sie reichen von Vorsicht und Zurückhal-
tung bis hin zu Ablehnung und Feindseligkeit. Letztlich kann auch einmal
vertraut gewordenes wieder fremd werden – etwa durch bestimmte Ereignis-

se oder auch nur im Zeitablauf. Auch sind nicht nur negative Reaktionen zu verzeichnen; Fremdes kann verlocken und Neugierde hervorrufen. Letztlich stellen sich Verlockung und Bedrohung nicht ausdrücklich als Gegensätze dar, sondern sind vielmehr als ineinander verschränkte Bereiche anzusehen (vgl. ebd., S. 39). Danach schließt eine Beschäftigung mit „dem Fremden" immer auch eine Reflexion der eigenen Wahrnehmung mit ein. Fremdverstehen bringt damit den Einzelnen immer auch auf die Spur, sich selbst besser zu verstehen und seine eigenen Wahrnehmungsmuster zu reflektieren (vgl. Holzbrecher 2004, S. 14).

Weitergehende Anstöße zur *didaktischen Nutzung* der Dialektik von ‚eigen' und ‚fremd' verspricht die Unterscheidung von vier Deutungsmustern (nach Otfried Schäffter 1991):
Fremdheit kann zum einen aufgefasst werden als *Voraussetzung für Eigenheit*. Aus dieser Perspektive wird es wahrgenommen als „faszinierend", als „Ursprüngliches", das einem selbst verloren gegangen ist. Im Zusammenhang dieser Erfahrung kann gefragt werden: Was sagen diese Deutungsmuster von Fremdheit aus über diejenigen, die sie sich angeeignet haben. Fremdes kann auch *Gegenbild des Eigenen* werden. Der Andere wird gespiegelt in dem Licht, das auf ihn projiziert wird und erscheint so als negativ oder positiv. Das Exotische wird in besonderer Weise als begehrlich dargestellt, kann aber auch schnell ins Negative „kippen" und deutet damit auf fließende Übergänge zwischen ‚eigen' und ‚fremd' hin. Wird auf den Anderen, den „Fremden" ein negatives Licht gerichtet, dann erscheint das Eigene umso positiver und verlockender:

> „Die Konstruktion der Identität des Eigenen entwickelt sich über die Abgrenzung und Verteufelung dessen, was als ‚fremd' und ‚anders' wahrgenommen wird" (Holzbrecher 2004, S. 16).

In einer weiteren Perspektive erscheint Andersartigkeit als eine *dynamisierende Kraft für die eigene Entwicklung*. Die häufig angeführte Auffassung einer *„Bereicherung"* durch Elemente einer anderen Kultur ist in diesem Zusammenhang von Bedeutung. Die von dem Fremden stets auch ausgehende Beunruhigung und ihr ambivalenter Charakter werden damit geglättet und „neutralisiert". Dieser Modus birgt kritische Denkanstöße für eine Reihe von Vorschlägen, wie sie gerade im Rahmen interkulturellen Lernens für die Grundschule in den Lehrplanvorgaben der Länder gegeben werden (vgl. Abschnitt 3.2.2).

Gegen den häufig als Gestaltungsvorschlag angeführten „türkischen Nachmittag" mit Nationalgerichten und folkloristischen Darbietungen ist vor diesem Hintergrund nicht grundsätzlich etwas einzuwenden. Nur kann dies nicht die einzige und durchgehend schon befriedigende Form des Umgangs mit dem „Fremden" sein, sondern stellt nur eine kleine mögliche Facette innerhalb eines ganzen Bündels von Maßnahmen dar, die zudem aber deshalb kritisch gesehen werden kann, weil sie die Gefahr einer bloßen „Harmonisierung" in sich trägt (vgl. auch ebd., S. 54).

Der vierte Modus des Fremderlebens lässt Eigenes und Fremdes wechselweise als *Bedingung des je Anderen* wahrnehmen. Das Andere kann grundsätzlich in seinem „Sosein" belassen werden, ohne es gleich dem Eigenen anzupassen und für dieses zu vereinnahmen. Die Modi stellen Anregungen für die Reflexion des Verhältnisses von „eigen" und „fremd" – auch mit Blick auf die praktische Arbeit – bereit, sind aber für den Bereich der Grundschule nicht zu denken ohne die Einbeziehung entwicklungspsychologischer Gegebenheiten und darauf bezogener Überlegungen.

Für Grundschulkinder, die eher mit einer noch unreflektierten ich-bezogenen Sicht der eigenen Persönlichkeit in die Schule kommen, gilt es, erst einmal Hilfe zum Aufbau ihres Selbstbildes zu geben. Dies kann über eine reflektierte Auseinandersetzung mit dem Eigenen und Fremden angestoßen werden. Erfahrung und Reflexion von Fremdem und Befremdlichem (z.B. auch über eine Begegnung mit Figuren aus der Literatur; vgl. die Abschnitte 3.2.4 und 3.2.5) können Prozesse der Selbstwahrnehmung in Gang setzen, die dem Ziel der eigenen Identitätsbildung dienen; aber auch Empathiefähigkeit und fremd kulturelles Verstehen fördern. Rassistischen Einstellungen und Vorurteilsbildung kann auf diese Weise entgegengewirkt werden.

Exkurs: Vorurteile und Stereotypen

Das „Bild", welches sich auch bereits Grundschüler vom „Fremden" machen, ist durch bestimmte Sympathien und Antipathien geprägt, die auf Vorurteilen und Stereotypen beruhen können. Vorurteile werden als Konstrukte aufgefasst, die den Menschen bei der Strukturierung ihrer Umgebung eine Hilfe bieten, aber mit der Realität wenig gemein haben. Das Wissen über eine Sache wird dabei – meistens voreilig – „hingenommen" ohne sich über den Wahrheitsgehalt Kenntnis zu verschaffen. Nicht eindeutig zu trennen ist das Vorurteil vom „Stereotyp", durch das ebenfalls versucht wird, die Komplexität der Wirklichkeit zu reduzieren und das häufig auf einem verfestigten oder auch gefühlsmäßig geladenen Vorurteil beruht (vgl. Senatsverwaltung für Jugend, Schule und Sport 2001, S. 37ff.). Handlungen werden durch Vorurteile gerechtfertigt und beeinflusst. Problematisch werden sie dann, wenn sie gezielt negativ eingesetzt werden und Abwertungen einschließen. Gerade dann helfen sie bei der Bewältigung von eigener Angst und Unsicherheit. Werden die „Anderen" in einem negativen Licht gesehen, erscheint man selbst im Rahmen seiner eigenen Bezugsgruppe als positiv (vgl. Böhm u.a. 1999, S. 58f.). Erschwerend kommt hinzu, dass Vorurteile und Stereotype einer rationalen Diskussion häufig nicht zugänglich und durch sachliche Informationen nur schwer zu erschüttern sind.

Eine grundlegende Auseinandersetzung mit dem Vorurteil hat Allport (1971) – im Original bereits 1954 – vorgelegt; ausgehend von einer denkbar knappen Definition: „Von anderen ohne ausreichende Begründung schlecht denken" (ebd., S. 20). Hinzu kommt für das ethnische Vorurteil, dass es stets eine unbegründete Vorstellung von einer Gruppe als ganzer einschließt und das Individuum als Mitglied einer solchen Gruppe mit bestimmten Eigenschaften versieht. Letztlich kann sich ein Vorurteil auch einmal in „feindseligen" Handlungen ausdrücken wie Verleumdung, Vermeidung, Diskriminierung, körperliche Gewaltanwendung bis hin zur Vernichtung (ebd., S. 29).

Unter den vielfältigen Theorien des Vorurteils bezieht die „Gruppennormtheorie" (nach Sherif/Sherif) auch das *soziale Umfeld* für die Entstehung von Vorurteilen mit ein. Die in einer Gruppe (als so genannter „Wir-Gruppe" oder Bezugsgruppe) vorherrschenden Werte und Normen sind danach zentral für die Steuerung von Erleben und Verhalten. So kann das, was die Schule an interkulturell bedeutsamen Werten vermittelt – z.B. die Vorstellung der Toleranz – wieder abgeschwächt werden durch wirksame Normen in der Familie, Freundschaftsgruppe oder Nachbarschaft (ebd., S. 53). Nach dieser Theorie spricht wenig dafür, Einstellungen über die Beeinflussung ausschließlich des einzelnen Individuums verändern zu können. Allport sieht hier das grundlegende Spannungsverhältnis zwischen eher kollektivistischen bzw. individualistischen Erklärungsmustern als wirksam an. Auch die moderne europäische Tradition der Vorurteilsforschung beschreibt Vorurteile als Gruppenphänomene, nach denen der Einfluss des gesellschaftlichen Kontextes und die Zugehörigkeiten zu sozialen Gruppen einen großen Einfluss auf deren Entstehung und Äußerung haben (vgl. z.B. Lehmann 2005, S. 19). Die Blickwendung von persönlichkeitsorientierten Vorurteilskonzepten hin zu kontextbezogenen Modellen ermöglicht auch die Einbeziehung des Aspekts der gesellschaftlichen Ausgrenzung der aus sozialpsychologischer Perspektive nicht in den Blick kommt.

Vorurteile sind ebenfalls beteiligt an einer Haltung, die als *„Ausländerfeindlichkeit"* umschrieben wird. Sie richtet sich in der Regel auf bestimmte

Gruppen von Ausländern. Als Anknüpfungspunkt dienen hier bestimmte äußere Merkmale (Aussehen, Sprache, Sitten). Vom europäischen Ausland herkommend, ist auch der Begriff *„Rassismus"* gebräuchlich, der die genannten Merkmale mit Bezug auf eine „Rasse" gebündelt sieht und für die eine überwiegend negative Bewertung vorgenommen wird – in der Regel von den Mitgliedern der dominierenden gesellschaftlichen Gruppen. Auf der „Handlungsseite" einer solchen ablehnenden Haltung haben wir es mit dem Phänomen der *Diskriminierung* zu tun. Hier ist grundsätzlich zu differenzieren zwischen einem institutionellen (Gesetze und Bestimmungen, Schulpflicht für Kinder von Asylbewerbern), kulturellen (problematische Kinderlieder und Spiele; Beachtung von Festen und Feiertagen) und individuellen Rassismus (Einschätzen von Kindern mit Migrationshintergrund als „Belastung", Trennung nach sprachlichen Gruppen; vgl. ebd., S. 59f.).

Zum Umgang mit Vorurteilen liegen für den vorschulischen Bereich bereits Erfahrungen und Anregungen vor, während dazu in der (grund-) schulpädagogischen Literatur lediglich einige Hinweise im Kontext des Aufgabenbereichs „soziale Erziehung" zu finden sind. Entsprechende Überlegungen suchen nach Möglichkeiten pädagogischer Wirksamkeit und nehmen zum einen den Bereich der Entstehung und Verbreitung von Vorurteilen in den Blick bzw. suchen – auf der anderen Seite – nach Wegen einer „vorurteilsbewussten Bildung und Erziehung" (Preissing 2003). Die bereits genannten klassischen Vorurteilstheorien (wie z.B. die von Allport 1971) postulieren, dass menschliche Wahrnehmung dazu neigt, einen fremden Menschen sehr schnell einzuschätzen und ihn mit früheren Erfahrungen zu vergleichen sucht. Er wird unter eine uns im Alltag unmittelbare Orientierung und Handlungssicherheit ermöglichende Kategorie eingeordnet. Diese Kategorisierungen sind – und das macht das Vorurteil aus – durch neu hinzukommende Informationen kaum erschütterbar, zumal sie eine Bindung an individuelle Erfahrung eingehen (Verbreitung durch Erzählungen, Anekdoten, Witze und Berichte) und damit die Richtung der Aufmerksamkeit steuern (vgl. Böhm u.a. 1999, S. 61). Das Erlernen von Vorurteilen im Rahmen der eigenen Sozialisation kann bereits früh über die Atmosphäre und den Erziehungsstil im Elternhaus erfolgen. Kinder nehmen die mit einer Zuschreibung von Eigenschaften an andere Menschen verbundene gefühlsmäßige Einstellung wahr. Weitaus problematischer sind die damit einhergehenden *Bewertungen* und *Erwartungen*. In den jeweils „zugesprochenen" Fähigkeiten und Eigenschaften liegt nicht selten bereits eine Vor-Verurteilung, die zusammenhängen kann mit gesellschaftlich vorhandener – und teilweise historisch geprägter – Diskriminierung und Ausgrenzung bestimmter Gruppen. Merken Kinder, dass ein

„Dazugehören" nicht in erster Linie abhängt vom eigenen Engagement und von den eigenen Anstrengungen kann dies zu einer nachhaltigen Beschädigung ihres Selbstkonzeptes führen (Preissing 2003, S. 28). Fragen der Chancengleichheit und sozialen Gerechtigkeit von Bildung werden zudem unmittelbar berührt.

Auch bezüglich der Lehrkräfte ist davon auszugehen, dass derartige nicht selten widerspruchsvoll geprägte Annahmen gegenüber Fremden vorhanden sind. So berichten Horstmann/Müller (1997, S. 48) nach Befragungen von Lehramtsstudierenden, dass sich bei diesen klare Sympathien für bestimmte Kulturen und Nationalitäten zeigten. Antipathien kamen vor gegenüber bestimmten kulturellen Räumen (Menschen aus islamischen bzw. arabischen Ländern, aus Südost- und Osteuropa). Im Rahmen einer umfassender angelegten Querschnittuntersuchung (an 14 Klassen der 3. und 4. Jahrgangsstufe an südhessischen Grundschulen mit einem durchschnittlichen Anteil nicht deutscher Schülerinnen und Schüler von 41,1% aus insgesamt 17 Staaten) wurden ausdrücklich nur so bezeichnete „Lehrerkognitionen" für inter kulturellen Unterricht erhoben (Walter 2001, S. 125ff.). Diese spiegeln primär Reaktionen auf Unterrichtserfahrungen wider und sind eher auf eine didaktische Betrachtung und Beurteilung von Unterrichtsprozessen zurückzuführen. Der Befund hebt sich deutlich ab von anderen Studien, in denen interkulturelle Einstellungen der Lehrkräfte erhoben und von diesen her auf schulische Chancengleichheit für Kinder aus Migrantenfamilien „kurzgeschlossen" wird (ebd.). Lehrkräfte sehen sich ausdrücklich – das ergab ihre Befragung – in einem hohen Maße verantwortlich für schulische und unterrichtliche Fördermaßnahmen, für welche didaktische und methodische Kompetenzen gefragt sind. Dies besagt jedoch noch nicht, dass ethnische Vorurteile vorkommen, die sich ungünstig auswirken können.

Neben dem Bewusstmachen und der Reflexion eigener Fremdbilder ist es für Lehrerinnen und Lehrer wichtig, auch diejenigen ihrer Schülerinnen und Schüler zu kennen, um gezielt und wirksam damit umgehen zu können.

Im Rahmen einer kleinen und nicht repräsentativen Befragung von Kinder und Jugendlichen im Alter von 7 bis 18 Jahren zum Ausländerbild waren auch 96 Grundschüler einbezogen. Sympathiezuweisungen wurden zunächst verstreut über alle Kulturen der Welt hinweg vorgenommen, während sich die Abneigungen ganz so darstellten, wie sie sie aus der Befragung der Lehramtsstudierenden deutlich geworden war. Geprägt wurde das Ausländerbild – auch schon bei jüngeren Grundschulkindern – im Wesentlichen durch Wissenselemente, weniger durch emotionale Lernanteile. Von der 2. zur 4. Klasse wurden die Ausländerbilder und damit auch die multikulturellen Positionen sehr viel differenzierter, blieben aber dann bis zur 6. Klasse annähernd konstant. Von der 4. bis zur 6. Klasse zeichnete sich auch eine Zunahme der Vorurteile und der negativ getönten Einstellungen ab. Hinsichtlich der Ursachenkomplexe (z.B. Kontakte in den Bereichen Schule, Familie, Wohnumfeld und Freundeskreis) konnten jedoch keine eindeutigen Effekte ausgemacht werden (vgl. Horstmann/Müller 1997, S. 49f.).

Bei aller gebotenen Vorsicht hinsichtlich weitergehender Schlussfolgerungen aus dieser kleinen Studie, deuten die Ergebnisse darauf hin, dass das *Wissen* über fremde Kulturen für die konkrete Ausformung eines Fremdbildes im Grundschulalter von nicht unerheblicher Bedeutung ist, zumal davon auszugehen ist, dass bestimmte „Bilder" bereits beim Eintritt in die Grundschule in den Köpfen vorhanden sind und sich weiter ausdifferenzieren. Auch Lehrkräfte sind dazu angehalten, ihre Vorstellung vom Fremden permanent zu überprüfen und möglicherweise zu revidieren.

Vorurteilsbewusste Erziehung: Im Rahmen dieses Aufgabenbereichs erfolgt z.B. eine Orientierung an dem aus den USA stammenden *„Anti-Bias-Approach"*, der sich deutlich für eine Ablehnung einseitiger Sichtweisen und auch eingeschränkter Betrachtung sozialer Wirklichkeit ausspricht (Wagner 2003, S. 34). Das Verständnis von „Bias" ist gleichzusetzen mit „Schieflagen" oder „Engführungen" bei der Betrachtung sozialer Wirklichkeit. Dabei geht es nicht nur um die Unterschiede nach Geschlecht, sozialem Status oder Hautfarbe, sondern um „Auswirkungen dieser Bewertungen auf das Leben von Menschen" (ebd., S. 36). Die bereits zum Umgang mit Vorurteilen geforderten Prozesse der Selbst- und Praxisreflexion werden im Rahmen der Anti-Bias-Arbeit auf eine systematische Grundlage gestellt. Das Konzept geht davon aus, dass jedes Kind ein Recht hat mit seinen „… je individuellen Voraussetzungen und Eigenheiten wahrgenommen und anerkannt zu werden" (Preissing 2003, S, 31). Die Arbeit mit Erzieherinnen und Lehrkräften fragt danach, aus welcher Perspektive diese das je besondere Kind wahrnehmen. Dies schließt die eigene Herkunft und Berufsgruppenzugehörigkeit ebenso ein wie das Bewusstmachen der das eigene Denken prägenden Faktoren und der in der Gesellschaft vorhandenen Vorurteile. Auch *Rollenspiele* sind eine gute methodische Möglichkeit, die Schülerinnen und Schüler dazu herauszufordern, wirksame Strategien für den Umgang mit Vorurteilen und Ungerechtigkeiten zu entwickeln. Die Schüler sollen dabei in ihren Fähigkeiten bestärkt werden, sich in andere Menschen einzufühlen. In dem Trainingsprogramm „Eine Welt der Vielfalt" (^{3}2004) finden sich dazu vielfältige Anregungen. Diese können ebenso gut als Umsetzungsvorschläge für das „soziale Lernen" mit dem besonderen Schwerpunkt des Rollenspiels angesehen werden (vgl. Abschnitt 2.3.1).

Im Rahmen einer Qualifizierungsarbeit zum interkulturellen Lernen in einer dritten Grundschulklasse (vgl. Krüger 2005) wurde die Lerngruppe mit einer Auswahl von insgesamt vier Situationen aus diesem Programm konfrontiert. Zwei davon seien hier wiedergegeben:

Sündenbock:
„Ming hat keine Freunde in der Klasse. Vor kurzem hat es eine Reihe von Diebstählen gegeben, bei denen aus den Taschen der Kinder Frühstücksbrote, Geld, kleine Spielzeuge und Buntstifte gestohlen wurden. Ein Gerücht kommt auf, dass Ming die Sachen genommen hat, obwohl es dafür keinerlei Beweise gibt.
Was würdest du tun, wenn du in der Klasse wärst?"

Diskriminierung:
„Janine, Sandra und Lisa sind gute Freundinnen und haben ihren eigenen Klub gegründet. Sie haben beschlossen, Saskia in den Club aufzunehmen, weil sie sie mögen, aber nicht Halide. Halide denkt, dass sie ausgeschlossen wird, weil sie türkisch und die anderen Mädchen deutsch sind. Saskia und Sandra denken, dass es falsch ist, Halide auszuschließen, aber Janine und Lisa finden nichts Falsches an ihrem Vorgehen.
Was können Saskia und Sandra tun?"

Die Schülerinnen und Schüler erhielten die Aufgabe, die kleinen Geschichten im Rahmen eines szenischen Spiels in Gruppen umzusetzen und auch eine geeignete Lösungsstrategie zu finden und darzustellen. Den Kindern gelang es, zum einen die jeweiligen Situationen sehr gekonnt aufzuführen und dabei den darin angelegten Konflikt darzustellen. Auch fanden sie überzeugende „Lösungen" heraus. In der ersten Situation sorgte die in das Problem eingeweihte Klassenlehrerin dafür, dass alle Kinder ihre Taschen leerten und somit ein Mitschüler, welcher die Sachen entwendet hatte, herausgefunden werden konnte. In der zweiten Situation gelang es den Mädchen, die Gruppe zu überzeugen, Halide doch mitspielen zu lassen, wodurch das „Eis" innerhalb dieser kleinen Gruppe gebrochen und das Mädchen in den Kreis der Freundinnen aufgenommen wurde. In einer anschließenden Befragung zu der ganzen Unterrichtseinheit gaben die Schülerinnen und Schüler an, dass ihnen die Umsetzung des Rollenspiels besonders gut gefallen hatte. Auch war aus den Antworten der Kinder erkennbar, dass sie sich mit den in den Spielen erarbeiteten Lösungsstrategien auseinandergesetzt und diese „verinnerlicht" hatten. Aus der Lehrerperspektive war zu beobachten, dass die Kinder mit viel Engagement und großer Motivation an die gestellten Aufgaben herangegangen waren. Die Einbindung der Schülerinnen und Schüler mit Migrationshintergrund führte zu einer Intensivierung der Begegnung und zu einem besseren Kennenlernen.

Zusammenfassung: Interkulturelles Lernen und Schule

Obwohl durchaus kritisch im Blick zu halten ist, ob Schule als nationalstaatliche Einrichtung überhaupt „die" geeignete Institution sein kann (vgl. Auernheimer, [2]1996, S. 166), ist Interkulturelles Lernen als derzeit aktuelle Aufgabe insoweit akzeptiert, als es als „übergreifende Aufgabe der Schule" gilt und damit von der Fächer- und Themenbindung weitgehend gelöst ist (vgl. z.B. Rahmenplan Mecklenburg-Vorpommern 2002, S. 4). Eingeschlossen ist darin eine situative Berücksichtigung, was die Durchgängigkeit des interkulturellen Lernens als *„Querschnittsaufgabe"* für alle Klassenstufen und in allen Fächern besonders hervorhebt (Auernheimer [3]2003, S. 124ff.). Affinitäten zu den Kontexten von Allgemeinbildung, Sozialem Lernen oder Politischer Bildung („Demokratie lernen") werden durchaus gesehen und stellenweise als Begründungs- und Legitimationskontext für die Einbeziehung interkulturellen Lernens in den schulischen Unterricht mit herangezogen.

Der Mensch ist auf Lernen angewiesen. Alles, was nicht zu den angeborenen Fähigkeiten und Fertigkeiten gehört bzw. durch Reifeprozesse erlangt werden kann, muss durch Austauschprozesse mit der Umwelt erworben werden. Das schließt auch Haltungen und Einstellungen, Motivationen, Normen, Sinnorientierungen ein, wie sie auf der Basis von Kultur übermittelt werden. Hier im Blick sind Prozesse schulischer Sozialisation und gezielter unterrichtlicher Vermittlung. Entsprechend dem aktuellen Verständnis von *Lernen*, wie es auch in die Grundschulpädagogik Eingang gefunden hat, ist dieses eine „... *Interaktionsleistung des Individuums*, die aktiv, selbstgesteuert, sozial und situativ abläuft" (Wiater 2004, S. 52). Die neuere Gehirnforschung, Aspekte der Systemtheorie, der kognitivistischen Psychologie und eine – inzwischen pragmatische – Version des Konstruktivismus sehen Lernen als eine Konstruktion von Denk-, Gefühls-, Handlungs- und Wollensstrukturen des je Einzelnen, die er auf Grund seiner spezifischen Erfahrungen macht. Der Mensch wird aus dieser Sicht beschrieben als ein „autopoietisches System", das sich selbst organisiert und von außen nicht unmittelbar beeinflusst werden kann. Die in diesem Kontext auch herangezogene Auffassung eines aktiven Ich- oder Personenkerns, das „Selbst", das Weiterentwicklung anstrebt, indem es die eigenen Erfahrungen integriert und so eine spezifische Struktur ausdifferenziert, unterstützt die beschriebene Eigenaktivität zusätzlich.

Für die Tätigkeit des *Lehrens* hat diese Auffassung vom Lernen Konsequenzen. Lernen kann – in der Sprache des Konstruktivismus – nur angeregt

(„pertubiert") werden. Dies geschieht zum einen über eine vorbereitete Lernumwelt und kann z.B. ein Schul- oder Unterrichtsklima sein, das durch Toleranz, Respekt und Verständnis geprägt ist. Im Zusammenhang stärker intentional strukturierter Lernumgebungen können zum anderen unterschiedliche Lehrstrategien – je nach intendierten Lernzielen – eingesetzt werden (vgl. Wiater 2004, S. 56f.):

- Grundlegender *Wissenserwerb* über die Form der direkten Instruktion (Basiskenntnisse über eine Kultur; Sprache): Ein sachlogisch aufgebautes und systematisch vermitteltes Wissen soll – so die Erwartung – Verständnisproblemen weitgehend vorbeugen.
- Erwerb *situierter Strategien* der Wissensnutzung: Sie sollen es ermöglichen, dass kulturelles Wissen flexibel und kompetent angewandt werden kann. Dazu muss es aktiv in lebensnahen Kontexten erworben werden. Geeignete Unterrichtsformen sind die Projektarbeit, Lernteams, spezifische Recherchen oder auch ausgewählte Anwendungsaufgaben.
- Der Erwerb *metakognitiver Kompetenzen*, wie Lern- und Arbeitstechniken, Formen der Informationsbeschaffung: Sie können ebenfalls mit dem Lerninhalt „Kultur" verbunden werden. Über Arbeitsformen wie die Gruppenarbeit und den offenen Unterricht (vgl. Abschnitt 3.3.1) sind sie besonders gut vermittelbar.
- Der Aufbau von *Handlungs- und Wertorientierungen*: Dafür ist z.B. die Strategie des reflexiven Diskurses gefragt. Aus dem Wissen über die Welt und den Menschen müssen die Lernenden Orientierungen für ein verantwortliches Leben und Handeln entwickeln und dazu ihre persönlichen Erfahrungen reflexiv verarbeiten. Aber auch Vorbild gebendes Handeln sowie der Aufbau verhaltenssichernder Gewohnheiten und die Vermittlung von Verhaltensregeln sind – zumal in der Grundschule – gefragt.

Die Grenzen dieses auf einem weit gefassten Lernbegriff basierenden Verständnisses von Interkulturellem Lernen zu den Konzepten ‚Interkulturelle Bildung' und ‚Interkulturelle Erziehung' sind fließend.

Zusammenfassend können für die didaktische Arbeit im Schul- und Bildungswesen mit den zentralen Begriffen „Kulturaneignung – Kulturpraxis und Kulturkritik" folgende Prozesse beschrieben und mit Blick auf die Grundschularbeit konkretisiert werden (vgl. ebd., S. 58ff.):

Kulturaneignung als Aufgabe der Schule hat es damit zu tun, für die Kinder und Jugendlichen Enkulturationshilfe zu leisten. Das Hineinfinden in den eigenen Kulturkreis, das Erlangen der Möglichkeit, diesen mitzugestalten stellt sich für hier lebende Kinder mit Migrationshintergrund insofern in einer besonderen Weise dar, als sie zunächst einmal auf die kulturellen Traditionen des Landes stoßen, in dem sie jetzt leben und in dem das Bildungswesen, an dem sie teilhaben, organisiert ist. Für das interkulturelle Lernen kommt diesem Kulturraum Priorität zu. Dies bedeutet jedoch nicht, dass die jeweiligen Herkunftskulturen der Mitschülerinnen und Mitschüler (Gebräuche, Sprache, Religion, Literatur) für eine Klasse beispielsweise einen geringeren Stellenwert hätten. Zum einen ist ihre Berücksichtigung in der Schule wichtig für das eigene Selbstverständnis der hier lebenden Migranten (vgl. z.b. die Diskussion zum Islamunterricht an deutschen Schulen). Zum anderen lernen die deutschen Schülerinnen und Schüler neben der Deutung und dem Verstehen fremdkultureller Lebensmuster es auch, sich kritisch und reflektiert mit der eigenen Kultur auseinanderzusetzen. Dies kann natürlich nur dem jeweiligen Entwicklungsstand entsprechend und in einer für Grundschulkinder angemessenen Form erfolgen.

Darüber hinaus ist das Hineinfinden in die Kultur gekennzeichnet durch *Kulturpraxis*. Dazu gehören bekannte Kulturtätigkeiten wie das Anlegen von Sammlungen, Lesen, Schreiben und Rechnen, Umgehen mit dem Computer, Bewegung und Spielen; Malen und Gestalten (nach Duncker 1994). Mit Blick auf Schülerinnen und Schüler aus anderen Ländern gilt es, gerade auch für diese Möglichkeiten zum kreativ-künstlerischen Tun bereitzustellen, so dass sie ihre spezifische Sichtweise einbringen und mit anderen darüber ins Gespräch kommen können. Solche Aktivitäten können entscheidend gestützt werden über die Form der Gestaltung des Schullebens – über Theateraufführungen und Ausstellungen, Feste und Feiern oder auch Erkundungen außerhalb der Schule (vgl. Kapitel 3.1.2).

2 Konzepte für die Arbeit in der Grundschule

2.1 Die Grundschule als institutionelle Rahmenbedingung

Mit der Konzentration auf das interkulturelle Lernen in der *Grundschule* sind eine Reihe spezifischer Rahmenbedingungen gesetzt, die dessen Zielrichtung und Ausgestaltungsmöglichkeiten bestimmen. Sie liegen begründet in spezifischen und (relativ überdauernden) Problemstrukturen, die sich im Auftrag und in der Funktion dieser Schulform spiegeln. Dabei kommt es vornehmlich darauf an, herauszuarbeiten „..., was die Grundschule von Voraussetzungen und Anspruch her im Kernansatz („core") ausmacht" (Schorch [2]2006, S. 36). Entsprechend können „vier charakteristische Funktionsmerkmale" bestimmt und ausgeführt werden (ebd., S. 36ff.):
Grundschule ist zunächst eine reine *Kinderschule*. Damit unterscheidet sie sich von allen weiterführenden Schulen, die es mehr mit Jugendlichen oder auch jungen Erwachsenen zu tun haben. Was ihr Bildungsangebot bzw. die damit angezeigten Konsequenzen für pädagogisches Handeln angeht, kommt damit das Prinzip des „Kindgemäßen" in den Blick. Da für das Aufwachsen von Kindern je nach gesellschaftlichen Rahmenbedingungen spezifische Normen und Regeln gelten, ist auch der Anspruch des Kindgemäßen nicht „kulturfrei" zu bestimmen, und es stellt sich als eine beständig wahrzunehmende Aufgabe dar, dieses Prinzip aus dem „Blickwinkel" der in einer Klasse vertretenen kulturellen Hintergründe der Kinder zu erschließen. Der Stellenwert, den „Kindheit" in anderen kulturellen Kontexten hat und die Form ihrer jeweiligen Ausgestaltung dürften daran nicht unerheblichen Anteil haben. Mit dem weiteren Merkmal von Grundschule als der *ersten* (verpflichtenden und allgemeinbildenden) Schule ist zu sehen, dass es vor- und außerschulische Lernangebote – durchaus auch unter der Bezeichnung „Schule" – gibt; die Grundschule – im engeren Sinne – jedoch einen verbindlichen institutionellen Rahmen auf der Basis der gesetzlich ab einem bestimmten Alter verankerten Schulpflicht vorgibt. Die Grundschule als *gemeinsame Schule* für alle Kinder eines Volkes geht zurück auf den Artikel 146 der Weimarer

Verfassung von 1919. Diese Gesetzesvorgabe hob die privaten Vorschulen auf. Die Reichsschulkonferenz von 1920 legte fest, dass diese Schulform für die untersten vier Jahrgänge als verbindliche Grundform einzurichten sei, auf der sich „... das mittlere und höhere Schulwesen" aufbaut. Im Jahre 1921 wurde mit den „Richtlinien zur Aufstellung von Lehrplänen für die Grundschule ..." eine Bildungs- und Unterrichtskonzeption begründet, die viele Jahre Bestand hatte (vgl. Wittenbruch [2]2000, S. 13ff.). Dieser verbindliche Charakter der Institution (Grund-) Schule – einschließlich der damit verbundenen Zeiten für einen Beginn, ein Ende und einen spezifischen Verlauf – stellt gleichsam eine „unhintergehbare Größe" dar, die somit für alle hier lebenden Kinder verpflichtend ist. Die Verfassungen der einzelnen Bundesländer beinhalten das Recht auf Erziehung und Ausbildung, unbesehen von der Herkunft oder wirtschaftlichen Lage der heranwachsenden jungen Menschen. Dies heißt für die gemeinsame Grundschule: Seitdem sehr viel mehr Menschen mit einem Migrationshintergrund bei uns leben, wird sie immer deutlicher auch Schule für Kinder aus verschiedenen Herkunftsländern und mit unterschiedlicher Erstsprache. Entsprechend ihres Bildungsauftrags soll sie dafür sorgen, dass daraus keine Chancenungleichheiten erwachsen. Krüger-Potratz (2005, S. 13) weist darauf hin, dass erst das Aufkommen des „Zusammenunterrichts" das zentrale bildungspolitische und pädagogische Problem sichtbar macht. Mit der Begründung einer öffentlichen für alle Kinder eines Staates gedachten Schule, deren Aufgabe gerade darin liegt, die sprachlich-kulturelle Einheit mit Blick auf eine „nationale Identität" zu befördern, erscheint Vielfalt eher in einem negativen Licht (als „Störung" bzw. „Ausnahmefall").

Mittlerweile wird die große Breite an Begabungen, Fähigkeiten und Fertigkeiten bei unterschiedlicher sozialer und kultureller Herkunft der Kinder als Herausforderung – ja in gewisser Hinsicht sogar als *Chance* – begriffen, die es im Rahmen des Spannungsverhältnisses von Integration und Differenzierung zu bearbeiten gilt. Im konkreten Fall kann dies eine unmittelbare Hilfestellung für Einzelne bedeuten, um Lernrückstände auszugleichen oder für besondere Begabungen und Interessen Entfaltungsspielräume zur Verfügung zu stellen. Die Funktion der Grundschule wird in diesem Zusammenhang als eine Art „... Schleuse für die Ausbildung grundlegender Kulturtechniken und für den Zugang zu den weiterführenden Schulen" (Walter 2001, S. 113) gesehen. In diesem Zusammenhang schafft sie auch Grundlagen kognitiver und nicht-kognitiver Art für die Entwicklung von Lernbereitschaft und Lerngewohnheiten der Schülerinnen und Schüler. Ob dies stets in dem

erwünschten Maße gelingt, wäre durch weitergehende empirische Untersuchungen noch differenziert anzugehen.

Der Anspruch der *Allgemeinbildung* wirft mit Blick auf die Kinder aus
verschiedenen Kulturkreisen zusätzliche Fragen auf. Unter dem Blickwinkel
der „Mehrperspektivität" (vgl. Abschnitt 2.3.3) geraten Inhalte in den Blick,
die möglicherweise – unabhängig davon – gar nicht für den Grundschulunterricht relevant geworden wären bzw. die nach einer ganz spezifischen Akzentuierung eines Inhaltsbereichs verlangen. Die bereits angesprochene Aufgabe der Vorbereitung auf weiterführenden Schule mit ihren je spezifischen
Anforderungen weist die Grundschule auch als *grundlegende* Schule aus
(vgl. Schorch [2]2006, S. 41ff.). So hat sie die Doppelaufgabe, das Kind in
seinem „So-Sein" (Hier und Jetzt) anzunehmen. Dies heißt auch, auf die
Fragen und Probleme einzugehen, die ein Kind mit seiner jeweiligen
kulturellen Einbindung an dieser Schule und in diesem Land hat – und auch
darauf zu achten, welche besonderen Potentiale dieses Kind einbringt und
wie diese genutzt werden können. Auf der anderen Seite soll die Grundschule
auch die Grundlagen für das Lernen an weiterführenden Schulen, ja letztlich
für das „Leben" bereitstellen.

2.2 Zielvorstellungen in offiziellen Dokumenten und Erlassen

Neben der Einführung in elementare Kulturtechniken gehören zur „grundlegenden Bildung", die fachliche Bildung, die Grundlegung individuellen und
sozialen Lernens sowie Fragen der Werteerziehung (vgl. Schorch [2]1994,
S. 9). Diese Bereiche finden sich auch – in je spezifischer Ausformung – im
Konzept der Interkulturellen Bildung und Erziehung wieder und können
durchaus mit der Vorstellung von *Allgemeinbildung* in Verbindung gebracht
werden (vgl. Abschnitt 1.1). Interkulturelles Lernen – hier gedacht als ein
(interkulturelle) Bildungs- und Erziehungsprozessen fundierender Bereich –
wird im Wesentlichen als Antwort auf drei zentrale Herausforderungen
gesehen. Dazu gehören nach Auernheimer ([3]2003, S. 9)
-   die innergesellschaftliche Multikulturalität, die vor allem als migrations-
    bedingte anzusehen ist
-   der Prozess der europäischen Vereinigung mit der Berücksichtigung
    unterschiedlicher Sprachen und Traditionen

- die Herausbildung der „Weltgesellschaft" und – damit verbunden – eines Bewusstseins für Fragen der globalen Gerechtigkeit und der Notwendigkeit zur Zusammenarbeit und zum interkulturellen Dialog.

Als ein einheitliches Konzept hat die Konferenz der Kultusminister ihre Empfehlung vom 25.10.1996 *„Interkulturelle Bildung und Erziehung in der Schule"* gestaltet. Sie versucht dies auf der Basis der bisher erarbeiteten „Erklärung zu Toleranz und Solidarität" (1992) sowie der Rahmenvorgaben zum Unterricht mit ausländischen Kindern. Zu den oben genannten zentralen Zielvorgaben sind in diesem Beschluss zwei weitere hinzugekommen: „kulturelle Vielfalt achten" und „berufliche Mobilität" (ebd., S. 3). Damit sind Bereiche genannt, die auch als Konsequenzen – zumindest aber als eng verbunden mit den genannten basalen Herausforderungen gesehen werden können. Differenziert ist auch die „Globalisierung" als Ausgangslage; umschrieben mit der ihr innewohnenden Tendenz zur Vereinheitlichung aber auch zum Erfahren von Differenzen zwischen grundlegenden Orientierungs- und Deutungsmustern und dem Bewusstwerden von wirtschaftlichen, demografischen und sozialen Unterschieden, wie sie zwischen Nord und Süd; West und Ost bestehen.

Die Empfehlung (1996) stellt die Begrenztheit der Wirkungsmöglichkeiten von Schule heraus, als staatliche Institution ein gleichberechtigtes Zusammenleben von kultureller Mehrheit und Minderheiten gewährleisten zu können. Ziel ist es, einen Beitrag zu leisten zur Abwehr von Ausgrenzungen und zur Sichtweise kultureller Vielfalt als Bereicherung. In dieser Hinsicht wird wiederum der Begriff der *„interkulturellen Kompetenz"* eingebracht, verstanden als eine „... Schlüsselqualifikation für *alle* Kinder und Jugendlichen, für Minderheiten *und* Mehrheiten ..." (ebd., S. 6), für die ein konstruktives Miteinander angestrebt wird. Diese Vorstellung, die in vielen Lehrplanvorgaben der Bundesländer aufgenommen ist, bedarf der Konkretisierung. Hier bietet sich eine Orientierung z.B. an den Zielkatalogen von Nieke (^{2}2000, S. 202-218) bzw. Roth (2002, zit. nach Holzbrecher 2004, S. 88f.) an. Ausgehend von allgemeinen übergeordneten Zielvorstellungen, wie sie auf der Basis der Grundrechte in den Schulgesetzen konkretisiert sind, soll die Annahme einer Gleichwertigkeit aller Menschen zur Achtung ihrer Wertvorstellungen und kulturellen Orientierungen führen. In der Wahrnehmung des allgemeinen Erziehungsauftrages der Schule sind bereits oberste Ziele einer interkulturellen Bildung angesprochen. Die Vorgaben der Kultusministerkonferenz betonen, Schülerinnen und Schüler sollen „sich ihrer jeweiligen kulturellen Sozialisation und Lebenszusammenhänge bewusst werden" (1996, S. 5f.). Bei Nieke heißt es entsprechend: „Erkennen des eigenen unvermeidlichen Ethnozentrismus". Die Einbindung in die Denk- und Wertgrundlagen der eigenen Lebenswelt ist Basis für eine schnelle und routinierte Orientierung – zumal des Heranwachsenden. Dies kann aber auch dazu führen, dass es zu kulturell bedingten Verständnisproblemen kommt, die möglicherweise Konflikte nach sich ziehen. Im Rahmenplan von Mecklenburg-Vorpommern (2002, S. 4) wird für dieses Aufgabenfeld und bezogen auf alle Schulformen im allgemeinbildenden Bereich von der *„Selbstkompetenz"* gesprochen. Es gilt zu erkennen, „... welche Muster oder auch Subkulturen ,meiner' Kultur ,mein Selbstverständnis' ausmachen". Ethnozentrismus erscheint aus dieser Perspektive als unvermeidlich. Ziel didaktisch-methodischer Bemühungen ist es, hier zu einer „aufgeklärten" Sicht auf die eigene kulturelle Eingebundenheit zu kommen.

Das Ziel „Umgehen mit der Befremdung" (Nieke [2]2000, S. 205f.) beschäftigt sich unmittelbar mit den emotionalen Reaktionen auf Fremdheit. Bestimmte Verhaltensweisen von Angehörigen einer anderen Kultur können im Alltag verunsichern und zu Irritation oder gar Abwehr führen. Ziel des Unterrichts ist es, mit der Befremdung so umgehen zu lernen, dass sich daraus „...Offenheit und Verständnis für andere kulturelle Prägungen entwickeln" können (Ständige Konferenz der Kultusminister 1996, S. 5). Dies soll – z.B. im Rahmen schulischer Curricula – angestrebt werden über vielfältige Gelegenheiten zum Kennenlernen des Anderen und Fremden. Dieser Weg ist grundsätzlich mit der Gefahr verbunden, dass nur „schöne" und „angenehme" Seiten einer Kultur präsentiert werden, was zu einer Reduzierung von Kultur auf „Folklore" führen kann. Aber auch eine „Stigmatisierung" ist möglich, wenn das Fremde (überwiegend) in einer ganz spezifischen Art und Weise dargestellt wird. Die in diesem Kontext häufig entfaltete Zielvorstellung der *„Toleranz"* erscheint im Zusammenhang interkultureller Bildung weitaus anspruchsvoller, als sie aus dem Alltagsverständnis heraus gesehen wird. Schließt sie doch auch gegenüber einer anderen Kultur die Haltung des Geltenlassens ein „... selbst wenn Teile dieser Lebenswelt, Kultur den eigenen Orientierungen und Wertüberzeugungen widersprechen" (Nieke [2]2000, S. 207).

Die Lehrpläne für die Grundschule regen in vielfältiger Weise dazu an, mit der Vielfalt an Lebensgewohnheiten bekannt zu werden (vgl. Eickhorst 2004; Kapitel 3.2.2). Das kann verbunden sein mit dem Ziel des „Kenntniserwerbs" über andere Kulturen – z.T. aber auch darüber hinausgehen. Auch hier sind die unmittelbaren Wirkungen, die von diesen Orientierungen auf Kinder im Grundschulalter ausgehen können, kaum erforscht. Jenseits des Erfahrens anderer kultureller Muster stellt sich als spezifische Zielvorstellung für interkulturelles Lernen auch dar, die *Gemeinsamkeiten* von Kulturen – z.B. hinsichtlich der in ihnen angelegten Norm- und Wertvorstellungen stärker zu betonen (vgl. Nieke [2]2000, S.210f.). Nach der begrifflichen Unterscheidung des mecklenburgischen Rahmenplans verbinden sich derartige Ziele mit der Herausbildung von *„Sachkompetenz"*, die neben den Kenntnissen auch das Bewusstsein um die „mögliche Relativität" (ebd., S. 4) von Werten einschließt. Hier zusätzlich aufgenommen ist das Wissen um „globale Verflechtungen und Abhängigkeiten" (ebd.). Dieses Ziel geht einher mit gemeinsamen Aufgaben und mit der Entwicklung von Verantwortung für die Weltgesellschaft und ist differenzierter ausgeführt in einer eigenen Empfehlung der KMK (siehe Abschnitt 3.2.1).

Unter dem Aspekt der *Sozialkompetenz* geht es um den Erwerb der Fähigkeit, „... Widersprüche und Konflikte in Interaktion und Kommunikation adäquat zu lösen" (Rahmenplan 2002, S. 4). Dieser Anspruch erfordert zusätzlich *„Methodenkompetenz"*, nämlich die eigene und die fremde Kultur analysieren, die sich daraus ergebenden Verhaltensmuster erfassen und Lösungswege für auftretende Konflikte entwickeln zu können. Die Möglichkeit einer angemessenen Bearbeitung von Konflikten ist auf der höchsten Stufe eines als Prozess gedachten Modells interkulturellen Lernens angesiedelt (ebd., S. 8f.) mit der Abfolge: „Verständnis (Erkennen)" und „Verstehen (Empathie)" bis hin zu „Verständigung (Handeln)". Damit nicht dem Aufbau eher harmonisierender Vorstellungen Vorschub geleistet wird, die spezifische Problemlagen verschleiern könnten, enthalten die Empfehlungen der Kultusministerkonferenz auch Hinweise zur Thematisierung von

- „Ursachen und Wirkungen von Migrationsbewegungen in Gegenwart und Vergangenheit"
- „Entstehung und Bedeutung von Vorurteilen" sowie
- „Ursachen von Rassismus und Fremdenfeindlichkeit".

Gläser (2004, S. 41f.) trägt dazu Beispiele aus der aktuellen Literatur zusammen. So können z.B. eine „Ethnische Spurensuche im Stadtteil" wie auch die „Geschichte deutscher Auswanderer in Amerika" oder auch „Flucht, Vertreibung und Integration" thematisiert werden. Im Rahmen dieser Bereiche ist auch altersgerechte Quellenarbeit zu den genannten Themenfeldern mit Grundschülern möglich.

Auf der Basis der vorgenommenen Zielklärungen sollte es gelingen, die praxisbezogenen Vorschläge zur Umsetzung interkulturellen Lernens in der Grundschule kritisch zu sichten und auf Forschungsbedarf aufmerksam zu machen. Die interkulturelle Bildung in der Schule ist – das sei nochmals betont – stets auch auf die Entwicklung von Einstellungen und Verhaltensweisen gerichtet. Das, was die Schule dazu tun kann, benennen die KMK-Empfehlungen unter dem Punkt „Umsetzung" als Kenntnisvermittlung und Entwicklung von Einsichten. Damit soll ein Beitrag zur eigenen Urteilsbildung geleistet und wertorientiertes Handeln gefördert werden.

2.3 Schwerpunkte im Unterricht

2.3.1 Soziales Lernen

Die Zielvorstellung ‚Erreichen von Sozialkompetenz' – unter Berücksichtigung von Sach- und Selbstkompetenz – wird im Kontext von Schulunterricht mit dem *sozialen Lernen* verbunden und gilt als eine der Kernaufgaben der Grundschule. Daher bietet es sich zunächst an, Aufgabenbereiche, die dem Interkulturellen Lernen zugeordnet werden, hier zu integrieren (vgl. Auernheimer [3]2003, S. 128-132).

Während der Begriff ‚soziales Lernen' die Eigenaktivität der Lernenden akzentuiert, weist der ebenfalls in diesem Zusammenhang gebrauchte Terminus *„Sozialerziehung"*, auf die gerichtete Einflussnahme durch eine erwachsene Person hin, welche die Förderung sozialer Handlungsfähigkeit, aber auch entsprechender Handlungsbereitschaft intendiert (Pfeuffer 1994, S. 70f.). Schulische Sozialerziehung knüpft – weiterführend bzw. ergänzend – an vor- und außerschulische Erfahrungen an bzw. setzt bewusst ein Gegengewicht zu bisher erworbenen und möglicherweise als nicht angemessen empfundenen Verhaltensweisen. Sozialerziehung kann zudem als ein übergreifendes Moment jeglicher Erziehung angesehen werden. Als solches reicht sie auch hinaus über eine Bindung an die Institution Schule und an den Schulunterricht und ist ebenfalls als ein Moment vorschulischer Erziehung und außerschulischer Bildung und Jugendarbeit anzusehen. Schule und Unterricht fordern heraus zu einem gemeinsamen Handeln in Situationen, die durchaus „Ernstcharakter" aufweisen. Dabei kann es auch darum gehen, Hilfestellung zur Verarbeitung von Erfahrungen zu geben, die in ihrer Zielrichtung über den schulischen Rahmen hinausgehen. Da die ausdrücklich intendierten Bemühungen häufig überlagert werden – etwa durch das Schul- und Klassenklima, das Schulleben oder auch durch den „heimlichen Lehrplan" – behält die Vorstellung vom „sozialen Lernen" eine gewisse Berechtigung.

Situationen sozialen Lernens können dann wirksam für interkulturelles Lernen genutzt werden, wenn bestimmte Gesetzmäßigkeiten in der Entwicklung von Kindern beachtet werden. Nicht jede gezeigte Verhaltensweise muss auf Ablehnung – z.B. eines Kindes mit Migrationshintergrund – zurückzuführen sein.

Nach Untersuchungen Piagets zum moralischen Urteil (vgl. Beck/Scholz 1995, S. 46) folgt dem motorischen Spiel (ohne Berücksichtigung von Regeln) das „scheinbare Zusammenspiel nach absoluten Regeln", ohne an einem gemeinsamen Spielziel und an den Regeln interessiert zu sein. Für die dritte Entwicklungsstufe ist „gegenseitige Achtung der Regel" und „Kooperation" kennzeichnend. Mit zunehmendem Alter wird verstärkt eine Übereinkunft mit Gleichaltrigen gesucht und praktiziert. Aus dem Austausch von Spielzeug und Gefälligkeiten können später gemeinsame Gefühle wie Vertrauen und Vertraulichkeit erwachsen. Die Entwicklung des sozialen Verhaltens verläuft demnach von einem „Austausch" eher äußerlicher Gemeinsamkeiten hin zu Wahrnehmung und Berücksichtigung gleicher Gefühle bis weiterhin zu Berücksichtigung und Anerkennung übergeordneter Werte (ebd., S. 48). Barrieren können sich auftun vor allem für das Erreichen der zweiten Stufe (Erkennen und Berücksichtigen gleicher Gefühle), da hier ganz von äußeren Merkmalen (z.B. der Hautfarbe) abgesehen werden muss.

In schulischen bzw. unterrichtlichen Situationen ist gemeinsames Handeln gefordert. Hier bieten sich vielfältige Ansatzpunkte für soziales Lernen – auch unter Anleitung zur Erfahrungsverarbeitung – an, das vielfältigen Zielanforderungen über den schulischen Rahmen hinaus zu entsprechen sucht. Petillon (1993, S. 5-12) hat es unternommen, im Vorfeld einer eigenen empirischen Untersuchung, die Zieldiskussion zum sozialen Lernen zu bilanzieren und kommt dabei zu einem „Katalog übergreifender Lernziele", die jeweils eingehender spezifiziert werden entlang der grundlegenden Kategorien „Fähigkeit" und „Bereitschaft". Auch die Grundqualifikationen sozialen Handelns sind hier zu nennen: Empathie, Rollendistanz, Ambiguitätstoleranz und kommunikative Kompetenz. Nicht alle der genannten Bereiche sind in gleicher Weise für Überlegungen zum interkulturellen Lernen relevant, einige erfahren hier eine besondere Akzentuierung. Dazu gehören:
- Entwicklung von *Empathiefähigkeit*; bezogen auf die Situation von Angehörigen einer Minderheit oder gegenüber Kindern in der so genannten „Dritten Welt"
- Entwicklung von *Toleranz* – vor allem gegenüber kultureller „Andersartigkeit"; hier spielt auch der Abbau von Vorurteilen mit hinein
- Anbahnen von *Solidarität*: als Überwindung von ethnozentrischen Verhaltensweisen (ebenfalls in besonderer Weise auch mit Blick auf Kinder der „Dritten Welt", in Bezug auf das Verständnis des Zusammenhangs zwischen Diskriminierung und Armut)

- Entwicklung von Konflikt- und Kooperationsfähigkeit (um insbesondere mit Abweichungen in Aussehen und/oder Verhalten besser zurechtzukommen).

Für soziales Lernen im Grundschulalter erhalten entwicklungspsychologische Konzepte ein besonderes Gewicht, indem sie Begründungsmuster bereitstellen für die Möglichkeiten und Grenzen zu sozialem Verhalten. Aktuelle Ansätze umschreiben die soziale und individuelle Entwicklung als Prozess der Selbstfindung, den das Kind aktiv und konstruierend gestaltet (vgl. Faust-Siehl 2001).

Zu welchen Schwierigkeiten für interkulturelles Lernen es kommen kann, zeigen folgende Untersuchungen auf. In Verbindung mit einer „Erziehung gegen das Nationaldenken" gilt der Abbau von *Vorurteilen* gegenüber Minderheiten als ein zentrales Anliegen. Zur Entstehung und Wirksamkeit von Stereotypen und Vorurteilen liegen sozialpsychologische Erklärungsansätze und Untersuchungen vor (vgl. „Exkurs" zu Abschnitt 1), die traditionell vor allem dem Forschungsschwerpunkt „Einschätzung anderer Völker im Kindesalter" zugeordnet wurden (vgl. Schmitt 1979, S. 19-57). Die wenigen – systematisch angelegten und kontrollierten – Projekte zum Schwerpunkt „Soziales Lernen" stammen bereits aus den 1970er und 1980er Jahren und beleuchten problematische Aspekte in der Umsetzung bei Kindern im Grundschulalter.

Die *„Szenen zu einem sozialen Lernfeld"* (vgl. Renner 1982) sind als didaktische Materialien aufgearbeitet und sollten zu einer besseren Kenntnis der Lebensbedingungen ausländischer Schülerinnen und Schüler beitragen sowie zum Abbau von Vorurteilen und zu größerer Toleranzbereitschaft anregen.

In einer kleinen Szene argumentieren drei Schüler miteinander darüber, ob ein vierter – den anderen „fremder" - mitspielen darf. Das Verhalten der Schüler wird eher typologisch beschrieben: Einer von ihnen möchte das fremde Kind nicht einbeziehen und lässt diesem gegenüber Vorurteile erkennen, zu denen aber auch Gegenargumente fallen („Wie kannst du gegen den etwas haben, ohne ihn zu kennen?"). Weitere Bearbeitungsschritte gehen dahin, in einem offenen Gespräch alternative Lösungsmuster zu finden oder Elemente der Szenen wiederholen zu lassen. Von Schülerinnen und Schülern des zweiten Schuljahres wurde die Problematik des Verhaltens in dieser kleinen Szene sehr gut erkannt. Eine im Anschluss durchgeführte soziometrische Erhebung zeigte jedoch, dass dieses Wissen nicht notwendigerweise zu einer Einstellungsänderung gegenüber Mitschülern mit Migrationshintergrund führte. So wurden die beiden türkischen Jungen in der Klasse am stärksten abgelehnt (ebd., S. 184).

Die Änderung von Einstellungen dürfte daher stets eine langfristig angelegter Prozess sein, zu dem es u.a. auch gehört, auf Gruppenprozesse unmittelbar einzugehen und die reale Situation in der Klasse im Blick zu haben. So können beispielsweise fruchtbare Schüleräußerungen aufgegriffen und ein Schlussteil für eine Szene mit Schülern ausgearbeitet und reflektiert werden.

Mit Bezug auf die Kritik von Kiper (1987) geht Glumpler (1996, S. 36f.) auf diese „Szenen" ein. Deutsche Kinder diskutieren z.B. über ausländische Kinder, die die „Schule schwänzen". Der Typus des selbstbewussten und gut integrierten Migrantenkindes kommt in diesen „Szenen" nicht vor, so dass es grundsätzlich auch möglich ist, dass deutsche Kinder Gefühle wie Selbstgefälligkeit und Überheblichkeit gegenüber Kindern mit Migrationshintergrund entwickeln. Auch kann es vorkommen, dass sich die ausländischen Kinder nicht mit dem dargestellten Typus identifizieren wollen und ganz andere Bewältigungsstrategien entwickeln, als sie mit dem Material intendiert waren: Ablehnung der Identifikation mit der eigenen Gruppe und Bevorzugung der Rollenvorbilder der deutschen Gruppe. Die Ablehnung kann sich auch auf den Unterricht bzw. die Lehrkräfte übertragen, die diese Identifikation mit einer als erniedrigend empfundenen Bezugsgruppe nahe legen (vgl. ebd., S. 37).

Auch mit Blick auf aktuell vorliegende Materalangebote zum interkulturellen Lernen erscheinen diese kritischen Überlegungen noch immer nicht gegenstandslos geworden zu sein.

Ebenso stellt sich das Anbahnen von ‚Toleranz' als Zielvorstellung interkulturellen Lernens in der Umsetzung häufig als problematisch dar. Zunächst geht es darum, *Toleranz* und *Gelassenheit* gegenüber fremden Lebensweisen und fremden Lebensstilen zu entwickeln und diese – auf einer weiteren Stufe – zu einer Haltung des *Respekts* werden zu lassen. Dies ist als programmatischer Inhalt in vielen Lehrplänen und Unterrichtsmaterialien verankert.

Diehm (2003) hat kritisch darauf aufmerksam gemacht, dass diese Zielvorstellung unter theoretischer Perspektive bisher kaum in den Blick genommen worden ist. Als eine Art „Kompromissformel" für im Grunde nicht geteilte Auffassungen in Fragen des religiösen Bekenntnisses, der Überzeugungen und des Gewissens wird – nach traditionellem Verständnis – so etwas wie „Duldung" signalisiert (ebd., S. 301). Toleranz will zudem *gewährt* werden und ist damit an „Macht" gebunden. In – neueren – gesellschaftskritischen Diskursen ist sie verstärkt als Eigenschaft von Personen ausgewiesen und wird zu einer Art „identitätsstiftender Besonderheit" (ebd., S. 303) erhoben. Eine Toleranzforderung – ebenso wie eine Aufkündigung – beträfe aus dieser Sicht die „ganze" Person und transportiert Hierarchie, Asymmetrie und Aufkündbarkeit von Interaktionen und Beziehungen mit (ebd., S. 305). „Toleranz" scheint daher als curricular aufbereiteter Unterrichtsgegenstand in der Grundschule weniger geeignet und sollte vielmehr im schulischen und familiären Miteinander (vor-) gelebt werden. Als eine Annäherung an diese Forderung kann das – auch in einer 4. Grundschulklasse erprobte – Trainingsmaterial „Toll- toller- tolerant" (Merks/Merks 2002) angesehen werden.

Die Autorinnen formulieren die Zielsetzungen sehr vorsichtig: Kinder sollen zum Nachdenken über ihr eigenes Verhalten angeleitet werden, das sich langfristig (auch außerhalb von Schule) in dem genannten Sinne zu verändern hätte. Kinder sollen für die Wahrnehmung von und das Interesse an ihrer Umgebung sensibilisiert werden und zusammen mit den als gleichwertig angesehenen „fremden" Teilen einer Gesellschaft eine Gemeinschaft bilden (ebd., S. 1). Der im Sinne einer Werteerziehung verstandene Unterricht soll handlungs- und erfahrungsbezogenes, ganzheitliches Lernen ermöglichen und zur Reflexion anregen. Entsprechend weit gefasst ist die Vorstellung von „tolerantem Handeln" und sind spezifische Basisfähigkeiten ausgewiesen (ebd., S.9): miteinander reden, aufeinander eingehen; Achtung und Respekt voreinander haben, Mut haben (für die, die anders oder schwach sind), kämpfen (für Gerechtigkeit). Die detailliert ausgearbeitete Unterrichtsreihe arbeitet mit Geschichten, Zeitungsartikeln, Internetaufträgen, Liedtexten, Gedichten und Spielen. Auch eine Stationsarbeit (zu „Gefühlen") sowie das Arbeiten mit Standbildern und das Gestalten einer „Foto-Story" kommen vor. Die Lehrerhinweise zu Zielen und benötigten Materialien der einzelnen Übungen ermöglichen einen didaktisch reflektierten Einsatz.

Ein – schon etwas älteres – Grundschulcurriculum für interkulturelles Lernen als *Sozialerziehung* ist von Rudolf Schmitt (1979) und seinem Team erarbeitet und evaluiert worden. Der Autor stützt sich auf entwicklungspsychologische Erkenntnisse zur sozialen Perspektivenübernahme und Einstellungsänderung von Kindern. Das Curriculum sieht innerhalb dreier sorgfältig entwickelter Unterrichtseinheiten: „Der Außenseiter in der Klasse", „Gastarbeiter – ,Dritte Welt' in der Nachbarschaft" und „Südafrika – Tansania, erste Begegnung mit der fernen ,Dritten Welt'" einen Wechsel von Informations- und Rollenspielphasen mit persönlichen Begegnungen („Einkaufen in einem türkischen Laden, Kochen, Besuch eines Afrikaners in der Klasse") vor. Dabei zeigte das Agieren im Rahmen des gewählten *problembezogenen Rollenspiels* auf, dass Diskrepanzen zwischen zuvor geäußerten kognitiven Einsichten der Kinder und ihren anschließend simulierten Problemlösungen auftraten (Schmitt 1979, S. 236). Der Autor geht hier von einer Nicht-Übereinstimmung mit dem „emotionalen Bewertungshintergrund" der Kinder aus. „Versteckte Ängste und Unsicherheiten" zeigten sich auf der ganzheitlichen Handlungsebene (ebd., S. 237), während sie – schenkt man den verbalen Äußerungen der Kinder Glauben – schon überwunden schienen. Diese Diskrepanzen werden durch das Rollenspiel sichtbar gemacht und damit zur Reflexion aufgegeben.

Das Curriculum ist aus Einzelepisoden zusammengesetzt, welche die Grundthemen in einem wachsenden Komplexitätsgrad variieren. Intendiert ist eine Zunahme „normativer Flexibilität" statt „normativer Rigidität". „Normative Flexibilität" soll dabei mit einem höheren Ausmaß an Toleranz einhergehen. Wichtig für die Umsetzung bleibt, dass ein Vertrautwerden mit Rollenspielen in der jeweiligen Lerngruppe auf jeden Fall schon vorausgegangen sein sollte.

Damit „Solidarität" (z.B. über die Einübung von Solidarisierungsstrategien) nicht zu einer bloßen pädagogischen und moralischen Floskel verkommt, nennt Schmitt zwei Kriterien „... nämlich das Risiko des gemeinsamen Vorgehens gegen diskriminierende Bedingungen einerseits, die – oft auf Anhieb nicht erkennbare – Gemeinsamkeit der Interessen andererseits" (zit. nach Auernheimer [2]1996, S. 175). Verhaltensweisen wie Mitleid und Mildtätigkeit betrachtet er als Formen verfeinerter Diskriminierung. Deshalb sollten auch im Unterricht behandelte Phänomene, die dies nahe legen (vgl. z.B. Abschnitt 3.2.1), immer in ihrem gesellschaftlichen Kontext eingebunden dargestellt werden. Die Gefahr, dass eine an das Mitleid der Kinder appellierende Darstellung von Ärmlichkeit gerade Vorurteile befördert und Unverständnis hervorruft, ist groß.

> In den aufgezeigten „langfristigen Perspektiven" für das Projekt kommt u.a. eine „Intensivierung der Elternmitarbeit" (Schmitt 1979, S. 247) zur Sprache, da sich eine positive Einstellung gegenüber Kindern mit Migrationshintergrund nur über das Zusammenwirken von Eltern, Lehrkräften bzw. Erziehern wirksam beeinflussen lässt. Auch der Gesichtspunkt einer „Flächenevaluation" des Curriculums mit der Aussicht, dies mit einem besonderen „Programm" einer Lehrerfortbildung zu verbinden, wird erwogen.

Interkulturelle Erziehung als Sozialerziehung scheint – so die Einschätzung von Auernheimer (ebd., S. 177) eine „Domäne der Vorschulerziehung und des Grundschulunterrichts" zu sein. Dabei ist kritisch zu sehen, dass dieser Ansatz noch sehr stark aus einer Mehrheitsperspektive konzipiert ist, aus welcher der „angemessene Umgang" mit den Angehörigen der Minderheitenkultur vermittelt werden soll. Gerade für die geforderte Fähigkeit der *Empathie* ist es erforderlich, entwicklungspsychologische Voraussetzungen einzubeziehen. Nach dem von Selman (1984) entworfenen Stufenmodell der sozialen Wahrnehmung verfügen Kinder im Grundschulalter oft noch nicht über die kognitiven Voraussetzungen, um sich in Menschen in anderen Lebenssituationen und mit anderen kulturellen Normen hineinzuversetzen. Diese Haltung ist davon zu unterscheiden, dass sie durchaus in der Lage sind sich emotional mit dem „Anderen" zu identifizieren oder spontan helfen wollen. Die kognitive Urteilsfähigkeit ist damit aber noch nicht gegeben. Für die aktuelle Diskussion der hier aufgeworfenen Fragen zum interkulturellen Lernen im Rahmen eines Curriculums zur Sozialerziehung fehlt es an neueren Untersuchungen, aber auch an überzeugenden curricularen Vorschlägen und Beispielen.

Da Lehrerinnen und Lehrer gerade in dem Feld des sozialen Lernens häufig gefordert sind, sehr spontan einzugreifen, sollten sie die grundlegenden Zielvorstellungen sowie Umsetzungsmöglichkeiten und ihre Problematik kennen bzw. eine mittelfristige Planung dazu „im Kopf" haben. Darüber hinaus erscheint eine Orientierung am situationsorientierten Ansatz hier besonders sinnvoll (vgl. Abschnitt 3.3.1). Zu beachten bleibt letztlich der Aspekt, dass sich soziales Lernen nicht nur in der Schule vollzieht und damit eine Halbtagsgrundschule nur sehr begrenzte Einflussmöglichkeiten hat. Dem steht die in vielen Studien (u.a. auch bei Petillon 1993) bestätigte Einschätzung gegenüber, dass Schule ein äußerst bedeutsames Erfahrungsfeld für die Beziehung zu Gleichaltrigen darstellt und für die Konstruktion der eigenen Identität große Bedeutung besitzt (vgl. auch Schorch [2]2006, S. 107f.).

Exkurs: Umgang mit (Kultur-) Konflikten

Wie in dem vorangegangenen Abschnitt bereits deutlich geworden ist, werden Konflikte – hier insbesondere mit Blick auf die Erarbeitung angemessener Lösungsmuster – im Rahmen des „sozialen Lernens" thematisiert. Treten Konflikte auf zwischen Menschen aus unterschiedlichen kulturellen Kontexten, so ist hier eine besondere Form der Bearbeitung vorgesehen. Die Deutung eines Konflikts als „kulturspezifisch bedingt", kann hier problematisch werden, da dies möglicherweise eine Auffassung von ‚Kultur' als statischer Größe impliziert und die „Zuschreibung" spezifischer als damit verbunden gedachter Personeneigenschaften nahe legt.

Der Begriff „Konflikt" wurde im 18. Jahrhundert aus dem lateinischen „conflictus" (feindlicher Zusammenstoß) entlehnt Durch das zugehörige Verb „configere" (zusammenschlagen; zu Boden schlagen) hat sich eine negative Bedeutungszuschreibung bis heute hin erhalten (vgl. Sader 2002, S. 163). Konflikte kommen vor zwischen einzelnen Personen, zwischen Gruppen und zwischen Völkern. Jeweils schwingt in der Alltagsbedeutung mit, dass sie nicht ausdrücklich gewollt und als „eigentlich vermeidbar" angesehen werden. Die fachwissenschaftliche Diskussion fasst sie als zum Alltag gehörig auf. Sie entstehen so gesehen fast zwangsläufig beim Zusammentreffen unterschiedlicher Werthaltungen, Normen und Interessen und werden so zu einer Art notwendigem „Durchgangsstadium" für die Veränderung und Weiterentwicklung der Gesellschaft betrachtet. In Alltag und Wissenschaft kommt zudem eine enge Definition vor, nach der jegliche Entscheidungssituation, in der mehrere Alternativen gegeben sind, den Charakter eines Konflikts erhält. Auf der Basis der idealtypischen Unterscheidung eines begegnungs- und konfliktorientierten Ansatzes in der interkulturellen Pädagogik geht Nieke ([2]2000, S. 251) davon aus, dass es im pädagogischen Alltag Konflikte gibt „...", die durch den Widerspruch von unterschiedlichen lebensweltlichen Selbstverständlichkeiten, Wertüberzeugungen und Heiligkeiten" entstehen. Davon zu unterscheiden sind Konflikte, die auf *individuellen Interessensgegensätzen* basieren und bei denen der eigene Vorteil jeweils durchgesetzt werden soll. Auch an diesen können Angehörige unterschiedlicher Kulturen beteiligt sein (z.B.: „ein ausländischer und ein deutscher Junge rangeln sich um einen Ball"). Auch einfache *Missverständnisse* werden unter Umständen zur Ursache von Konflikten. Sie sind in der Regel aufzulösen durch Nachfrage und Information. Erst dann, wenn es für ein und dieselbe Situation widersprüchliche Handlungsanweisungen gibt, die aber von Angehörigen einer kulturellen Gruppierung jeweils als verbindliche interpretiert werden, kommt es zu einem *kulturbedingten Konflikt*. Da in einer derartigen Situation nicht ausgewichen werden kann auf ein Nicht-Handeln, muss eine Entscheidung getroffen werden, die dann aber möglicherweise dazu führt, dass Selbstverständlichkeiten und Wertüberzeugungen der jeweils anderen „Seite" verletzt werden. Dies kann auch durch Missverständnisse in Kommunikationssituationen passieren. Derartige Konflikte entstehen häufig auf einer Ebene, die auch rechtliche Rahmenbedingungen tangiert. Nicht selten sind daher im schulischen Raum auch Lehrkräfte und Eltern beteiligt.

> Zu den auch in der Literatur häufiger genannten Konfliktfällen mit der größten in Deutschland vertretenen Gruppe der türkischen Schülerinnen und Schüler gehören die Empfehlung an eine ausgewählte weiterführende Schule, die aber nicht „akzeptiert" wird (Rückkehrabsichten), Befreiung vom koedukativen Sportunterricht, von Klassenfahrten oder anderen schulischen Aktivitäten aus religiösen Gründen, das Tragen eines „Kopftuchs" bei muslimischen Schülerinnen. Zunehmend sind auch Rassismusvorwürfe zu beobachten, die einen politischen Hintergrund zu haben scheinen (Fechler 2003, S. 103).

Mit älteren Schülerinnen und Schülern bietet es sich an, im Rahmen von Planspielen eine Entscheidung zu simulieren, indem jeweils aus der Perspektive unterschiedlicher Rollenträger argumentiert und eventuell auch gehandelt wird (vgl. z.B. Bender-Szymanski 2004). Für Kinder im Grundschulalter gilt es, hier eine dem Entwicklungs- bzw. Verstehenshorizont angemessene Ebene zu finden. Die von Nieke (^{2}2000, S. 252ff.) in der Form eines „Leitfadens" zusammengetragenen Gesichtspunkte dienen zunächst der Analyse und Aufklärung und geben im Weiteren eine Schrittfolge auf dem Weg zum vernünftigen Umgang mit kulturbedingten Konflikten vor. Die Hinweise dürften primär relevant sein für Lehrkräfte und Eltern und sind in der Schule mit Blick auf jeweilige Altersstufen entsprechend zu modifizieren, vorzubereiten und zu erproben.

Ausgehend von der Tatsache, dass Handeln nicht zu „umgehen" ist, wird danach gefragt, was an einem Konflikt allgemein, was spezifisch kulturell bedingt ist. Dazu ist ein Hintergrundwissen über betroffene Kulturen und Lebenswelten erforderlich. Dieses ist nicht gleichzusetzen mit der üblichen „Landeskunde", sondern differenziert sich aus entlang sozialer Milieus und Lebensstile. Da derartige Kenntnisse schnell veralten und nicht als enzyklopädisches Wissen gesammelt werden können, gilt es, die lebensweltlichen Hintergründe auf der Basis von *Diskursen* jeweils neu zu erschließen. Eine entsprechende Modellvorstellung basiert auf der Geltung einiger spezifischer Regeln. Danach ist vorgesehen, alle Argumente zuzulassen, die begründet werden. Es sollen alle Beteiligten gleichberechtigt zu Wort kommen und ihre Argumente ernst genommen werden, „Stützungen" aus anderen als der dominanten Kultur sind zuzulassen und auch virtuelle Diskurse zu führen, in denen die Position eines Diskursteilnehmers anwaltschaftlich vertreten wird (ebd., S. 255). Im schulischen Bereich werden häufig zusätzlich Schlichter oder sogenannte „Mediatoren" hinzugezogen. Dabei ist die folgende Schrittfolge als *Orientierungsrahmen* gedacht:

- Den Konflikt von allen beteiligten Seiten her beschreiben
- Die Deutungen aller Beteiligten ermitteln und nach allen erforderlichen „Stützungen" fragen.
- Die Betroffenen zu Wort kommen lassen, oder – wenn das nicht möglich ist – virtuelle Diskurse führen.
- Die konträren Positionen aus dem Hintergrund der Deutungen begründen – und dies immanent, zunächst noch ohne eigene Wertung.
- Eine Lösung des Konflikts suchen und begründen.
- Die Wertentscheidung der Beteiligten deutlich werden lassen.
- Lösungsweg finden nach dem Prinzip der situativen Geltung von Normen.

Die im vierten Schritt geforderte Begründung mag sich als besonders schwierig darstellen, da die Selbstverständlichkeiten der eigenen Lebenswelt normalerweise als nicht begründungsbedürftig angesehen werden. Deutungen und Stützungen werden erst dann erforderlich, wenn eigene Selbstverständlichkeiten mit denen anderer nicht übereinstimmen. Die klare Äußerung der Wertentscheidung der Beteiligten sollte möglichst lange zurückgehalten werden, ist aber letztlich erforderlich, um die Nachvollziehbarkeit der Positionen zu ermöglichen (Schritt 6). Das Prinzip der „situativen Geltung von Normen" kann dann zu einer Lösung führen, wenn beide Konfliktparteien Universalität und Unbedingtheit für ihre Begründungen beanspruchen. Handlungsgebote – so der „Kompromiss" – gelten dann für bestimmte Situationen, wobei zusätzlich noch zwischen einer privaten und öffentlichen Sphäre unterschieden werden kann. Für die öffentliche Sphäre sind Grundregelungen durch gesetzliche Vorgaben bestimmt, die – unvermeidlich – getragen werden von den Vorstellungen einer Majoritätskultur. Hier könnte nur ein interkulturell erweiterter Diskurs zu einer weiterführenden Klärung beitragen. Für den engeren schulischen Raum bedeutet dies z.b., dass bestimmte Regeln für die Klassengemeinschaft aufgestellt und Rituale zu ihrer Beachtung eingehalten werden.

Die *Kommunikation* zwischen Menschen als ein ohnehin schon sehr „anfälliger" Bereich kann zu zahlreichen Missverständnissen führen (vgl. z.B. Holzbrecher 2004, S. 25ff.). Diese können sich darstellen auf der Ebene Erwachsener (Lehrkraft, Elternteil) und Kind:

- Im Zusammenhang des sprachlichen Ausdrucks sind hier unterschiedliche Vorstellungen über so genannte „Respektpersonen" möglich (Wahl der Anredeform).
- Paraverbale Elemente (wie Tonhöhe, Lautstärke, Sprachwechsel) können für die Verständigung eine Rolle spielen und auch mit unterschiedlichen Raum- und Zeitkonzepten verbunden sein.
- Auf der nonverbalen Ebene werden über Mimik, Gestik, Körperbewegungen und Körperdistanz unterschiedliche „Botschaften" an den Gesprächspartner gegeben. Auch Berührungen und das Halten von Blickkontakt spielen eine Rolle.

Ebenfalls können abwertende Bemerkungen eines Kindes – z.B. bezüglich der Sprachkompetenz eines Mitschülers – oder gar rassistische Beschimpfungen zu Konflikten führen. Hier ist wiederum die Entscheidung der Lehrkraft gefragt, „nur" individuell zu intervenieren oder ein Gruppengespräch zu führen. Eine weitergehende Thematisierung kann die Situation des „Sich-Ausgeschlossen-Fühlens" in Rollenspielen erkunden lassen; es aufgeben, Regeln zu formulieren, die solche Konfliktlagen vermeiden helfen und zum Ertragen auch mehrsprachiger – z.T. unverständlicher – sprachlicher Situationen einen Weg weisen (vgl. Quehl 2003, S. 271f.).

Gewarnt wird von einigen Autoren nachdrücklich vor der „Ethnisierung" oder „Kulturalisierung" von Konflikten (vgl. z.B. Diehm/Radtke 1999, S. 64f.). Bestimmte Verhaltensweisen von Kindern eines anderen Landes werden häufig – ohne weiter darüber nachzudenken – mit der Herkunft in Verbindung gebracht. ‚Kultur' als Unterscheidungsdimension legt nahe, dass man von „den Türken" bzw. „den Griechen" spricht und sie als „Einheiten" mit ganz bestimmten Eigenschaften auffasst. Klischeehafte Bilder und Deutungsmuster von *den* Türken oder *den* Franzosen usw. drängen sich hier sehr schnell auf und versperren den Blick auf das einzelne Kind und damit auf die Vielschichtigkeit einer gegebenen Problemlage. Auch wird damit die

Fähigkeit des Menschen unterschätzt, „… sich reflexiv und situativ zum eigenen kulturellen Wissen … verhalten" zu können (ebd.).
Um kulturalistische Verengungen zu umgehen, wird auf das Konzept der *„Anerkennung"* (Honneth 1992) zurückgegriffen, welches die politische und rechtliche Regelung des Zusammenlebens von Mehrheiten und Minderheiten in einem Land zum entscheidenden Faktor macht und nach der gesellschaftlichen Teilhabe fragt. Konfliktvermittlung – z.b. in Form der Mediation – muss dem Rechnung tragen und danach fragen, was es den Beteiligten bringt, wenn etwa kulturelle Deutungsmuster ins Feld geführt werden, wo deutliche Machtdifferenzen vorliegen (vgl. Fechler 2003, S. 108).
Sowohl der Bereich des sozialen Lernens wie auch das Konfliktlösen werden – auch für die Grundschule – zusätzlich thematisiert im Rahmen des Aufgabenfeldes *„Demokratie lernen und leben"* oder auch „politisches Lernen" (vgl. Gutwerk 2004). Den so genannten demokratischen Grundwerten (wie Toleranz, Achtung vor der Würde des Menschen Weckung der Bereitschaft zu sozialem Handeln) ist alles Lehren an Schulen verpflichtet. Demokratie als „Herrschaftsform" kann Unterrichtsgegenstand – etwa im Sachunterricht – sein. Demokratie als „Lebensform" kann unmittelbar umgesetzt werden; z.B. durch die Einführung eines Klassenrates, durch das Einarbeiten in Streitschlichterprogramme oder die Arbeit mit Unterstützungs- und Helfersystemen. Dabei sollen Zwiespältiges, Proteste und Gegenrede im Prozess des Demokratie-Lernens durchaus zugelassen sein und keine Meinungen und Haltungen erzwungen werden. Die damit geforderte „Offenheit" von Diskursen ist als Grundprinzip demokratischen Lernens zu verstehen. Es schließt wie das Interkulturelle Lernen die Notwendigkeit der Perspektivenübernahme ein und kann daher in der Grundschule zunächst einmal angebahnt werden. Zu sehen ist auch, dass es „Grenzen" des demokratischen Lernens in der Schule gibt. Zwischen Lehrer und Schülern existiert ein Erziehungsverhältnis, das nicht mit der Wahl eines „Vertreters" noch mit einem selbstregulierten Vorgehen gleichzusetzen ist. Die Forderung nach Gleichheit und gleichzeitiger Leistungsauslese führt zu kontroversen Anforderungen, welche die Lehrkräfte nicht aufzulösen vermögen und die auf Grund hoher Komplexität leicht Überforderungen für alle Beteiligten mit sich bringen können. Auch die Postulate von „Mitbestimmung" und „Mitsprache" sollten mit Blick auf die tatsächlichen Beteiligungswünsche und -möglichkeiten der Schüler kritisch durchleuchtet werden.

2.3.2 Begegnung und Austausch

Nach Nieke (2000, S. 35 in Anlehnung an Hohmann) ist die „Pädagogik der Begegnung" neben der so bezeichneten „Konfliktpädagogik" als eine der Grundrichtungen interkultureller Erziehung aufzufassen:

> „Die Pädagogik der Begegnung unterschiedlicher Kulturen in einer kulturell pluralen Gesellschaft ist in ihrer simpelsten Form zu beschreiben als die schlichte Repräsentation einer fremden Kultur in einem mono- oder multikulturellen Zusammenhang, affektiv und/oder kognitiv".

Damit ist der Anspruch auf kulturellen Austausch und *Bereicherung* zwischen kulturell unterschiedlichen Gruppen zu verstehen. Das gegenseitige Erfahren und Kennenlernen – so die Annahme – kann erfolgen in einer weitgehend harmonischen Atmosphäre. Dieser Ansatz wird – wegen seines auf Ausgleich fast ohne eigenes Zutun hin angelegten Grundzugs - auch als „utopisch" empfunden.

Zu beachten ist jedoch, dass Hohmann (1989, S.15) hier nicht von einer Dichotomie ausgeht, sondern den konfliktorientierten Ansatz in die begegnungstheoretische Perspektive eingelagert sieht. Die hier in den Blick genommenen „Barrieren" können zusammenhängen mit dem persönlichen Schicksal der Migranten während der Migration, mit ihrer Religion, Lebensweise, mit Hindernissen im sozialen, politischen, pädagogischen und ökonomischen Bereichen der aufnehmenden Gesellschaft. Sie können sich – auch dieser Eindruck vermag zu entstehen – im Gegeneinander zu einer kaum überwindbaren Höhe türmen. Die Grundintention des konfliktorientierten Konzepts ist angelegt auf die Beseitigung von Barrieren, die der Entwicklung einer multikulturellen Gesellschaft entgegenstehen. Dazu gehören die Bekämpfung von Ausländerfeindlichkeit, Diskriminierung und Rassismus, Beseitigung von Vorurteilen und Ethnozentrismus. Aber auch die Herstellung von Chancengleichheit zählt dazu, um eine angemessene Begegnung der Kulturen ermöglichen zu können.

Schüleraustauschprogramme auf Länderebene werden häufig mit Kindern und Jugendlichen veranstaltet, die Gelegenheit erhalten sollen, sich in eine andere Kultur und Sprache einzuleben, Interesse an anderen Lebensweisen zu entwickeln, „offen" auf Fremdes zuzugehen und sich mit Menschen aus anderen Ländern verständigen zu können. Auch im Rahmen solcher Aufenthalte etwa in Familien oder in Gruppen kann es grundsätzlich zu Konflikten und Missverständnissen kommen, weshalb einer durchdachten Planung und Vorbereitung ein besonderer Stellenwert zukommt. Auch ist an dieser Stelle wiederum zu sehen, dass die Gewichtung der Zieldimensionen und ihre methodische Gestaltung von Bedingungen abhängen, die sich einer pädagogischen Einflussnahme und Kontrolle entziehen bzw. die historisch wandelbar sind (Hohmann 1989, S.16).

Ausgearbeitete Beispiele für einen Austausch unter Grundschulklassen sind nur wenige dokumentiert. Als ein gelungenes Beispiel kann die Partnerschaft zwischen einer niedersächsischen und einer französischen Grundschulklasse angesehen werden (Schmidt 1992). Die Schulpartnerschaft wurde bereits im Jahre 1989 aus einer Initiative der Schulleiterinnen heraus gegründet. Zu dieser Zeit hatte die deutsche Schule ca. 130 Schülerinnen und Schüler und war zweizügig angelegt. Zur französischen Partnerschule gehörten 5 Jahrgänge; diese wurde zudem als Ganztagsschule geführt. Da Französisch als *Begegnungssprache* vorgesehen war, kam Unterstützung von politischer Seite in der Weise, dass die Sprache bereits im Kindergarten der deutschen Gemeinde kostenlos angeboten und gegen einen geringen Beitrag in der Schule weitergeführt wurde. Die französischen Kinder lernten in der 4. Klasse Deutsch als Fremdsprache. Die Partnerschaft gestaltete sich aus Besuchen und Gegenbesuchen, wobei dritte und vierte Klassen beteiligt waren. Von den Eltern wurden die partnerschaftlichen Aktionen mit großem Engagement unterstützt. Die gastgebende Schule stellte jeweils ein besonderes Besuchsprogramm zusammen, das auch sportliche Aktivitäten, Wanderungen und Führungen einschloss.

Neben dem speziell auf die Begegnung mit den französischen Kindern hin angelegten und spielerisch vermittelten Sprachunterricht erfuhren die Kinder in der Schule etwas über Lebensweise und Brauchtum der fremden Familien und wurden auch in französischer Landeskunde unterrichtet. Über die Erfahrung der gemeinsamen partnerschaftlichen Unternehmungen hinausgehend, haben sich längerfristige Briefkontakte und private Besuche ergeben. Auch die Einwohner beider Städte haben am Austausch teil.

Nicht zu vernachlässigen ist, dass unterschiedliche para- und non- bzw. extraverbale Verhaltensweisen für das Gelingen eines Austauschs bedeutsam werden können. Unangenehme Erfahrungen haben möglicherweise Auswirkungen auf die Haltung gegenüber ausländischen Partnern und ihrer Lebenswelt. Dies betrifft die Bereiche der Begrüßung, des Schlafens, des Einnehmens von Mahlzeiten (z.B. was, wie viel man zu welchen Mahlzeiten isst; vgl. Oomen-Welke [4]2004, S. 82ff.). Auch an Schulen gibt es körpersprachliche und situationsspezifische Verhaltensweisen, die beachtet werden sollten. Dazu gehören der Blickkontakt, die Erfahrung von Nähe, die Interaktionen mit der Lehrperson und innerhalb der Lerngruppe, Konkurrenzverhalten, Lernstil und Reaktionsgeschwindigkeit, Verhalten im Unterricht (z.B. „an seinem Platz sitzen"), Umgang mit Unterrichtsmaterial. Auch die Möglichkeit des Gebrauchs von *Gesten* als einer Form nonverbalen Ausdrucks lässt sich mit Schülern gut in der Vorbereitung einer Begegnung thematisieren. Von großer Bedeutung ist es letztlich, einen durchgeführten Austausch zu *reflektieren* und den „Ertrag" für alle Teilnehmerinnen und Teilnehmer zu vergegenwärtigen. Sind – positive und dauerhafte – Kontakte tatsächlich zu Stande gekommen? Konnten Vorurteile abgebaut werden? Wurde der Erfahrungs- und Erkenntnishorizont von Schülerinnen und Schülern – z.B. nach einer Begegnung mit Gleichaltrigen eines anderen Landes – tatsächlich erweitert? Gibt es überhaupt beobachtbare Wirkungen? Differenzierte Untersuchungen und Erkenntnisse dazu werden bis in die Gegenwart hinein kaum vorgelegt (vgl. Thomas 1988, S. 79ff.). Eine Beobachtungsstudie im Rahmen eines Schüleraustauschprogramms zwischen Schulen des Saarlandes und Partnerschulen in England und Frankreich ergab, dass eine intensive inhaltliche Vorbereitung und Planung des Programmablaufs, die Kommunikation und Interaktion mit Schülern der gleichen Altersgruppe, die Konfrontation mit entwicklungsbezogenen Aufgaben sowie eine erlebnisbezogene Nachbereitung wesentlich zum Gelingen eines Schüleraustauschs beitragen können. Böth (2001) stellt auf der Grundlage einer Beschäftigung mit erprobten und bewährten Austauschprogrammen die Notwendigkeit der *Evaluation* heraus, zu der das Herausarbeiten von Zielen wie die beständige Überprüfung an der Praxis gehört, was dann auch zu Modifikationen eines Austauschprogramms führen kann.

Eine andere Möglichkeit, fremder Kultur und fremder Sprache zu begegnen, stellt der Aufbau einer *internationalen E-Mail Korrespondenz* dar. Damit wird der Realität einer mehrsprachigen Umwelt entsprochen und zusätzlich können die „neuen" Medien Computer und Internet in den Grundschulunterricht eingebracht werden. Die schnelle und kostengünstige Möglichkeit der Begegnung in verschiedenen Sprachen bringt zudem die Chance des Informationsaustauschs über andere Länder mit, Freundschaften können entstehen und gegenseitige Besuche vereinbart werden. Meier/Oellerich/Söll und Spilker (2004, S. 212ff.) geben konkrete Hinweise zum Aufbau einer solchen Korrespondenz. Einige der wesentlichen Hinweise zu den Zielen und zu der Organisation eines solchen Vorhabens sind:

- Eine Klasse kann gemeinsam einen Brief verfassen. Auch Gruppen in den Klassen ist es möglich, einen Kontakt aufzunehmen. Einzelne Schülerinnen oder Schüler können sich gezielt an einzelne Briefpartner in anderen Klassen wenden, woraus sich eine Klassenkorrespondenz – nicht selten auch unter Einbeziehung der betreuenden Lehrkräfte – zu entwickeln vermag.
- Neben der Einübung von vielfältigen Formen des schriftlichen Ausdrucks wird auf diese Weise dem kindlichen Mitteilungsbedürfnis entsprochen und können längerfristig

angelegte Kontakte aufgebaut werden. Formen des sich Mitteilens und Darstellens, des Fragenstellens und Fragenbeantwortens, des Berichtens, Erzählens, der Zustimmung und Ablehnung können auf diese Weise zum Ausdruck gebracht werden. Interesse und auch Spaß am Korrespondieren lassen sich so fördern.

- Um eine Korrespondenz in Gang zu bringen, müssen zunächst geeignete Partner gefunden und die möglichen Ziele und Erwartungen abgeklärt werden. Absprachen über Form, Dauer, Dokumentation einer solchen Korrespondenz sollten vorab getroffen sein.
- Es kann Unsicherheiten – vor allem zu Beginn eines solchen Austauschs – geben. So, wenn eine Antwort lange erwartet wird und letztlich ausbleibt, wenn die Vorstellungen über Umfang und Themen einer solchen Korrespondenz auseinander klaffen. Unter Umständen muss auch eine bewusste Beendigung vereinbart werden.
- Für die Korrespondenz können unterschiedliche Wege genutzt werden. Neben der E-Mail sind auch Fax und briefliche Korrespondenzen möglich. Zur Unterstützung können Telefon und SMS eingesetzt werden. Jedes Medium ist hinsichtlich seiner Stärken und Schwächen vorher eingehend zu würdigen.
- Wichtig scheint es auch zu sein, die ganze Aktion – zumal in der Grundschule – durch Regeln und Rituale zu stützen. So kann das Ankommen der Post mit einem bestimmten Ausspruch begleitet werden. Auch ein wiederholter Ablauf beim Verteilen, gegenseitigen Vorlesen, Beantworten und Versenden einer Nachricht kann für einen festen und damit als verbindlich empfundenen Rahmen sorgen.

Das konkrete Praxisbeispiel der Autoren bezieht sich auf eine E-Mail-Korrespondenz in einem zweiten Schuljahr, die verbunden wurde mit dem Einsatz der Neuen Medien in dieser Klasse. Technische Grundlagen, ein vorhandener Computerraum und ein entsprechendes Basiswissen der Lehrkräfte waren vorhanden. Neben einer Stärkung der Schreib- und Lesemotivation der Schülerinnen und Schüler versprach man sich auch eine Erweiterung der Medienkompetenz und die Förderung des interkulturellen Lernens auf Grund der angestrebten internationalen Kontakte zu einer deutschen Schule in Australien. Mit Hilfe der Cluster-Methode wurden zunächst Ideen gesammelt. So stellten die Kinder Vermutungen an, welche Themen die fremden Schülerinnen und Schüler wohl interessieren könnten. Im weiteren Verlauf des Projekts ergaben sich dann Fragen der Kinder aus der Partnerschule wie auch kleine Aufträge; z.B. zur Erkundung und Beschreibung des Wohnumfeldes.

Eingebunden war die Korrespondenz in die laufende Wochenplanarbeit der Kinder, welche die Briefe in Kleingruppen und nach dem Prinzip der Arbeitsteilung verfassten. Dazu gehörte auch, die Briefe im Plenum vorzustellen, sie zu tippen, zu korrigieren und zu speichern. Im weiteren Verlauf der Korrespondenz wurden auch Fotos verschickt und auf „Links" zum Erkunden des Wohnumfeldes, der Lage der Schule usw. verwiesen. Das kleine Projekt wurde durch personelle Veränderungen bei den Beteiligten beendet und wird im Rückblick als eine positive Erfahrung für alle gewertet.

2.3.3 Schulwissen und die Perspektive der „anderen" Kultur

Die Inhalte des Unterrichts für alle Schulformen sind in Lehrplänen bzw. Rahmenrichtlinien – überwiegend nach Unterrichtsfächern differenziert – zusammengestellt und werden von den Kultusbürokratien der Länder „erlassen". An den verbindlichen Lehrplänen orientieren sich die Schulbücher und die an den spezifischen Erfordernissen einer Lerngruppe angepassten und von den Kollegien an Schulen erarbeiteten Klassenlehrpläne. Im Jahre 2004 wurden für den Bereich der Grundschule *Bildungsstandards* erlassen (Ständige Konferenz der Kultusminister 2005 a/b). Diese sind auf nationaler Ebene verbindlich und definieren für die Fächer Mathematik und Deutsch ein mittleres Kompetenzniveau, das Kinder am Ende der vierten Klassenstufe erreicht haben sollen.

Für die den Unterricht planenden Lehrkräfte ist zudem die didaktische Ebene von Bedeutung. In der Orientierung an der bildungstheoretischen Didaktik nach Klafki (1963) ist es beispielsweise erforderlich, den Bildungs*gehalt* vorgegebener Bildungsinhalte herauszuarbeiten. So wird u.a. gefragt nach der Gegenwarts- und Zukunftsbedeutung, der exemplarischen Bedeutung, der „Struktur" und „Zugänglichkeit" eines Inhalts. Dabei können Aspekte, welche die Einbeziehung der interkulturellen Dimension mit umfassen, durchaus zur Sprache kommen (z.B. unter den beiden erstgenannten Kriterien; zwingend wird dies jedoch nicht nahegelegt). Deutlicher gefordert ist eine interkulturelle Orientierung auf der Basis der in der kritisch-konstruktiven Didaktik (1985) hinzugenommenen Vorstellung einer Bindung der Inhalte an so bezeichnete *epochaltypische Schlüsselprobleme* (vgl. Abschnitt 1.1). Diese sind dazu angetan, einen Inhalt als „allgemeinbildend" auszuweisen, der zu einer der großen Menschheitsfragen einen Beitrag zu leisten vermag. Als Teilaspekt des Grundproblems der „gesellschaftlich produzierten Ungleichheit" stellt sich jene „... zwischen Ausländern in Gastländern und der einheimischen Bevölkerung, aber auch zwischen Volksgruppen einer Nation; ..." (Klafki [5]1996, S. 59) dar.

Mit der Thematisierung einer „*Multiperspektivischen Bildung*" will Auernheimer ([3]2003, S. 142ff.) darauf aufmerksam machen, dass schulische Curricula noch immer zu einer monokulturellen Sichtweise tendieren. Nicht nur die häufig einer kritischen Analyse unterzogenen Fächer Geschichte und Politik, sondern die Lehrpläne generell, Schulbücher und Unterrichtsmaterialien sollten – bezogen auf das ganze Fächerspektrum – daraufhin durchgesehen werden, ob sie getragen sind von einem Allgemeinbildungsverständnis, das sich als inter- oder multikulturell kennzeichnen lässt und ein „... verändertes Verhältnis der Lernenden zur Welt und damit zu sich selbst ..."

(Auernheimer [2]1996, S. 191) einschließt. Dabei ist es nicht das Ziel, lediglich unterschiedliche Kulturelemente aneinanderzureihen, sondern zu einer Auseinandersetzung mit den verschiedenen kulturellen Sichtweisen anzuregen. Die – eher spärlich zu findenden – Ansätze zu einer *interkulturellen Didaktik* stellt Roth dar (2000, S. 30ff.; vgl. auch Eickhorst 2001). Die auf der Ebene der Fachdidaktik gerade in Gang gekommene Diskussion um interkulturelle Perspektiven geht auf die Arbeit in der Grundschule vorwiegend mit eigenen kleineren Beiträgen ein und erschließt derzeit noch keinen größeren systematischen Zusammenhang. Umfassender und differenzierter sind derzeit die Vorschläge und Anregungen in den Lehrplänen, in Sammlungen zu Geschichten und Liedgut aus anderen Kulturen, auf die noch gesondert einzugehen sein wird (vgl. Abschnitte 3.2.2 und 3.2.5).

Mit unterschiedlicher Ausrichtung plädieren Schmidt und Duncker für die Aufnahme einer mehr- bzw. multiperspektivischen Sichtweise in den Kontext der allgemeinen bildungstheoretischen Argumentation um schulische Inhalte. Duncker (2005) greift auf einen philosophischen Begründungsrahmen zurück, der eine gewisse „Nähe" zur erkenntnistheoretischen Position des Konstruktivismus aufweist und möchte Schülerinnen und Schüler am Prozess der Wahrheitsfindung teilhaben lassen. Da eine „eindeutige" Bestimmung von Welt nicht so ohne weiteres möglich ist (unterschiedliche Standpunkte und Positionen, kulturelle Überlieferungen) müssen Schüler in die Lage versetzt werden, verschiedene Perspektiven gegenüber einem Unterrichtsgegenstand einzunehmen. So wird mit dem Begriff der *‚Mehrperspektivität'* bzw. des *‚Perspektivenwechsels'* die Vorstellung verbunden, dass ein Gegenstand von verschiedenen Seiten her betrachtet werden muss, damit er umfassend verstanden werden kann. Über konstruktive Prozesse des Suchens, Findens und Herstellens von Bedeutungen entstehen verschiedene Bilder von der Wirklichkeit und eine große Beweglichkeit im Sehen und Denken. Der Unterricht soll dem Schüler solche unterschiedlichen Konstruktionen ermöglichen über das Anregen von Fragen, über das Anbahnen der Befähigung zu Dialog und Verständigung. Etwas aus der Perspektive des Anderen sehen können, bedeutet auch, sich in diesen hineinzuversetzen, was – soweit dies aus entwicklungspsychologischer Sicht möglich ist – zum Verstehen des Fremden und zur Überwindung von Vorurteilen hilfreich sein kann. Auf didaktischer Ebene lässt sich Mehrperspektivität dem Prinzip des *Zeigens* zuordnen (ebd., S. 21). Da sich nicht alle Gegenstände über Eigentätigkeit erschließen lassen, muss die Wirklichkeit darüber hinaus in ihrem Aspektreichtum „vorgeführt" werden. Durch eigenes Fragen können Kinder auch selbst nach neuen Aspekten suchen, womit Wissen und Informationen in ihrer Vorläufigkeit und Ergänzungsbedürftigkeit deutlich gesehen werden. Kritisch zu fragen ist hier welche und wie viele Perspektiven Kinder im Grundschulalter aufnehmen und tatsächlich berücksichtigen können. So darf sich ein durch mehrperspektivische Rekonstruktion entstandenes Bild nicht in „Beliebigkeit" auflösen, müssen die nötigen Grenzziehungen für das Bedürfnis der Kinder nach Sicherheit und Geborgenheit gewahrt bleiben (ebd., S. 23). Dies Erfordernis kann mit dem entgegensetzten Prinzip des *Behütens* zum Ausdruck gebracht werden. Grenzziehungen in sachlicher Hinsicht liegen da, wo es z.b. um grammatikalische Grundkenntnisse oder fremde Sprachen geht, die sich nicht über ein spielerisches Herantragen unterschiedlicher Perspektiven aneignen lassen.

Nach Schmidt (1987; zit. nach Auernheimer [2]1996) begründet sich das Prinzip des mehrperspektivischen Herangehens von der Einbeziehung einer globalen Sichtweise her, die aus der entwicklungspolitischen Bildung zu gewinnen ist. Danach gibt es Entwicklungen, die von einer „... Vielzahl von individuellen und kollektiven kulturgebundenen Standpunkten aus ..." interpretiert werden können (ebd., S. 190). Die Neubestimmung des Verhältnisses zu Tradition und Moderne macht die „Antizipation einer friedlichen Welt" nötig, wobei ein anderes Verhältnis zur Natur eingeschlossen ist. Möglich ist dies auf der Ebene der persönlichen Begegnung, auf der Ebene der Transformation und Integration des Wissens aus anderen Kulturen. Das vor diesem Hintergrund entworfene Bildungsprogramm stellt die Kompetenz zu interkultureller Kommunikation in den Mittelpunkt, die bestimmte Einstellungen, Fähigkeiten und Kenntnisse verlangt. Sowohl einheimische Schüler wie solche fremder Herkunft sollen zu einer Auseinandersetzung mit verschiedenen kulturellen Sichtweisen angeregt werden (vgl. ebd., S. 191f.).

Beispiele aus Unterrichtsfächern: Um eine systematische Aufnahme des Gedankens der Interkulturaliät in den fachdidaktischen Zusammenhang hat sich z.B. das Fach *Textilunterricht* bemüht. Kleider transportieren Ordnungsmuster, die es erlauben, den anderen Menschen einzustufen (Kohlhoff-Kahl 2004). Seit den 1980er Jahren gibt es in der Textildidaktik ein Bewusstsein dafür, dass Textilien – so auch Wohn- und Spieltextilien – als Kulturträger angesehen werden können. Bei Bekleidungen aus anderen Kulturen ist die Gefahr besonders groß, in stereotype Deutungsmuster hineinzugeraten. Am Beispiel „Indianer" wird deutlich, dass Schulen sogar an der Weitergabe einer bestimmten Bekleidungskultur beteiligt sind (Federschmuck, Mokassins, Fransenbekleidung).

Die Textildidaktik nimmt die Akzente des Kulturbegriffs auf, nach dem der Mensch in ein „selbstgesponnenes Bedeutungsgewebe" verstrickt ist (ebd., S. 177), das von ihm verlangt sich den Werten und Symbolen seiner Kultur anzupassen; diese auf der anderen Seite aber auch selbstständig zu verändern. Da sich in unserer Alltagskultur verschiedene Elemente miteinander vermischen (z.b. wird das traditionelle Kopftuch kombiniert mit eng anliegender modischer Kleidung), kommt „Eigenes" und „Fremdes" in einem strikten Sinne gar nicht mehr vor. Demnach erübrigt sich auch eine Trennung von Eigen- und Fremdkultur. Der Textilunterricht will deutlich machen, dass das Fremde nicht das „Gegenüberliegende" und „Andere" ist, sondern sich z.T. immer auch in uns selbst befindet, und wir an seiner Assimilation beteiligt sind. So sollen im Unterricht nicht nur die textilen Objekte in den Mittelpunkt gestellt werden, um sie nach Design (Funktion und Gestaltung) zu untersuchen, sondern es ist auch nach der *Handlungsform* im Umgang mit dem Fremden zu fragen. So kann z.B. „Wohnen" als transkulturelles Phänomen mit all seinen Facetten in den Blick genommen und nach Gemeinsamkeiten in verschiedenen kulturellen Erscheinungen gesucht werden. Damit ist für ein kulturelles Problembewusstsein zunächst einmal auch zu sensibilisieren. Es kann auch versucht werden, das „Kopftuch" aus eigenen und anderen kulturellen Sichtweisen heraus zu verstehen.

Ein „Exkurs über verschiedene Zugänge" wird angeregt (ebd., S. 182): Muslimische Schüler können die Bedeutung des Kopftuchs innerhalb ihrer Kultur erarbeiten (Quellen auswerten, Personen befragen, künstlerische Auseinandersetzung mit Kopftüchern suchen). Deutsche Schülerinnen und Schüler können darüber arbeiten, wie das Kopftuch in unserer Kultur getragen wurde und getragen wird; Schüler aus anderen Ländern können die ihnen bekannte jeweilige Tradition einbringen. Die Ergebnisse der Arbeit und der Gestaltungen werden anschließend miteinander verglichen; und die Schüler erfahren etwas über den anstrengenden Prozess, sich auf die Sichtweisen der Anderen einzulassen.

Keinesfalls darf ein von der Lehrkraft vornehmlich akzeptiertes Ordnungsmuster als das allgemein gültige hingestellt werden. Auch für diesen Bereich besteht die Gefahr, ins „Abenteuerliche" oder „Exotische" abzugleiten.

Der *„Fremdsprachenunterricht"* ist – nach den entsprechenden fachdidaktischen Überlegungen – geradezu dafür prädestiniert, interkulturelles Lernen einzubeziehen (vgl. z.B. Breugnot 2000). Seitdem der Englischunterricht auch ab Klasse 3 an Grundschulen weitgehend eingeführt ist, liegen hier ebenfalls Potentiale für diese Aufgabe. Dabei reicht der überkommene Bereich der „Landeskunde" keineswegs aus. In diesem Fach geht es darum, die Besonderheiten der eigenen Kultur mit denen anderer zu vergleichen und dabei Strategien des Erfragens, Entdeckens und Erforschens kultureller Besonderheiten einzuüben (vgl. Frederichs/Hartmann-Kleinschmidt 2004, S. 85). Das Erfahren von Differenz und Gleichheit kann dabei Ängste gegenüber Fremdem abbauen und helfen, für neue Erfahrungen offen zu werden. Oberstes Ziel ist die Entwicklung der interkulturellen Kommunikationskompetenz, welche letztlich abzielt auf das Erreichen einer „Kommunikations- und Handlungsfähigkeit in Situationen zwischen Sprechern aus verschiedenen Kulturen" (ebd., S. 86). Für die Entwicklung dieser Fähigkeit wird ein (idealtypisches) Konzept aufeinander folgender Stufen angenommen, von denen das Kind im Grundschulalter die ersten vier zu erreichen vermag (vgl. die Darstellung bei Nieke [2]2000, S. 199ff.):

- Ethnozentrismus als „natürliches, selbstverständliches Verhalten"
- Wahrnehmung der fremden Kultur mit ihrer je eigenen Identität und ihren Werten
- Verständnis für die fremde Kultur (ohne emotionale Reaktion)
- Akzeptieren und Respektieren der fremden Kultur
- Bewerten und Urteilen unter Berücksichtigung der eigenen Kultur
- Annehmen von Elementen der fremden Kultur, die als Bereicherung angesehen werden.

Von den didaktisch-methodischen Möglichkeiten her bieten sich viele der hier dargestellten Wege auch für den Englischunterricht an:

Handlungsorientierte, projektartige Aufgabenstellungen; Finden von Gemeinsamkeiten und Unterschieden zwischen den Kulturen, Rollenspiel und Dialog, Anregungen zum Perspektivenwechsel, Problematisieren von Stereotypen und Vorurteilen, Kennenlernen fremdkultureller Inhalte (Feste, Feiern, Sitten und Gebräuche) aber auch Verhaltensweisen und Verhaltensnormen; Erzählen von Geschichten, Lieder Spiele ..., Kontakte zu englischen Primary Schools, Schülerbegegnung (vgl. ebd., S. 88f.).

In vielen Fällen ist es dabei angebracht, auf authentische Materialien zurückzugreifen (Kinderbücher und Bilderbücher, typische Gesellschaftsspiele, Briefmarken, Eintrittskarten, Spielzeuge). Darüber hinaus können Hörbeispiele, Veranschaulichung über Film und Video, Nahebringen der Kultur und der Zielsprache über Handpuppen und andere Spielfiguren angezeigt sein. Auch die „Themen- und Situationsfelder" des Englischunterrichts in der Grundschule lassen sich in vielfältiger Weise durch interkulturelle Inhalte bereichern.

Beispiele dazu sind: "At home and abroad" – „Food and drinks" – "Special days" – "At school" – "At work" – "Leisure time" – "Children of the world" – "Fairy Tales" (vgl. ebd., S. 90).

Konzeptionelle Überlegungen zu einer interkulturellen Ausrichtung des Faches *Sachunterricht* in der Grundschule finden sich bei Glumpler (1996) und Kaiser (2006). In den 1970er Jahren überwogen Konzepte, die den Sachunterricht vorwiegend als Sprach- und kompensatorischen Kulturunterricht verstanden wissen wollten bzw. diesen über „Ausländerthemen" konzipierten und entsprechend bilinguale Materialpakete dazu vorlegten (vgl. Glumpler 1996, S. 28f.). Während die kompensatorische Grundausrichtung heute nicht mehr aktuell ist, erscheint die Konzeption „bilingualer Fachunterricht" auch in der Gegenwart noch sinnvoll – zumal, wenn er durch ausreichende Qualifizierungsmaßnahmen der beteiligten Lehrkräfte im Kontext einer Entwicklung angemessener schulorganisatorischer Modelle gestützt wird.

Für die aktuelle Konzeption des Sachunterrichts erscheint das zentrale – bereits die Ausrichtung der früheren Heimatkunde bestimmende – Prinzip einer *„Erschließung der Lebenswirklichkeit des Kindes"* (ebd., S. 68) bzw. Orientierung an den lebensweltlichen Bedingungen der Kinder einer Klasse (Kaiser 2006, S. 6) von großer Bedeutung zu sein, was hier durchaus Hausbesuche bei Familien und Gespräche mit Eltern einschließen kann. So ist es beispielsweise möglich, dass in dem Thema „gesunde" oder „richtige Ernährung" ein Konfliktpotential angelegt ist.

Die Lebensweltperspektive bedeutet für die didaktische Diskussion auf der anderen Seite auch, das inhaltliche Spektrum des Sachunterrichts nicht auf eine enge räumliche Begrenzung hin auszurichten, sondern die Themen eher an einer globalen Dimension zu orientieren.

In methodischer Hinsicht ist, wie dies bereits für den Englischunterricht angesprochen wurde, ein handlungsorientierter projektartig bzw. offen gestalteter Unterricht sinnvoll, da er die Einbeziehung differenzierender und individualisierender Arbeitsphasen sehr gut ermöglicht (vgl. 3.3.1 und 3.3.2). Durch konkrete Handlungsphasen und experimentelles Tun ist für den Schüler eine Möglichkeit gegeben, ohne den „Umweg" über die sprachliche Darstellung in das unterrichtliche Geschehen eingebunden zu sein. Eine sprachliche Förderung unmittelbar als „Begleitung der handelnden Aktivitäten" kann zusätzlich vorgesehen werden, wobei sich die Erweiterung auch des fachsprachlichen Wortschatzes anbietet. Darüber hinaus sind sprachfreie Alternativen zur Leistungsbewertung und Lernerfolgskontrolle möglich. Auch arbeitsteilige Leistungen in experimentierender oder selbstproduzierender Form können einbezogen werden. Glumpler (1996, S. 83) schlägt ein Konzept interkultureller Werkstattarbeit vor, das stufenförmig aufgebaut ist. Ausgehend von einer Lehrplananalyse, ist eine Materialsammlung vorgesehen, die sich auf Zeitschriftenangebote und vielfältige Medien hin ausrichtet. Ihre Analyse fragt kritisch nach den bereitgestellten Informationen, der

Aktualität darin versteckter diskriminierender oder rassistischer „Botschaften". Die letzte Stufe der „Materialproduktion" kümmert sich um die notwendigen Daten und Informationen, um Gewinnung aktueller Informationen zum Thema und ihre angemessene mediendidaktische Verarbeitung.

2.4 Die Sprache(n) der Kinder

2.4.1 Erwerb von Deutsch als Zweitsprache und Mehrsprachigkeit

Das Beherrschen von Sprache in Wort und Schrift stellt eine grundlegende Voraussetzung nicht nur für die „Bildungskarriere", sondern auch für den späteren Erfolg im Arbeitsleben dar. Für den Schulunterricht sind Lesen und Schreiben nicht zuletzt deshalb für den Schulerfolg entscheidend, weil es nur wenige Spielräume gibt, die einen Erwerb von Kenntnissen, Fähigkeiten und Einstellungen über das Handeln zulassen. Wie unlängst in der PISA-Studie (2000) deutlich wurde, ist auch hier der Erfolg an das „Verstehen" sprachlich gefasster Aufgaben gekoppelt.

Der Grundschulunterricht setzt in der Regel voraus, dass die Schülerinnen und Schüler die deutsche Sprache beherrschen und dass daran mit dem Unterricht im Lesen und Schreiben angeknüpft werden kann. Mehr und mehr finden sich aber Kinder in den Klassen, deren Erstsprache nicht deutsch ist bzw. die in ihrer Umwelt so wenig an Anregungen erfahren haben, dass sie diese Voraussetzung nicht in genügendem Maße mitbringen. Hier muss der Grundschulunterricht – und am besten bereits aufbauend auf eine vorangehende Sprachförderung in den Kindertagesstätten – mit einem entsprechenden Angebot aufwarten können, damit spätere Defizite vermieden werden. Dies setzt eine entsprechende Qualifikation der pädagogischen Fachkräfte voraus, die Kenntnisse um Sprachentwicklung und Zweitspracherwerb einschließt.

Sprachentwicklung ist als ein Teil der Gesamtentwicklung eines Kindes anzusehen und hängt mit vielen anderen (Teil-) Entwicklungsprozessen zusammen. Dies gilt grundsätzlich für den Erst- wie für den Zweitspracherwerb. Voraussetzungen für Spracherwerb und -entwicklung sind auszumachen in den Bereichen des Hörens und Sehens, auf dem Feld der Feinmotorik (Zunge, Lippen, Mundmuskulatur) wie in den Bereichen der kognitiven und sozial-emotionalen Entwicklung.

Ein unter „normalen" Anregungsbedingungen aufwachsendes Kind eignet sich im Verlauf weniger Jahre die Sprache seiner Umgebung an. Notwendige

Voraussetzung für den Spracherwerb ist es, dass mit dem Kind gesprochen wird bzw. dass es überhaupt die Möglichkeit hat, andere Menschen reden zu hören. Die erste Sprache, die das Kind erwirbt, ist diejenige, die auch die Mutter spricht und die sich das Kind auf ganz natürliche und unkomplizierte Art und Weise aneignet. Sie wird deshalb auch als seine „Muttersprache" bezeichnet. Es ist jedoch möglich, dass sich ein Kind in einer anderen Sprache, als sie von seiner Mutter gesprochen wird, „zu Hause fühlt". Daher soll dem Vorschlag Apeltauers (1997, S. 11; vgl. auch Günther/Günther 2004, S. 23) gefolgt und der Begriff der „Erstsprache" favorisiert werden. Dabei kommt es auch vor, dass ein Kind – wenn es z.B. in einer Grenzregion aufwächst oder Elternteile aus verschiedenen Ländern hat –, mit zwei Sprachen gleichzeitig aufwächst. Dies wird als *„primärer Bilingualismus"* bezeichnet. Dabei stellt sich in der Praxis heraus, dass am Ende eine der beiden Sprachen besser beherrscht wird als die andere. Eine Rolle spielt dabei, welche der Sprachen als so genannte „hochbewertete" – wie z.B. das Englische – gilt.

Von entscheidender Bedeutung für den Erwerb einer Zweitsprache ist es, ob ein Kind bereits über eine Erstsprache grundlegend verfügen kann. Hat es bestimmte Begriffe und Vorstellungen in einer Erstsprache bereits entwickelt, gelingt es, diese gleichsam in die Zweitsprache zu „übertragen" (vgl. Apeltauer 1997, S. 12). Mit dem Erwerb der Erstsprache erwirbt das Kind auch Kenntnisse um das Funktionieren von Sprache überhaupt. Zusammenhänge können auf Grund des schon erfahrenen Wissens über die Welt („Weltwissen") schneller in Kenntnis gebracht werden. Die bis dahin durch das Erlernen der ersten Sprache bereits erworbenen kognitiven Fähigkeiten erleichtern es zudem, sich regelhafte Aspekte und Gesetzmäßigkeiten der „neuen" Sprache schneller aneignen zu können (ebd.).

Für den „Sonderfall" zweisprachig aufwachsender Kinder werden verschiedene Stadien des Spracherwerbs unterschieden (vgl. Ulich u.a. [2]2005, S. 16):

- Kinder gebrauchen Wörter aus beiden Sprachen, wobei ein Gegenstand meistens mit einer bestimmten Sprache assoziiert wird.
- Die beiden Sprachsysteme werden allmählich auseinander gehalten, und das Kind entwickelt ein Bewusstsein von zwei Sprachen, die es auch unterschiedlichen Personen zuordnen kann.
- Die verschiedenen Regeln für den Satzbau werden erlernt (Verbformen, Stellung der Worte im Satz ...).

Kinder behalten jedoch Sprachmischung und Sprachwechsel bei. Dabei werden verschiedene Formen der „Sprachmischung" unterschieden (vgl. ebd., S. 16f.).

Interferenz liegt vor, wenn Strukturmerkmale der einen auf die andere Sprache übertragen werden. Dies geschieht unfreiwillig und zieht Fehler – z.B. im Satzbau – nach sich. Obwohl diese Erscheinung vor allem beim Fremdspracherwerb vorkommt, ist sie auch in Bezug auf die Zweitsprache anzutreffen und wird hier als „Zwischenstadium" auf dem Weg zum Lernen der Zweitsprache angesehen. Von *Sprachmischung* (oder auch von „*code-Wechsel"*) ist die Rede, wenn Kinder mitten im Satz ein Wort aus einer anderen Sprache heranziehen. Dies ist z.B. für längere Passagen einer Äußerung zu beobachten. Auch dies muss nicht unbedingt eine Gefahr für die Sprachentwicklung bedeuten, und tritt in mehrsprachigen Kindergruppen ganz „natürlich" auf.

Schon im Kindergartenalter wissen die meisten Kinder darum, dass sie sich in verschiedenen sprachlichen Systemen bewegen und setzen „ihre" beiden Sprachen – je nach Situation und Ansprechpartner – flexibel ein. Bedeutsam bleibt jedoch, dass das Kind die beiden Sprachen trennen kann. Die Fähigkeit, in einer Sprache zu bleiben, sollte daher immer wieder geübt werden; z.B. dadurch, dass zu bestimmten abgegrenzten Zeiten nur die eine Sprache „gilt". Dies lässt sich im schulischen Rahmen, in dem grundsätzlich die Sprache des schulischen Curriculums die vorherrschende ist, nur in besonders ausgewiesenen „Stunden" oder auch Spielsituationen durchführen.

Grundsätzlich lassen sich auch im Zuge des Zweitspracherwerbs bestimmte „Strategien" beim Spracherwerb des Kindes ausmachen. Im Rahmen neuerer theoretischer Vorstellungen zum Spracherwerb kommt der „konstruktiven Aktivität" des Individuums (Roth 2006, S. 160) sogar ein relativ hoher Stellenwert zu:

- Das Kind benutzt sein Vorwissen und seine Vorerfahrungen, um in der neuen Sprache kommunizieren zu können. Dies kann z.B. ein eher intuitives Wissen um bestimmte „Grundlagen" sein: z.B., dass Sprache in Sätzen organisiert ist, dass Mitteilungen nach bestimmten formalen Organisationsprinzipien strukturiert werden.
- Kinder gebrauchen zunächst immer wieder einen relativ einfachen Satzbautyp und feststehende Redewendungen, die sie „aufgeschnappt" haben.
- Nach und nach wird eine deutsche Satzstruktur erworben. Zu bestimmten Satzteilen werden Regeln konstruiert (z.B. „Peter nein spielen"). Erst allmählich setzt sich die korrekte Satzstellung durch, und es werden die richtigen Formen gebildet.
- Um möglichst bald „dazugehören" und in der Gruppe „mitmischen" zu können, folgen die Kinder bestimmten Strategien. Dazu gehört die „Vereinfachung". Wörter, die keine wesentliche Information enthalten, werden schlicht weggelassen.

Ein ausgeprägtes Bewusstsein für die sprachlichen Defizite von Kindern mit Migrationshintergrund hat sich erst nach Bekanntwerden der Ergebnisse der PISA-Studie (2000) eingestellt. Hier zeigte sich, dass nahezu 50% der Jugendlichen aus Zuwandererfamilien von einem erfolgreichen Lernen nahezu ausgeschlossen bleiben. Auch in der IGLU-Studie (Bos u.a. 2003) wird die elementare Bedeutung der Lesekompetenz für den schulischen Erfolg von Grundschulkindern deutlich. Sprache kann von daher als eine Schlüsselkompetenz für die Bildungskarriere gelten.

Auch wenn viele der Kinder und Jugendlichen mit Migrationshintergrund inzwischen in der sogenannten „zweiten" oder „dritten" Generation in Deutschland leben, sind die Sprachkompetenzen vielfach sehr schwach. Zu den dafür verantwortlich gemachten Gründen gehört z.B. die zu beobachtende sozialräumliche Segregation in einem Stadtviertel, die für den Erwerb der Sprachfertigkeit als alltagstaugliche Verständigung in Kindergarten und Schule vernachlässigte Berücksichtigung von Kompetenzen in der Schriftsprache. Auch mangelnde Qualifikationen des pädagogischen Personals für „Deutsch als Zweitsprache" (DaZ) werden in diesem Zusammenhang angeführt (vgl. Bartnitzky/Speck-Hamdan 2005, S. 9ff.). Zur Lösung des Problems wird vor allem an die vorschulischen Einrichtungen wie an die Grundschule verwiesen. Hier soll vor allem mit Blick auf die Anforderungen der weiterführenden Schulen (noch) bestehende Probleme im sprachlichen Bereich ausgeräumt werden.

Dabei zeigen entsprechende Untersuchungsergebnisse, dass es besonders im Kindesalter sehr leicht möglich ist, eine Zweitsprache zu erwerben, die auch bereits nach kurzer Zeit akzentfrei gesprochen werden kann (ebd., S. 12). Hierfür können jedoch auch günstigere Lernbedingungen ausschlaggebend sein, die Kindern ein unmittelbareres Lernen ermöglicht als Erwachsenen. Insbesondere Jugendliche können sich morphologische und syntaktische Aspekte besser aneignen als Kinder. Zudem ist ein Unterschied zu machen, ob der Spracherwerb in informellen (bzw. ungesteuerten) Aneignungsprozessen eher „beiläufig" vor sich geht oder im Rahmen gesteuerter Lernsituationen erfolgt. Dabei kann es durch das Gewähren vielfältiger „Hilfen" durchaus so sein, dass über Prozesse der Fremdsteuerung in den Spracherwerbsprozess eingegriffen wird. Für diese Situation ist eher der Lernbegriff adäquat, während der Prozess des „Erwerbens" unter informellen Rahmenbedingungen zu beobachten ist – z.B. als ganzheitliche Form der Aneignung von Sprache im Kindergartenalter. Für diese Altersstufe wird auch die Zweitsprache gleichsam „natürlich" erworben: in Spielsituationen, auf dem Pausenhof, in Kontakt mit anderssprachigen Kindern. Auch wenn selbstgesteuerte Lernprozesse effektiver sind, so besteht die Gefahr, dass sich die Sprachkenntnisse der Kinder auf abgrenzbare Bereiche, so genannte *Sprachdomänen*, konzentrieren (z.B. spezifische Gesprächs- oder Streitsituationen). Dies gilt auch für die sprachliche Bewältigung bestimmter sozialer Rollen in ausgewählten Situationen, für die je spezifische Ausdrucksformen gewählt werden. Mit Blick auf die zukünftig zu bewältigenden Aufgaben der Kinder – auch unter Einbeziehung der beruflichen Perspektive – kann deshalb im Rahmen des Zweitspracherwerbs nicht auf Steuerung verzichtet werden.

> Die jüngste für den Spracherwerb interessante internationale Vergleichsstudie DESI; (vgl. Anhang) untersucht die sprachlichen Leistungen und die Unterrichtswirklichkeit in den Fächern Englisch und Deutsch. Einbezogen waren ca. 11.000 Schülerinnen und Schüler der 8. Jahrgangsstufe aller Schularten. Hinsichtlich der Sprachkompetenzen in Englisch gilt es als besonders interessanter Befund, dass das Erlernen von Englisch als erster Fremdsprache denjenigen Schülern vergleichsweise leichter fällt, die bereits Deutsch als zweite bzw. fremde Sprache erworben haben. Auch das Aufwachsen in einer mehrsprachigen Familie ist unter sonst gleichen Bedingungen im Englischen mit einem Leistungsvorsprung verbunden.

Für das Grundschulalter liegen keine vergleichbaren Untersuchungen vor. Es kann daher nur vermutet werden, dass auch hier die Mehrsprachigkeit von Kindern positive Effekte mit sich bringt.

Anlass für differenzierte Überlegungen und Diskussionen gibt auch stets wieder der Stellenwert der *Familien- oder Herkunftssprache* im Unterricht. Die zentrale Bedeutung für die kognitive Entwicklung und den Aufbau der Identität ausländischer Kinder und Jugendlicher wird schon seit langem diskutiert und war auch Gegenstand verschiedener Modellversuche. Die dabei realisierte Umsetzung mit mehrsprachigem Lehrpersonal bietet sich in der Alltagsrealität nur selten an. Damit fehlt eine wichtige Voraussetzung, um die sprachliche Kompetenz bilingualer Kinder optimal bestimmen zu können. Von Grundschullehrkräften gut handhabbare Beobachtungs- und Bewertungsverfahren; z.B. entlang der vier Grundfertigkeiten (Hörverstehen, Sprechen, Lesen und Schreiben) sowie der sprachlichen Kenntnisse (Wortschatz, Aussprache, Graphemik und Grammatik) sind ein Versuch, die sprachliche Kompetenz genauer ausmachen zu können (vgl. Glumpler/ Apeltauer 1997, S. 42ff.).

2.4.2 Konzepte der Sprachförderung im Unterricht

Was die Berücksichtigung sprachlicher Voraussetzungen angeht, bewegt sich die Schule immer noch in einem von Ehlich (2005b, S. 34) so bezeichneten „Schutzraum von Selbstverständlichkeiten"; der Annahme einer weitgehend homogenen monolingualen Schülerpopulation. Der Nutzen eines an dem Prinzip der „Mehrsprachigkeit" orientierten Unterrichts wird nicht bezweifelt – wohl aber, dass die Schule allen in einer Klasse vorhandenen Herkunftssprachen gerecht werden kann. Zumal auch bilinguale Bildungsangebote ein „Mehr" an Lernzeit beanspruchen, die nicht immer so ohne Beschränkung für einen anderen Lernbereich zur Verfügung gestellt werden können, ergibt sich eine Favorisierung von Deutsch als Unterrichts- und Verkehrssprache und wird zudem die Notwendigkeit gesehen, sich verstärkt mit einsprachigen Maßnahmen zur Sprachförderung auseinanderzusetzen (vgl. Bartnitzky/ Speck-Hamdan 2005, S. 14; Stanat/Müller 2005, S. 24).

Aus Sicht der aktuellen Forschung weisen Stanat/Müller (ebd.) darauf hin, dass die von Cummins vertretene *Interdependenzthese,* nach der ein „anspruchsvolles Niveau in einer Zweitsprache" nur erreicht werden kann, wenn die Erstsprache entsprechend gut beherrscht wird, in dieser Form so kaum noch aktuell ist, zumal eine überzeugende Überprüfung für den deutschsprachigen Raum nicht vorliegt. Andere Autoren (Schroeder/Stölting 2005, S. 62) nehmen die spezifizierende *Schwellenhypothese* des Autors hinzu. Danach ist ein kognitiv anspruchsvoller Sprachgebrauch davon abhängig, dass eine Sprache auf einem Niveau beherrscht wird, welches z.B. die erfolgreiche Teilnahme am Unterricht ermöglicht. Weiterhin vertreten wird u.a. noch die *Transferhypothese,* welche von einer Beeinflussung der Erst- auf den Erwerb der Zweitsprache ausgeht. So spricht man von einem „positiven Transfer", wenn Ähnlichkeiten zwischen der Erst- und Zweitsprache existieren und eine einfache Übertragung möglich ist. „Negativer Transfer" kann sich einstellen auf Grund von Kontrasten zwischen beiden Sprachsystemen, die beim Spracherwerb zu störenden Interferenzen (auf der Ebene der Aussprache, der Grammatik, des Wortschatzes oder des Sprachgebrauchs) der zu erlernenden Sprache führen können (vgl. Günther/Günther 2004, S. 105). Dies ist bezüglich einer Entscheidung zum Stellenwert der Erstsprache im Unterricht ebenfalls in Rechnung zu stellen. Auch im Kontext einer angestrebten *„Mehrsprachigkeit"* hat der Erwerb von Deutsch als Zweitsprache einen besonders hohen Stellenwert und soll deshalb hier zunächst Berücksichtigung finden. Für die Einbeziehung der besonderen Bedingungen und Voraussetzungen des Zweitspracherwerbs in die konkrete Unterrichtsgestaltung bedarf es differenzierter didaktisch-methodischer Überlegungen.

Was die „Zielgruppe" des Deutschunterrichts angeht, ist auf ein „Bezugsnorm-Problem" hinzuweisen (vgl. Glumpler/Apeltauer (1997, S. 7), dem die

unausgesprochene Annahme zugrunde liegt, dass sich der Unterricht nur wendet
- an die deutschen Kinder in der Klasse, für die Deutsch Erst- und Familiensprache ist
- auch an Kinder mit anderen Familiensprachen, die einigermaßen gut Deutsch können – nicht aber auf demselben „Stand" sind wie die deutschen Kinder
- an Aussiedlerkinder, die die deutsche Sprache eigentlich gut beherrschen sollten, sich aber viel besser in der Sprache ihres Herkunftslandes ausdrücken können und diese dann auch bevorzugen.

Unter dem Aspekt verstärkter Integrationsbemühungen – z.B. auch von Kindern mit Behinderungen – galt die vormals betriebene Beschulung von Kindern mit Migrationshintergrund und Schwierigkeiten im Sprechen und Verstehen der deutschen Sprache in separaten Fördergruppen lange Zeit als überholt. Inzwischen wird jedoch die Möglichkeit einer Umsetzung differenzierter Konzepte in Erwägung gezogen (vgl. Abschnitt 3.3.2). Auch kann ein stärker „handlungsbetonter Unterricht" realisiert bzw. können – nach dem Beispiel Schwedens – Förderkräfte für eine individuelle Unterstützung eingesetzt werden, die gleichzeitig mit im „normalen" Unterricht agieren (vgl. Merkel 2007, S. 15). Darüber hinaus besonders gefragt ist eine Konzeption von Grundschulunterricht für mehrsprachige Klassen, welche die grundlegenden didaktischen Bestimmungsgrößen von Ziel/Inhalt und Methode bzw. Materialien und Medien konsequent auf die Arbeit mit mehrsprachigen Klassen hin ausrichtet. Die von Glumpler und Apeltauer (1997) unterbreiteten Vorschläge knüpfen ausdrücklich bei den schulischen und außerschulischen Lernerfahrungen der Kinder an und setzen auf Seiten der Lehrkräfte ein hohes Maß an didaktischer Kompetenz und Originalität im Umgang damit voraus.

So sollte vor allem die Existenz mehrerer Sprachen als Selbstverständlichkeit erfahren werden. Dies kann im spielerischen Umgang mit Sprache geschehen wie auch über den Weg des Einbringens von Materialien und Büchern aus verschiedenen Sprachen; auch solchen, die nicht in der Klasse vertreten sind (vgl. Quehl 2003, S. 269). Darüber hinaus ist zu sehen, dass die Kinder einen individuell unterschiedlichen Umgang mit der Herkunfts- und der so genannten „Zweitsprache" haben. So ist es möglich, dass das Erlernen des Deutschen unterschiedlich wahrgenommen und empfunden wird. Hierbei ist es besonders wichtig, dass in der Klasse eine durch Vertrauen geprägte Atmosphäre herrscht, um nicht ein Gefühl von Peinlichkeit oder Scham aufkommen zu lassen – gerade, wenn ein Kind offenbart, dass ein Elternteil die deutsche Sprache nur wenig beherrscht (vgl. ebd., S. 217).

Merkel (2007, S. 14) hebt hervor, dass das „… gemeinsame sprachlich begleitete Handeln", durch das Kinder mit den Menschen aus ihrer Umgebung in Beziehung treten, für den Spracherwerb und die differenzierte Herausbildung der Sprache eine außerordentlich große Bedeutung hat. Diese Form der Spracherziehung im täglichen handelnden Umgang bietet gleichermaßen die Grundlage für eine Erweiterung durch „kontextunabhängiges" Sprechen, das über Erzählen und Rollenspiele ausgebildet werden kann. Eine ganze Fülle von Spielen, in deren Zusammenhang auch Erzählungen, Lieder und Reime eingebracht werden können, tragen dazu bei, Sprachverstehen und Sprachbeherrschung zu fördern (vgl. Anhang). Eine Schwierigkeit der Schule ist es, dass sie sich auf die Vermittlung über „symbolische" Formen weitgehend beschränkt und den Kindern kaum Raum bietet, sich im Rahmen von eigenen Aktivitäten auszudrücken.

Die sprachlichen Lernziele in der Schule sind in der Regel dem Fach Deutsch zugewiesen oder werden übergreifend für den Bereich „Sprache" formuliert bzw. sind in eigens ausgewiesenen Lehrplänen „Deutsch als Zweitsprache" konkretisiert. Für den Unterricht steht die differenzierte Erfassung der *Lernausgangslage* am Anfang. Sie kann sich orientieren an den in einer Klasse vorhandenen Spracherwerbstypen, den von einzelnen Kindern erreichten Spracherwerbsstadien und den jeweils sich vollziehenden Sprachentwicklungsprozessen. Notwendige Schritte der Differenzierung sollten auch in den herangezogenen Lehrwerken (Fibel, Sprachbuch) aufgenommen sein und sich am Erst- und Zweitsprachenlernen orientieren.

Für die fortlaufende systematische Leistungsdokumentation der individuellen sprachlichen Entwicklung der Kinder eignen sich Beobachtungsbögen oder die Orientierung an Sprachstandsindikatoren. Rückmeldungen an die Kinder können beispielsweise in Form kleiner „Briefe" gegeben werden. Um individuelle Lernprozesse zu unterstützen, bietet es sich an, das Klassenzimmer als „anregende *Sprachlernumgebung*" zu gestalten (Glumpler/Apeltauer 1997, S. 71ff.).

Dazu gehört eine den Kindern angepasste Sitz- und Raumordnung, eine multilinguale Klassenbibliothek (Geschichten- und Märchenbücher aus den Herkunftsländern, mehrsprachige Wörterbücher, Bilderbuchsammlungen), eine Kassetten- oder CD-Sammlung; evtl. auch ein kleines „Tonstudio", um eigene Sprachaufnahmen anfertigen zu können. Zeichnen sich vorliegende Materialien und Lernmedien durch die mangelnde Berücksichtigung der Besonderheiten mehrsprachiger Grundschulklassen aus, ist die Herstellung passender Sprachlernmedien gefragt. Auch dazu finden sich Anregungen bei Glumpler/Apeltauer (z.B. Wortschatzarbeit, Planung und Durchführung kleiner Projekte unter vielfältiger Einbeziehung von Formen der inneren Differenzierung, freies Erzählen und Textproduktion, Einführen in die Arbeit mit Bild-Wort- bzw. Bild-Text-Karteien).

Neben dem Versuch, alle Möglichkeiten einer situativen Sprachförderung in der Grundschule auszuschöpfen, kann es in vielen Fällen angemessen sein, ja auch zur Profilbildung einer Schule mit mehrsprachiger Schülerschaft beitragen (vgl. Abschnitt 3.1.1), wenn ein besonderer Unterricht für *„Deutsch als Zweitsprache"* (DaZ) angeboten wird. Dessen Konzeption basiert auf einem sprachsystematischen Ansatz, in dem es darum geht, sprachliche Strukturen bewusst wahrzunehmen und damit umzugehen (vgl. z.B. Rösch 2003a). Basierend auf den DaZ-Materialien der Kultusministerien (Rahmen- bzw. Lehrpläne und Handreichungen), soll „Deutsch als Zweitsprache" in der Grundschule möglichst früh und gezielt gefördert und dabei die Relevanz der Sprache für einen dem Alter entsprechenden, kompetenten Sprachgebrauch in allen Fächern deutlich werden. Insofern ist auch daran gedacht, DaZ als Lernbereich in Kooperation mit Zielen, Inhalten und Methoden des allgemeinbildenden Unterrichts zu etablieren (ebd., S. 12).

Eingehender Überlegungen bedürfen in diesem Zusammenhang die Anforderungen an Art und Umfang des *Grundwortschatzes* der Kinder, wie er zunächst einmal mit Bezug auf Schulunterricht vorausgesetzt wird. Zum Zeitpunkt der Einschulung beträgt der aktive Wortschatz bei deutschen Kindern ca. 3000 bis 6000 Wörter und wächst bis zum Ende der Grundschulzeit auf durchschnittlich 10.000 Wörter an. Die schriftliche Sicherung als Grundwortschatz für die ersten vier Schuljahre umfasst 1000 Wörter. Aktuelle Analysen von Lehrwerken und auch von Lehrplanvorgaben zum Grundwortschatz fehlen weitgehend. Für die 1980er Jahre berufen sich Glumpler/ Apeltauer (1997, S. 20) auf Untersuchungen, nach denen in der Regel die Zahl der eingeführten Wörter relativ klein ist, während für die Form der Ermittlung und den Umfang des Grundwortschatzes in den Lehrplänen der Bundesländer unterschiedliche Vorgaben gemacht werden. Zumal in einer ersten Klasse Kinder sein können, die bezüglich des Spracherwerbsprozesses unterschiedlich weit vorangeschritten sind, sollte auch die Frage des Grundwortschatzes eher als eine „Orientierungsgröße" angesehen werden und besonderes Augenmerk darauf liegen, alle Kinder in ihrem Selbstvertrauen zu stärken und die Vielfalt an vorliegenden Spielen und Übungen zur Sprachförderung zu nutzen.

Neben un- und halbgesteuerten Spracherwerbsprozessen kann der DaZ-Unterricht sowohl in heterogen zusammengesetzten Regelklassen wie in besonderen Fördergruppen, die auch flexibel „auf Zeit" eingerichtet sein können, erteilt werden. Dabei bleibt es ein vorrangiges Anliegen, das intuitive Sprachwissen zu entfalten, die Erstsprache nach Möglichkeit einzubeziehen und Lernstrategien für das eigenständige Weiterlernen zu vermitteln.

Wie wesentlich darüber hinaus eine didaktisch reflektierte Vermittlung von DaZ sein kann, macht folgendes Beispiel deutlich. Eine Schwierigkeit für Kinder anderer Erstsprache stellt die Differenz zwischen der Alltagssprache und der sogenannten „Schulfachsprache" dar. Ein Wort aus dem alltagssprachlichen Umgang kann z.b. im schulischen Kontext eine ganz andere Bedeutung annehmen. So hat das in der Umgangssprache häufig in imperativen Wendungen gebrauchte „ziehen" je nach Fach einen spezifischen Bedeutungsgehalt; z.b. (nach Glumpler/Apeltauer 1997, S. 24):

- Ziehe eine Linie von A nach B! (Geometrie)
- Ziehe zwölf von einhundert ab! (Kopfrechnen)
- Ziehe eine Spielkarte! (Quartettspiel im Rahmen von Freiarbeit).

Das Erschließen dieser unterschiedlichen Bedeutungsvarianten wird nicht ohne Hilfe der Lehrkraft – ggf. unter Hinzuziehung anderer zweisprachiger Personen oder auch über entsprechendes Text- oder Bildmaterial – möglich sein, das anspruchsvolle fachsprachliche Texte zu „entlasten" vermag. Hinzu kommt, dass durch den Gebrauch neuer Wortbildungen (Komposita, Präfix-Verbindungen, Abkürzungen), bestimmter syntaktischer Konstruktionen weitere spezifische Schwierigkeiten im Gebrauch der Schulfachsprache liegen können.

Als kleines *Fazit* zum Bereich Sprache im Kontext des interkulturellen Lernens bleibt festzuhalten: Ausgangspunkt für den gemeinsamen Sprachunterricht mit ausländischen und deutschen Kindern sollte sein, das zu fördern, was die Kinder schon können. Die Lernvoraussetzungen sollten dazu über differenzierte sprachdiagnostische Methoden in Erfahrung gebracht werden. Sprachförderung findet anschließend „übergreifend" – in allen Fächern des Grundschulunterrichts – statt, wobei das Prinzip der persönlichen Bedeutsamkeit durchgehend Beachtung erfährt. Auf methodischer Ebene sollte das Zusammenspiel von informellen und strukturierten Lernsequenzen gefördert werden. Strukturierte Angebote können im Rahmen von DaZ auch in flexibel eingerichteten Fördergruppen erteilt werden.

Exkurs: Spracherfassung vor der Einschulung

Die Bundesländer haben auf das nicht zufriedenstellende Abschneiden deutscher Kinder in den internationalen Vergleichsstudien u.a. mit der Entwicklung unterschiedlicher Verfahren zur Erfassung des Sprachstandes reagiert, die im Kindergarten und/oder in der Grundschule eingesetzt werden und überwiegend an die Untersuchungen zur Einschulung geknüpft sind. Mit ihrer Hilfe sollen zunächst ein möglicher Förderbedarf ermittelt und dann unterschiedliche Maßnahmen der Sprachförderung über ein halbes oder ein ganzes Jahr angeschlossen werden. Die Sprachförderprogramme stellen eine rasche (Kompensations-) Maßnahme der Kultusbürokratien der Bundesländer dar, um auf die zu Tage getretenen Defizite möglichst schnell reagieren zu können. Bald nach ihrer Einführung ist deutlich geworden, dass die entwickelten Verfahren nicht alle erforderlichen Bereiche von „Sprache" abdecken können. Daher sind einige auch schon wieder eingestellt worden.

Eine kritische Sichtung und Kommentierung erfahren die bisher erarbeiteten Instrumentarien in den beiden umfassend angelegten „Expertisen" von Fried (2005a,b) im Auftrag des Deutschen Jugendinstituts und Ehlich (2005a,b) im Auftrag des Bundesministeriums für Bildung und Forschung. Grundsätzlich lässt sich unterscheiden zwischen Verfahren mit überwiegend *politischer* Funktion, in denen es primär darum geht, Kinder mit Sprachentwicklungsproblemen herauszufinden und solchen mit *pädagogischer* Funktion, die dazu dienen, ausgewählte Bereiche des gesamten Sprachvermögens (Lautbewusstheit, Gesprächsstrategien) sehr genau zu erfassen und darüber hinaus die Alltagsbeobachtung zu schärfen. Hier wäre darauf zu verweisen, dass Mehrsprachigkeit – auch im Sinne einer „natürlichen" Zwei- und Mehrsprachigkeit – erklärtes Ziel der europäischen Staaten und der Bildungspolitik in den Bundesländern ist (Schroeder/Stölting 2005, S. 61f.).

In vielen Bundesländern ist man daran gegangen, Verfahren zur Sprachstandsmessung zu erproben bzw. schon verbindlich einzuführen und diese Maßnahme auch schulgesetzlich zu verankern. Beispielhaft sei hier auf das recht komplexe Verfahren in Niedersachsen eingegangen. *„Fit in Deutsch"* liegt inzwischen in einer überarbeiteten Version aus dem Jahre 2006 vor und soll eineinhalb Jahre vor der Einschulung durchgeführt werden. Als „Screening-Verfahren" möchte es den Sprachstand vor der Einschulung überprüfen, um ggf. ausgewählte Kinder zur anschließenden Teilnahme an sprachfördernden Maßnahmen verpflichten zu können. Die Schüler sollen mit Beginn des Schuljahres Fähigkeiten in der deutschen Sprache entwickelt haben, die eine aktive Teilnahme am Unterricht ermöglichen können. „Teil A" sieht unter dem Aspekt der Erhebung der *„Sprachbiografie"* ein Elterngespräch zur bisherigen sprachlichen Entwicklung des Kindes vor; ggf. können Informationen des Kindergartens eingeholt werden. „Teil B" umfasst ein *„Gespräch mit dem Kind"*, das seinen aktiven Wortschatz – z.T. über die

Einbeziehung handlungsorientierter Sequenzen – in Erfahrung bringen möchte. Der dritte Teil richtet sich auf die Überprüfung des *„passiven Wortschatzes"* und fragt nach einfachen und zusammengesetzten Nomen wie nach bekannten Verben. Dem Kind werden Abbildungen gezeigt an Hand derer es nach Aufforderung durch die Lehrkraft Gegenstände zeigen soll. Unter dem Gesichtspunkt *„Aufgabenverständnis"* wird in einem anschließenden Teil danach gefragt, ob das Kind Handlungsanweisungen verstanden hat. Vor allem kommt es darauf an, dass Präpositionen richtig erfasst werden, was durch eine adäquate Handlung zum Ausdruck gebracht wird (z.B.: „Lege den Teddy *in* den Karton"). In einem fünften und letzten Teil geht es um die Erfassung *„aktiver Äußerungen"*. Vorgelegt werden „Sprechreiz"-Situationen (z.B. die Abbildung einer Banane als Schreibwerkzeug), zu denen das Kind Sätze in einer bestimmten Länge äußern soll. In der Neufassung des Verfahrens ist der Einsatz von Bildern etwas offener gestaltet, und es können auch Spielmaterialien einbezogen werden. Während der ganzen Erhebung wird das Kind beobachtet und sein kommunikatives Verhalten dokumentiert. Das Verfahren sieht deutliche Abbruchkriterien vor, wenn ein Kind „kein" oder „fast kein" Deutsch spricht; für Kinder, die sich „altersangemessen" auf Deutsch verständigen können und für solche, die in den überprüften Bereichen zwei der drei Aufgaben nicht bearbeitet haben. Kriterien für die weitere Auswertung sind differenziert vorgegeben.

Fried (2005a) kommt in ihrer Expertise zu dem Schluss, dass keines der zum Erhebungszeitpunkt vorliegenden Spracherfassungsverfahren den Ansprüchen der Praxis voll und ganz gerecht zu werden vermag bzw. sich dem Sprachvermögen eines Kindes umfassend zuwendet. So kann – was vielfach gegeben ist – die Messqualität fraglich sein; oder aber es handelt sich um Verfahren, die nur für die Hand von „Experten" bestimmt sind. Zudem fehlt es an praktikablen Formen, die geeignet wären die Kommunikationsfähigkeit von Kindern (Gespräche führen, Geschichten erzählen, Argumente vorbringen) bei der Erfassung des Sprachstandes mit zu berücksichtigen. Vielfach werden nur spezifische Aspekte der Sprachentwicklung (z.B. „Vorläuferfähigkeiten zum Schriftspracherwerb") erfasst. In der Einschätzung von Ehlich (2005b, S. 48) zeigen sich Parallelen. Bemängelt wird ebenfalls die Ausklammerung pragmatischer und diskursiver Qualifikationen; literale Fähigkeiten werden nur in der Gruppe der Rechtschreibtests erhoben, während Mehrsprachigkeit (bzw. die Einbeziehung der Herkunftssprache) nahezu gar nicht eigens erfasst wird. Problematisch erweist sich auch, dass der „Sprachstand" lediglich eine Momentaufnahme in der kindlichen Entwicklung widerspiegelt. Diese bezieht sich zudem nur auf wenige formale Merkmale (z.B.

„produktive Äußerungsfähigkeit") und zieht die Dynamik der kindlichen Entwicklung insgesamt gar nicht in Betracht (List 2005, S. 54).

Sprache dient als ein symbolisches Werkzeug nicht nur der Kommunikation. Sie hat großen Anteil an der Ausbildung einer „inneren Sprache", die als ein Instrument zur Auseinandersetzung mit dem eigenen Selbst dient. Aus dieser Perspektive erscheinen Beobachtungen und Protokollierungen des Interaktionsverhaltens, des verbal begleiteten Spiels als sehr sinnvoll. Auch Fördermaßnahmen wie das *Gespräch,* das die Sprachhandlungsfähigkeit herausfordert, werden dem „Spracherwerb" als ein in sozialen Interaktionen stattfindender Prozess zwischen Kind und Erwachsenem eher gerecht. Sprache sollte somit im Kontext der sozialen, emotionalen und kognitiven Entwicklung gesehen und behandelt werden und kann sich – wie bereits im vorangegangen Abschnitt ausgeführt – nicht im Sprachtraining „Deutsch" erschöpfen. Aus dieser Perspektive kann auch die Erfahrung mit mehreren Sprachen als kreatives Potential gesehen und genutzt werden. Darüber hinaus stellt die „natürliche" Zwei- und Mehrsprachigkeit eine beachtenswerte gesellschaftliche Ressource dar.

Die Sichtung und Beurteilung von vorliegenden Verfahren der Sprachstandserhebung erfolgt auf der Basis von *Gütekriterien.* Diese sind z.B.: testtheoretische Anforderungen, Einbeziehung von Mehrsprachigkeit, präzise Angaben zum Gegenstand der Sprachuntersuchung, Nennung der Altersgruppe, Verbindung von Sprachdiagnose und -förderung, Qualifizierung der Lehrkräfte. Gemessen an diesen Gütekriterien, verdienen vor allem das Hamburger Verfahren „HAVAS" und der Münchener Beobachtungsbogen „SISMIK" besonderer Erwähnung. Beide entsprechen annähernd den Anforderungen an Testverfahren. HAVAS 5 berücksichtigt sechs Herkunftssprachen, SISMIK bezieht sich eher allgemein auf die Herkunftssprache aus der Perspektive deutscher Erzieherinnen. Allerdings werden keine Hinweise gegeben auf die Anschließbarkeit von Förderentscheidungen.

Auf der Basis einer eher informellen Herangehensweise bei der Analyse von Sprachstandserhebungsverfahren in Niedersachsen („Fit in Deutsch"), Hamburg („HAVAS 5") und Nordrhein-Westfalen („CITO-Sprachtest" mit digitaler Auswertung) zieht Silke Behrends im Rahmen ihrer Examensarbeit (2006) Kriterien heran wie: berücksichtigte Basisqualifikationen, Einbeziehung messmethodischer Standards, zeitliche Dimension der Durchführung und Auswertung, Differenzierung des Testaufbaus in Hinblick auf Deutsch als Erst- bzw. Zweitsprache, Berücksichtigung der Lernausgangslage des Kindes, Umgang mit Sprachverstehen und Sprachproduktion, Auswertungsmethoden, Durchführung, Abbruchkriterien, Erhebungskontext und Praktikabilität. Auch hier zeigt sich der herausragende Stellenwert des Hamburger Verfahrens („HAVAS 5"). Kritisch ist auch hier den Verfahren insgesamt zu bescheinigen, dass sie eher für die Selektion denn für eine Förderung geeignet sind und lediglich eine Momentaufnahme in der kindlichen Entwicklung widerspiegeln.

Die im nächsten Abschnitt ausgeführten zusammenfassenden Überlegungen nehmen den Punkt Umgang mit „Mehrsprachigkeit" als Qualitätserfordernis für die Berufsausübung von Lehrerinnen und Lehrern nochmals auf. Hier sei zusätzlich betont, dass es im Rahmen dieser Überlegungen darum gehen muss, die sprachdiagnostischen Kompetenzen (auch von Erzieherinnen) auf der Basis eines fundierten Wissens um Sprachaneignung und Sprachförderung zu verbessern. (z.B. im Rahmen ausgewiesener Beobachtungskompetenzen für Entwicklungsprozesse von Kindern, in der Kenntnis, Einschätzung und Beurteilung von Verfahren der Sprachstandserfassung). Zusätzlich gerät eine intensivere Kooperation von Kindergarten und Grundschule in den Blick, um Sprachdiagnostik und Sprachförderung in beiden Institutionen verbindlich zu verankern (Krumm 2004, S. 105). Diesem Ziel dient auch das Bemühen um eine engere Verzahnung der Aus- und Weiterbildung von Lehrkräften und Erzieherinnen.

Zusammenfassung: Konsequenzen für die Lehrerbildung

Im Abschlussbericht der von der Kultusministerkonferenz eingesetzten Kommission zu den „Perspektiven der Lehrerbildung in Deutschland" (2000) spricht Terhart (S. 75-78) den Aspekt des „Interkulturellen Lernens in der Lehrerbildung" an. Im Hinblick auf sprachliche und sozio-kulturelle Heterogenität der Schülerschaft bzw. auf das Zusammenwachsen der Länder in Europa und eine zunehmende Internationalisierung im Bildungswesen ist eine veränderte Organisation von Lehr- und Lernprozessen gefragt. Damit künftige Lehrerinnen und Lehrer den veränderten Anforderungen entsprechen können, sind wesentliche Punkte nochmals konzentriert zusammengefasst. Da für viele Schülerinnen und Schüler Deutsch nicht die Erstsprache darstellt, ist besondere Aufmerksamkeit bei der Einführung von Fachsprachen geboten. Grundkenntnisse in der Struktur von Sprache bzw. zum Spracherwerb sollten vorhanden sein. Vielfach als „universell" gesetzte Denkfiguren, die unbefragt als für alle gemeinsam geltend übernommen werden, gilt es unter dem Aspekt der Mehrperspektivität in den Blick zu nehmen (vgl. Abschnitt 2.3.3). Kenntnisse fremder Bildungssysteme – einschließlich der für Schule und Unterricht geltenden Rechtslage in Bezug auf den Aufenthaltsstatus von Kindern und Familien – sollten (angehenden) Lehrkräften bekannt sein.

Auernheimer (2002, S. 183) versucht mit Blick auf die Lehrerbildung Kriterien für eine Neufassung des (umstrittenen) Begriffs „interkulturelle Kompetenz" zu gewinnen, der zudem gegenüber anderen ausgewiesenen Kompetenzbereichen von Lehrerinnen und Lehrern einen relativ geringen Stellenwert besitzt. Auch die Argumentation mit einem deutlich akzentuierten Kulturbegriff „Grenzmarkierungen" und „Polarisierungen" bei Individuen und Gruppen ins Zentrum zu rücken, während man sie doch zu überwinden trachtet, taucht hier wieder auf (Lanfranchi 2002, S. 211).

Die angesprochene Kompetenz hat nicht nur eine Bedeutung für das Verhältnis zu Kindern, Schülern oder anderen „Klienten", sondern spielt auch eine Rolle für die Beziehungen von Kolleginnen und Kollegen untereinander. Während der Stellenwert so genannten „Kulturwissens" als eher gering zu veranschlagen ist, nimmt die Komponente der *Selbstreflexion* einen hohen Stellenwert ein. Um mit Menschen unterschiedlicher Herkunft zu kommunizieren und zu einer gegenseitigen Verständigung kommen zu können, ist es nötig, sich der Kulturgebundenheit des eigenen Denkens und Handelns bewusst zu werden. Terhart (2000, S. 76f.) hat diesen Aspekt im Blick, wenn er betont, dass Interkulturalität für Lehramtsstudierende und Lehrkräfte selbst zu einem Lernfeld werden sollte. Die bloße Konfrontation mit Theorieansätzen und Praxiserfahrungen reicht hier nicht aus, um sich eigener Vorurteile und Ängste bewusst werden zu können. Große Bedeutung erlangt in diesem Zusammenhang die Teilnahme an Projekten, Austauschaufenthalten bzw. das Studium in einem anderen Land, um den Umgang mit Verschiedenheit unmittelbar „erfahren" zu können. An der Verbesserung der Rahmenbedingungen – z.B. für das Absolvieren von Teilen der Ausbildung im Ausland – ist noch zu arbeiten; dies zunächst vor allem unter der Perspektive eines stärker zusammenwachsenden Europa mit einem gemeinsamen Arbeitsmarkt. Ein erweiterter Austausch auf allen Ebenen und die Kenntnis wenigstens zweier Sprachen aus dem europäischen Raum erscheinen unter diesem Aspekt wünschenswert (ebd., S. 78).

Lanfranchi (2002, S. 207ff.) fordert gar angesichts einer erst ansatzweise geleisteten Umsetzung der interkulturellen Pädagogik eine „Qualifizierungsoffensive" im Bereich der interkulturellen Kompetenz und hat dabei im Wesentlichen *drei Relevanzbereiche*, wie sie auch hier bereits an unterschiedlichen Stellen angesprochen worden sind, im Blick

- Schulerfolg von Kindern mit Migrationshintergrund
- Lebensweltbezug im Unterricht: die (familiale, herkunfts- und milieuspezifische) Realität der Kinder mit Migrationshintergrund sollte den Lehrkräften bekannt sein

- Soziale Erziehung (mit Blick auf den Aufbau einer verantwortlichen Klassengemeinschaft).

Die genannten Bereiche sind für die Schule nicht neu und werden vielmehr bereits seit mehreren Jahren diskutiert. Abweichungen von einer gesetzten Norm werden jedoch noch immer als „Defizite" oder „Störungen" angesehen, auf die mit kompensatorischen Maßnahmen (Stütz- oder Förderkurse) auf Seiten des Schulsystems reagiert wird. Schülerinnen und Schüler entwickeln neues Wissen und neue Fertigkeiten auf der Basis ihrer bisherigen Sozialisationserfahrungen. Ein Lebensweltbezug der Unterrichtsinhalte ist schon von daher unabdingbar. Die Anerkennung der je besonderen Eigenschaften des einzelnen Kindes findet im Rahmen der Klassengemeinschaft einen „Gegenpol", insofern für alle verbindliche und nachvollziehbare Regeln gelten und zu beachten sind. Der Schüler wäre dann – auch unter dem Aspekt der Professionalität von Lehrkräften – vor allem in seiner „Berufsrolle" als „Lerner" wahrzunehmen (Radtke 1994, S. 23).

Als Maßnahmen einer notwendigen Qualifizierung von Lehrkräften sind dazu Fähigkeiten und Fertigkeiten erforderlich, die auf der Ebene der „Differenz" zwischen Sprachen bzw. sozialer und geschlechtsspezifischer Zugehörigkeit thematisiert werden; auf der anderen Seite sind Haltungen und Einstellungen gefragt, welche der Anerkennung einer Pluralität von Denkmodellen und Lebensformen geschuldet sind. Diese Kompetenzbereiche sollten alle Studiengänge durchziehen, in die Lehrerweiterbildung aufgenommen werden. Letztlich sind sie auszuweisen auf den Ebenen des „kommunikativen Handelns, des interkulturellen Dialogs und der interkulturellen Verständigung" (in Anlehnung an Nieke [2]2000). Lehrerinnen und Lehrer sollten damit nicht nur „Fachleute für das Lernen", sondern auch solche für die „Gestaltung von Begegnungen und Beziehungen" werden (ebd., S. 206). Auszugehen ist von einer (Grund-) Haltung, nach der alle an der Schule Beteiligten – auch wir selbst – als Teil der sprachlichen und kulturellen Vielfalt zu verstehen sind.

Untersuchungen zu Lehrerverhalten und -einstellungen zur Interkulturalität unterstellen Lehrkräften nicht selten Ethnozentrismus bzw. werden als methodologisch unzureichend kritisiert (Walter 2001, S. 125f.). Walter findet dagegen in seiner Befragung von Lehrpersonen über Fördermaßnahmen von Kindern mit Migrationshintergrund, dass durchaus differenzierte Vorstellungen über interkulturelle Erziehung in der Schule entwickelt werden (ebd., S. 136). Lanfranchi (2002) versucht auf der Basis einer empirischen Studie in der Schweiz eine Annäherung an eine Lehrertypologie, die von der Delegation an nebengeordnete Einrichtungen („Separation") bis zu einem souveränen Umgang mit soziokultureller Diversität reicht.

Um die Notwendigkeit der Aneignung interkultureller Kompetenzen in der Aus- und Weiterbildung von Lehrkräften zu unterstreichen, legt sie (ebd., S. 220ff.) systematisch aufgebaute curriculare Elemente vor, die den Standards für die Lehrerbildung (nach Oser 1997) entsprechen. Dazu gehören im Einzelnen:

- *Curriculumbereich Differenz*: Lehrerinnen und Lehrer *kennen* die Migrationssituation in Deutschland bzw. in der Schweiz in ihren historischen, sozialen, politischen und ökonomischen Aspekten. Auf dieser Basis sind sie in der Lage, Ressourcen und Probleme multikultureller Schulen zu analysieren und können im Schulalltag – auch unter erschwerten Bedingungen – reflektiert agieren.
- *Curriculumbereich Kommunikation und Antirassismus*: Entstehungsmechanismen von Stereotypen, Vorurteilen, Diskriminierung und Rassismus sind den Lehrkräften bekannt. Auf der Basis eigener wert- und normgeleiteter Orientierungen ist es ihnen möglich, mit Menschen unterschiedlicher sozio-kultureller Herkunft und/oder mit unterschiedlichen Werten und Normen zu kommunizieren. Dabei können sie Konflikten vorbeugen bzw. diese konstruktiv bearbeiten.
- *Curriculumbereich Didaktik, Integration und Schulerfolg:* Lehrkräfte kennen die zentralen Dimensionen des Schulerfolgs unter multikulturellen Kontextbedingungen. Dabei gelingt es ihnen, trotz vielfältiger heterogener Klassenzusammensetzung eine hohe Unterrichtsqualität zu realisieren.
- *Curriculumbereich Mehrsprachigkeit:* Lehrerinnen und Lehrern sind die Phasenkonzepte des Erwerbs von Deutsch als Zweitsprache bekannt. Ihnen ist auf dieser Basis die Unterrichtsgestaltung nach den Prinzipien des Erst- und Zweitspracherwerbs möglich.
- *Curriculumbereich Elternkooperation:* Lehrkräfte kennen Möglichkeiten und Grenzen des Einbezugs der Eltern. Eine gewählte Form der Kooperation kann vor diesem Hintergrund begründet und die „Passung" zwischen Schule und Elternhaus gefördert werden.

Diese fünf curricularen Bereiche sollten auch als berufliche Basis von Lehrkräften an Grundschulen relevant sein und jeweils altersgemäß ausgestaltet werden können. Weniger in Betracht kommt der letztgenannte curriculare Bereich „ *Übergang ins Berufsleben".* Er wäre mit Blick auf die besondere Situation von Lehrkräften an Grundschulen eher mit der Bearbeitung des Übergangs zu den weiterführenden Schulen auszugestalten (Kenntnis des weiterführenden Schulsystems und Hilfestellung/Beratung beim Übergang).

Mit einer auf dieser Basis zu entwickelnden Professionalität sind Prozesse des Umdenkens hin zur Orientierung an einer pluralen Schülerschaft auf der Basis eines ganzheitlichen Ansatzes verbunden. Zudem gilt es, die Verbindlichkeit der Angebote zu den interkulturellen „Bausteinen" des Ausbildungscurriculums zu sichern.

Nicht aus dem Blick verloren werden sollte der in dieser Konzeption nicht einbezogene Ansatz „Forschende Lehrerinnen und Lehrer" (vgl. Holzbrecher 2004, S. 160-179; Altrichter/Posch [4]2007), der vielfältige Anregungen bietet, das eigene Praxisfeld systematisch und methodisch kontrolliert zu erkunden.

3 Gestaltungsmöglichkeiten für Schule und Unterricht

3.1 Schulen machen sich auf den Weg

3.1.1 Interkulturalität im Schulprogramm

Interkulturelles Lernen bedarf zu seiner wirksamen Umsetzung eines angemessenen organisatorischen Rahmens und der Einbettung in ein pädagogisches Gesamtkonzept. Unter den Grundsätzen von „Gleichheit" und „Anerkennung" sind Konsequenzen nicht nur für curriculare Aspekte, für die Unterrichtsgestaltung und das Lehrerverhalten formuliert, sondern auch für Strukturmerkmale des Bildungswesens (vgl. Auernheimer 2004, S. 16ff.). Unter der Perspektive der Schulentwicklung wird die Einzelschule als eine „lernfähige" – aber auch der Weiterentwicklung bedürftige – Organisation angesehen. Verbessert werden sollen Struktur und Gestalt der Institution Schule wie auch die Bereiche in ihrem „Innern": Schulleben, Unterricht (z.B. über die Erprobung neuer Lehr- Lernformen), ausgewählte Kompetenzen der jeweils interagierenden Partner (Schulleiter, Eltern, Lehrkräfte und Schülerinnen und Schüler). Die Veränderung und Reform der Institution wird als ein permanenter Prozess begriffen und ist an dem Ziel ihrer Weiterentwicklung und an einer Vorstellung der Qualität von Schule und Unterricht ausgerichtet.

Ausgehend von einer „Typologie der Entwicklung", stellt Eikenbusch (1998, S. 17 nach Hopkins u.a. 1994) vier mögliche „Grundtypen" vor. So kann danach differenziert werden, ob Veränderungsprozesse ihren Ausgang nehmen innerhalb oder außerhalb der Schule, ob sie gleichsam „natürlich" gewachsen sind oder sich als ziel- bzw. zweckbezogene Änderung als ein *geplanter* Prozess darstellen. In ersterem Fall haben wir es mit Vorgängen der persönlichen (Weiter-) Entwicklung – z.B. von Lehrkräften – zu tun; im Blick auf den Außenbereich mit dem Umfeld bzw. mit Umweltveränderungen. Zu einem gelingenden Entwicklungsprozess gehört es, dass auf unterschiedlichen Ebenen gearbeitet wird, damit die verschiedenen hier beteiligten Einflussgrößen zusammenwirken können. Es reicht nicht aus, wenn Lern-

und Veränderungsprozesse nur von einzelnen Lehrkräften angestoßen werden bzw. ausschließlich die Schulaufsicht oder die Bildungspolitik neue Wege verordnen. Auch geht es nicht nur darum, dass sich in irgendeiner Weise „etwas" verändert. Eine Entwicklung sollte sich auf die Verbesserung der Bedingungen und Ergebnisse der Lern- und Entwicklungsprozesse der Schüler bzw. der Schülerleistungen (im weitesten Sinne) als ihrem letztlich übergeordneten Ziel beziehen.

Im Rahmen von Schulentwicklung bleibt die Einbeziehung interkultureller Maßnahmen in den schulischen Alltag nicht länger die Angelegenheit einzelner interessierter Lehrkräfte, sondern geht hervor aus gemeinsamen Anstrengungen eines Kollegiums, der Eltern- und der Schülerschaft. Darüber hinaus ist eine Vernetzung mit benachbarten Schulen aus dem regionalen Umfeld ausdrücklich vorgesehen. Genauer gesagt, sollten personale, inhaltliche, strukturelle und soziale Aspekte von Schule und Unterricht einbezogen und miteinander verbunden werden (vgl. Niedersächsisches Kultusministerium 2000, S. 42). Die *inhaltliche* Seite bezieht sich auf das pädagogische Konzept einer Schule und umfasst die Unterrichtsinhalte, Projekte und Maßnahmen der Schulöffnung. Unter *sozialen* Gesichtspunkten geht es um Kommunikations- und Interaktionsprozesse zwischen Lehrern, Schülern und Eltern, um Möglichkeiten der Teambildung und der Konfliktbearbeitung. *Personale* Aspekte beziehen sich auf Prozesse der Identitätsbildung und Rollenmuster, auf Einstellungen und spezifische Kompetenzen. Werden Konferenz- und Gremienarbeit, Leitungsfunktionen und weitere schulorganisatorische Maßnahmen berührt, betrifft dies den *strukturellen* Rahmen von Veränderungen.

Schulentwicklung sieht für die Einzelschule vor, dass sie – ausgehend von einem mehr oder weniger ausgeprägt vorhandenen *„Profil"* – ein „Leitbild" entwickelt, an dem sie sich orientieren kann. Dazu bietet es sich an – auch nach außen hin sichtbar – das „Programm" für eine interkulturelle Schule zu entwerfen und den Weg bzw. die dazu notwendigen Maßnahmen aufzuzeigen (vgl. Philipp/Rolff 2006, S.18ff.). Eine Schule gewinnt diese Ausformung ihres Profils vor allem durch bestimmte Schwerpunktsetzungen und bezogen auf das jeweilige Umfeld. Dies kann z.B. die Einrichtung eines bilingualen Zweiges oder der Ausweis als UNESCO-Projektschule bzw. Europaschule sein. Soziales Lernen, Formen der Konfliktbearbeitung sind geeignet, im Schulprogramm eine besondere Wertschätzung zu erfahren. Eine solche Schule könnte sich z.B. auch dadurch auszeichnen, dass sie Schüleraustausch und -begegnung zu einem besonderen Anliegen macht und gegebenenfalls

Kontakte zu einer oder mehreren Partnerschulen im Ausland aufbaut. Eine Dokumentation gelungener Beispiele findet sich z.b. bei Burk (1992). Eine gute Möglichkeit ist es auch, den unterschiedlichen *Sprachen* der Kinder bereits im Schulkonzept Rechnung zu tragen, indem mehrsprachige Beschriftungen oder Leitgedanken im öffentlichen Raum einer Schule präsentiert oder ausgewählte Angebote in einer besonders häufig an der Schule vorkommenden und von der deutschen unterschiedenen Erstsprache gemacht werden. In den Fluren bzw. im Eingangsbereich sollten Hinweise angebracht sein, die auf die multikulturell zusammengesetzte Schülerschaft hindeuten. Auch unter den spezifischen Aspekten einer (Sprach-) *Förderung* kann ein Schulprogramm ausgearbeitet werden. Möglich sind Angebote für Deutsch als Zweitsprache ebenso wie besondere Kurse und Übungen.

Eine Chance zur eigenständigen Profilbildung ergibt sich in Wohngebieten mit einem hohen Ausländeranteil für das Konzept der *„gemeinwesenorientierten Schule"*. Es unternimmt den Versuch, sich zu der Lebenswirklichkeit ihrer Schülerinnen und Schüler und der im Stadtteil wohnenden Menschen hin zu öffnen und deren Fragen und Probleme in den schulischen Alltag hinein zu nehmen (vgl. Abschnitt 3.1.3). Dazu gehört auch eine intensive Elternarbeit mit Fortbildungs- und Beratungsangeboten und konkreten Hilfestellungen bei der Erziehung der Kinder. Auf spezielle Maßnahmen zur Ausgestaltung des Schullebens soll gesondert eingegangen werden.

Damit eine Schule sich „auf den Weg" machen kann, ist es erforderlich, dass das Kollegium zunächst den „Ist-Zustand" seiner Schule und ihres Umfeldes in Erfahrung bringt. So können die interkulturellen Aktivitäten mit Hilfe einer „Checkliste" eingeschätzt sowie Partnerinterviews im Rahmen einer Lehrerfortbildung durchgeführt werden (Wie sehen wir die Schule? – Wie sehen uns „die anderen"? – Welche interkulturellen Aktivitäten werden wahrgenommen?). Ausgangspunkt zu entsprechenden Maßnahmen könnten auch Überlegungen zu Visionen und Kriterien für eine „gute" Schule sein, die dann mit dem aktuellen Zustand der eigenen Schule verglichen werden (vgl. Niedersächsisches Kultusministerium 2000, S. 44ff.).

Zur Schulentwicklung gehören Maßnahmen der *Evaluation* unabdingbar dazu. Evaluation kann schulintern aber auch schulextern (durch Personal außerhalb der Schule wie Schulaufsicht, andere Schulen, Eltern usw.) angelegt sein. Zu den schulinternen Evaluationen gehören kleine Umfragen auf Klassenebene wie auch umfassendere Aktionen auf Schulebene; z.B. unter Einbeziehung von Tests und Dokumentenanalysen. Im Zusammenhang externer Evaluation ist der Umfang erhobener Daten und Informationen in der Regel weit umfangreicher und auch der Anspruch sehr deutlich, den

Schulen eine Rückmeldung über ihren Leistungsstand zu geben. Zum Teil wird diese Form der Bewertung den Schulen auch ausdrücklich auferlegt, um spezifische Qualitätsstandards zu sichern. In Bezug auf die Evaluation profilbildender Maßnahmen zu einer interkulturellen Schule liegen fundierte Ergebnisse derzeit noch nicht vor.

Es gibt jedoch Erfahrungsberichte. Als eine Grundschule, die sich – neben anderen Arbeitsschwerpunkten – auch als „Interkulturelle Schule" darstellt, kann die Albani-Schule in Göttingen angesehen werden (siehe Internet: http://www.alb.goe.ni.schule.de). Sie wird von ca. 220 Schülerinnen und Schülern besucht, von denen etwa 20% einen Migrationshintergrund haben. Der Weg zum interkulturellen Profil war mühsam und bezog Veränderungen der Persönlichkeiten und Biografien mit ein (Schanz 2004, S. 33). Kommunikationsstörungen, Frustrationen und Enttäuschungen – auch im Verhältnis zur Schulleiterin – mussten auf diesem Weg überwunden werden. Die Bewerbung im Jahre 1997 zu einem Projekt der ‚Expo 2000' gab den Ausschlag für die Formulierung der eigenen Grundsätze. Die Schule setzt den Schwerpunkt auf eine lebensweltliche Alltagsorientierung; sowohl, was die Gestaltung des Schullebens wie auch, was die Auswahl der Unterrichtsthemen angeht (ebd.). Die von der Schule dazu entwickelten Thesen greifen zentrale Zielsetzungen des interkulturellen Lernens auf und versuchen eine Konkretisierung – auch im Rahmen didaktischer Grundsätze (ebd., S. 37).

> Zu den fünf zentralen pädagogischen Handlungsfeldern gehören ein interkultureller Aktionsraum, in dem eigene Erfahrungen mit kulturellen Werten und Bildern zum Ausdruck gebracht werden können, Projektunterricht, eine „interkulturelle Werkstatt" zur Auseinandersetzung mit Schriften, Alphabeten und Sprachen, eine internationale Schreibwerkstatt und eine Vielzahl von Partnerschaften. Gegenwärtig wird Interkulturelles Lernen unter Einbeziehung der ganzen Schulgemeinde in das Schulleben integriert und in allen Fächern des Regelunterrichts realisiert. Dazu ist eine Vielzahl an Projekten mit fächerübergreifender Ausrichtung vorgesehen. Die Schule hat sich insgesamt vier Schwerpunktbereiche ausgewählt, denen sie sich in besonderer Weise widmet: Elternarbeit, Sprachen lernen, Neue Technologien, Partnerschaften und EU-Projekte. Eltern werden in die Gestaltung schulischer Aktivitäten mit einbezogen und engagieren sich z.B. auf so genannten „Ländertagen", an denen sie jeweils aus ihrem Land berichten oder auch Sprach-Arbeitsgemeinschaften anbieten. Diese Aktivitäten haben schon sehr dazu beigetragen, das Ansehen der Kinder ausländischer Herkunft wie auch das Ansehen der Schule insgesamt zu verbessern.

Am Beispiel der Albani-Schule lässt sich auch sehen, dass es immer wieder erforderlich ist, innezuhalten und sich darüber Gedanken zu machen, wie es in einem laufenden Schulentwicklungsprozess weitergehen soll. Dazu wird das Verständnis für eine „gute Schule" immer wieder neu hinterfragt und auch Fortbildung in bestimmten Bereichen angemahnt sowie Evaluationsprozesse gefordert (vgl. Internetseite der Schule).

3.1.2 Wandel des Schullebens und Elternarbeit

Besonderer Überlegungen bedarf das Verhältnis von Unterricht und *Schulleben*. Die Verbindung des Begriffs mit der Kategorie ‚Leben' deutet darauf hin, dass ein ursprünglich auf Distanz zur Unmittelbarkeit und Natürlichkeit hin angelegter Bereich, wie ihn die Institution Schule mit ihrem systematisch und planvoll angelegten Unterricht darstellt, sich anschickt (wieder) eine Verbindung zum „wirklichen" Leben aufzunehmen.

Vor allem die Schulkritik im Rahmen der reformpädagogischen Bewegung (ca. 1890 – 1933) hat z.B. die Abkehr von der Buch- hin zur „Arbeitsschule" gefordert, hat die Gestaltung der Schule als Lebensraum propagiert, ja mit der Idee der „Lebensgemeinschaftsschule" nach Peter Petersen auf das Miteinander von Lehrern, Eltern und Schülern – im Rahmen der „Schulgemeinde" – gesetzt. Wichtige Elemente eines nach Petersen gestalteten Schullebens waren die so genannten „Urformen" der Bildung: Gespräch, Spiel, Arbeit und Feier (vgl. Eickhorst 2002). Nach der missbräuchlichen Vereinnahmung des Konzepts ‚Schulleben' im Dritten Reich wurde zunächst an alte „Spuren" wieder angeknüpft (Keck 2001, S. 205). In der Phase eines stärker kognitiv ausgerichteten und an Lernzielen orientierten schulischen Unterrichts geriet dieser Bereich zunächst in den Hintergrund und wurde erst Ende der 1970er Jahre wieder aktuell. Er erfuhr jetzt eine deutliche Prägung durch Hartmut von Hentigs Vorstellung des „Erfahrungslernens" bzw. – darüber hinaus – in der Umsetzung der nordrhein-westfälischen Denkschrift „Schule als Haus des Lernens" (1995). Hinzu kommen Komponenten wie z.B. das „Schulklima", das auf die Qualität der interpersonalen Beziehungen abhebt.

Später wird auch der Begriff *‚Schulkultur'* als übergreifendes Gesamtkonzept in Verbindung mit der Kennzeichnung der Qualität von Schule mit den Komponenten Schulklima und -atmosphäre, Schulleben und Schulprofilbildung hinzu genommen. Dazu zählen fünf Ansatzbereiche: Ausstattung, methodische und inhaltliche Maßnahmen, Ordnungsformen, Veranstaltungen und Aktionen sowie prosoziale Formen des Miteinanderumgehens (vgl. Ipfling 2002, S. 50-52).

Keck (2001) hat versucht, eine theoretisch-systematische Grundlegung für den Bereich des Schullebens zu entwerfen. Eine erste Säule begründet die *Einheit von Erziehung und Unterricht*. Angesichts der intensiven Konzentration schulischen Lernens auf vorwiegend an kognitiven Fähigkeiten und Fertigkeiten ausgerichtete „Instruktion" ist eine Rückbesinnung auf die

„Theorie des erziehenden Unterrichts" gefragt. Zu den die Gemeinschaft fördernden Maßnahmen gehören Spiel- und Arbeitsgemeinschaften, Lehrgänge und Exkursionen, Wandertage und Klassenfahrten. Zentrale – schon in der Pädagogik Peter Petersens angelegte – Merkmale des Schullebens sind dabei Einbeziehung von *Festen* und *Feiern* in die Gestaltung des schulischen Alltags.

Nach Petersen ist die „Feier" eine pädagogische Situation, deren übergeordneter „Sinn" darin liegt, ein gemeinsames alle Schüler läuterndes Erleben zu vermitteln. Feiern sind etwas Besonderes im täglichen schulischen Ablauf und geben Gelegenheit zur „Versenkung" und „Selbstfindung". Auch das Fest ist durch dieses „Heraustreten aus dem Alltag" gekennzeichnet, lässt sich aber eher durch Eigenschaften wie „bunt", „locker" und „unterhaltsam" kennzeichnen (Bartl/Bartl 1993, S. 10ff.). Für die Planung in der Grundschule sollten beide Momente zusammen gesehen werden, d.h. auch das Fest sollte sich durch Ruhe und Besinnlichkeit auszeichnen und auf der anderen Seite passt es zur Feier, dass sie nicht nur durch „Innerlichkeit" oder „Versenkung" getragen ist. Für beide Formen gilt, dass die Schüler an der Planung und Gestaltung zu beteiligen sind. Das könnte in der folgenden Weise im Rahmen von vier Grundformen geschehen (vgl. Eickhorst 2002, S. 72, zit. nach Petersen 1971, S. 105f.):

- Die vom Lehrer *gebotene Feier* sieht vor, dass die Lehrkräfte einer Schule den Schülern abwechselnd etwas darbieten. Dies können vorgetragene Reiseerlebnisse, Gedichte oder Musik sein, die in den Rahmen einer Morgenfeier oder in eine gemeinsame Wochenschlussfeier integriert werden. Die Schüler verarbeiten das Dargebotene innerlich und bringen sich nur zur Einstimmung bzw. zum Ausklang ein.
- Die vom Lehrer *geleitete Feier* umfasst alle größeren Feiern, an deren Gestaltung die Schüler als „Mitwirkende" beteiligt sind. Dazu gehören z.B. Advents- und Weihnachtsfeiern sowie größere Aufführungen.
- Die vom Lehrer *durchformte Feier* wird von Schülern für Mitschüler geboten und kann beispielsweise von Schülern der bei Petersen so bezeichneten „Obergruppe" für die Mitschüler des Einschulungsjahrganges gestaltet werden. Lehrkräfte geben hier Hilfestellungen – z.B. beim Sichten von Vorschlägen und beim Einüben des Gestaltungsablaufs.
- Die vom Schüler *selbstständig gestaltete* Feier ist in der Regel klein und überschaubar und wird für die Mitglieder einer Gruppe, für die Lehrkräfte aber auch einmal zu Ehren eines besonderen Gastes gegeben.

Gerade für dieses Element ist es wichtig, die Traditionen der Kinder aus anderen Ländern mit einzubeziehen bzw. an diese anzuknüpfen. Unabhängig von einem jeweiligen religiösen Hintergrund ist das Erleben von Gemeinschaft bei jedem Fest ein wichtiges Anliegen. Formen und Inhalte der Feste sollten deshalb so gewählt werden, dass niemand ausgegrenzt wird, wozu genaues Hinsehen und ein gutes Einfühlungsvermögen wichtig sind.

Mit Blick auf türkische Familien könnten so beispielsweise in den schulischen Gestaltungsablauf einbezogen werden:
- Das *Kinderfest* am 23. April als offizieller Feiertag in der Türkei (erste Einberufung der Nationalversammlung durch den Gründer der türkischen Republik „Atatürk"). Dessen wird durch Umzüge, Aufführungen und Reden gedacht; die Schüler formulieren ihre Wünsche an Rektor und Lehrer. Der zentrale Gedanke „Kinder übernehmen Verantwortung" kann auch an deutschen Kindergärten und Schulen aufgenommen werden und entsprechend sind Wunschvorstellungen für die Gestaltung der Umwelt (in den Bereichen Stadt, Wohnung, Schule) zu entwickeln.
- Das *Zuckerfest* zum Ende der Fastenzeit („Ramadan") wird in der Türkei drei Tage lang gefeiert. Dazu werden viele Süßigkeiten gebacken und neue Kleider gekauft. Abends gibt es Aufführungen der traditionellen Schattenspiele. Auch in der deutschen Schule sollte den türkischen Kindern und ihren Eltern zum Zuckerfest gratuliert, vielleicht Bonbonketten gebastelt oder die türkische Süßspeise (Helva) zubereitet werden. Für die Aufführung eines türkischen Theaterstücks bietet es sich an, Figuren selbst anzufertigen und Darbietungen in deutscher und türkischer Sprache zu geben. Auch kann eine Verbindung zur christlichen Tradition des Fastens gezogen werden.
- Das *Opferfest* zur Erinnerung an Abrahams Opferbereitschaft (2 Monate und 10 Tage nach der Fastenzeit) erstreckt sich in der Türkei über 4 Tage. Es beginnt mit einem Gemeinschaftsgebet in der Moschee, die Kinder erhalten Geschenke und es wird ein Schlachtritual veranstaltet. Spenden für Bedürftige und Besuche bei Freunden und Verwandten gehören zum Fest dazu (vgl. Ulich u.a. [5]1995, S. 215ff.; S. 136ff.). Gegen Ende der Grundschulzeit kann auch der diesem Fest zu Grunde liegende Korantext (ggf. in einer vereinfachten Version) herangezogen und mit dem in der Bibel verglichen werden.

Auf der anderen Seite sollten Kinder anderer Religionszugehörigkeit nicht ganz und gar abseits stehen bei den bei uns begangenen *christlichen Festen*, die ihnen ja in ihrer alltäglichen Lebenswelt unmittelbar begegnen:
- Für Kinder islamischen Glaubens wird es als angemessen angesehen, sich unter Einbeziehung der Eltern über die Bedeutung des mit großen Vorbereitungen einhergehenden *Weihnachts*festes zu verständigen. Dazu kann

auf die Geburt von Jesus als eines Propheten und Lehrers verwiesen werden; das Fest auch als eines des Friedens und des Lichtes eine ganz eigene Wertschätzung erfahren. Möglich ist es auch, Weihnachtslieder in anderen Sprachen oder türkische Hirtenlieder einzubeziehen (ebd., S. 183f.).

- Das christliche *Osterfest* lässt sich mit dem Gedanken „Erwachen der Natur; Wachsen und Gedeihen" verbinden.
- Auf *spezielle Weihnachts- und Neujahrsbräuche*, wie sie z.B. in Griechenland oder Italien vorkommen, kann auch im Unterricht eingegangen werden. In den Ostkirchen (z.B. Griechenland) ist Ostern das zentrale christliche Fest, dem eine intensive Fastenzeit voraus geht. Mit der Zubereitung und dem Essen der dort üblichen Gerichte („griechisches Osterbrot") kann an diese Tradition angeknüpft werden. Für die Arbeit in der Grundschule ist es eine gute Anregung, Kalenderblätter mit den Festen im Jahresablauf verschiedener Kulturen zusammenzustellen und gut sichtbar in der Klasse aufzuhängen, so dass sie der ganzen Schulgemeinde als Informationsquelle dienen können (vgl. Amt für multikulturelle Angelegenheiten 2000, S. 47ff.).

Zu bedenken ist, dass sich in vielen der hier lebenden Migrantenfamilien im Laufe der Zeit auch der Umgang mit Festen und Feiern verändert hat. Ausgewählte Feste werden wohl nach wie vor noch begangen, aber auch andere (bei uns verbreitete) integriert. So kommt es vor, dass Kindergeburtstage so gefeiert werden wie bei uns üblich oder dass auch zu Weihnachten Geschenke verteilt werden. Andere Familien orientieren sich dagegen an bestimmten Gebräuchen und Ritualen in ihrer Heimat, die dort schon längere Zeit nicht mehr in dieser Weise praktiziert werden. Dahinter steht meistens der Wunsch, die eigene religiöse, sprachliche oder kulturelle Identität bewusst zu leben. Es ist von daher sehr zu empfehlen, sich z.B. anlässlich eines Elternabends über den tatsächlichen Stellenwert eines Festes kundig zu machen. Darüber hinaus lässt sich das Schulleben bereichern durch Feste und Feiern, die dem Ablauf des *Jahreskreises* entsprechen und sich z.B. an den Veränderungen in der Natur orientieren. Auch *„Monatsfeiern"* können begangen werden, die einen bestimmten Leitgedanken wie z.B. „Hunger in der Welt" oder „Wie leben Kinder in ...?" herausstellen. Hier sollten Kinder wie möglicherweise auch die Eltern an den vorbereitenden Arbeiten und an der Gestaltung selbst beteiligt werden. Unter Umständen bietet es sich an, mit kleinen Klassen- oder internen Schulfesten zu beginnen.

Feste lassen sich nach dem zentralen Prinzip der unterrichtlichen *Öffnung* gruppieren und entsprechend systematisieren. So gibt es die pädagogische

Öffnung zur Natur in ihrem jahreszeitlichen Verlauf, die Öffnung hin zur Gegenwart mit Festen, die von den Kindern ein hohes soziales Engagement erfordern, Öffnung hin zur Vergangenheit – z.B. der Dorf- oder Schulgründung –, zum engeren heimatlichen Lebensraum und eine Öffnung auch hin zu ethischen Fragen. Letztlich können mit der Gestaltung von Feiern und Festen vielfältige Unterrichtsziele verfolgt werden. So dienen sie der Förderung von Fantasie und Kreativität, das soziale Verhalten wird verbessert und ein Beitrag zum Aufbau einer positiven Grundhaltung zur Institution Schule geleistet. Auch ist es möglich, im Bereich des „Musischen" Akzente zu setzen und so etwas wie „Öffentlichkeit" im schulischen Raum herzustellen.

Die zweite Säule einer Theorie des Schullebens bezeichnet Keck (2001) als „*Selbstverständnis der Schule als Lebenswelt des Kindes"*. Dieser Ansatz knüpft an pädagogische Leitvorstellungen wie Ganzheitlichkeit, Spontaneität bzw. Authentizität an und wird in enger Orientierung an der kindlichen Lebenswelt organisiert. Angeknüpft wird an Probleme und Fragestellungen, die aus dem unmittelbaren Lebenszusammenhang von Teilnehmern heraus erwachsen. Hier ist unter interkultureller Perspektive darauf zu achten, dass Gesprächsverhalten und Rituale so gestaltet werden, dass sie für Kinder mit Migrationshintergrund nicht missverständlich sind und gut nachvollzogen werden können. Auch Lernaufgaben, welche die Kinder zur Erkundung ihrer außerschulischen Lebenswelt herausfordern und zur Selbstaktivität anregen, sollten so gestaltet sein, dass der jeweils eigene Erfahrungskontext mit berücksichtigt wird.

Die Vorstellung von Schule als „*Lernort im Netzwerk von Lernorten"* hebt auf Erkundungen einer Vielfalt an außerschulischen Lernorten (Post, Museum, Bibliothek) ab. Hier dürfte es angezeigt sein – auch wenn nur wenige Kinder mit Migrationshintergrund in der Klasse sind – die gerade für diese Gruppe bedeutsamen Orte (Läden, Moscheen, spezielle Büchereien) einzubeziehen. Auch erhält das außerschulische Lernen derzeit zusätzliche Unterstützung aus einer lerntheoretischen Perspektive. Es ist der Ansatz des *situierten* bzw. *authentischen* Lernens, der davon ausgeht, dass Lernen dann besonders erfolgreich verläuft, wenn es im Rahmen konkreter Gegebenheiten und im Kontext eines sozialen Verbandes erfolgt (Feige 2006, S. 4). Der letzte für die Theorie des Schullebens relevante Gesichtspunkt – „Herstellung einer erzieherischen *Kontinuität zwischen Elternhaus und Schule"* (Keck 2001, S. 210) – soll im folgenden Abschnitt ausführlicher behandelt werden.

Elternarbeit: Grundsätzlich ist bei Eltern aus anderen Herkunftsländern von spezifischen soziokulturellen Hintergrunderfahrungen auszugehen. Welche dies sein könnten und wo es von daher – unter Umständen – zu unterschiedlichen Auffassungen und Verhaltensweisen kommen kann, wäre je nach „Fall" gesondert zu untersuchen. Als Argument für eine unterschiedliche Auffassung zur *Mitwirkung* von Eltern bei schulischen Angelegenheiten wird angeführt, dass diese in ihren jeweiligen Heimatländern kaum Mitbestimmungsmöglichkeiten in dieser Hinsicht haben. Auch das Gefühl der Unterlegenheit oder Minderwertigkeit kann sich einstellen und zu einem eher zurückhaltenden Auftreten im Raum der Schule, zu geringer Beteiligung an schulischen Veranstaltungen und an Elterabenden führen. Hier ist ein Gespräch in kleinen Gruppen oft hilfreicher oder auch ein Treffen der Mütter; z.B. anlässlich eines „Frauenfrühstücks" oder eines anderen besonders herausgehobenen Ereignisses. Auch Unterschiede in den Erziehungsvorstellungen von Elternhaus und Schule kommen vor und ziehen möglicherweise Konflikte nach sich. Offene und „freiere" Unterrichtsformen, wie sie gerade in der Primarstufe häufig verbreitet sind, können zu Ablehnung und Unverständnis führen. Auch Unterschiede in den Erziehungsvorstellungen von Elternhaus und Schule ziehen möglicherweise Konflikte nach sich. Eine verstärkte Einbeziehung von Eltern wird häufig über die Form der *Elternbriefe* versucht, die gezielte Informationen zu ausgewählten schulischen Arbeitsfeldern und Ereignissen geben.

Im Rahmen des für die Sprachstandsfeststellung im Bundesland Bayern entwickelten Beobachtungsbogens „SISMIK" wird z.B. in 15 Sprachen informiert unter der Fragestellung „Wie lernt mein Kind zwei Sprachen, Deutsch und die Familiensprache?" (Ulich/Oberhuemer/Soltendieck 2005, S. 28).

Auch die Mitarbeit der Eltern in *Projekten* ist gefragt, insbesondere wenn die Herkunftssprache der Kinder einbezogen ist und eine besondere Rolle darin spielt. So können für ein klassisches Bilderbuch oder für einen ausgewählten Text jeweils mehrere Übersetzungen angefertigt oder auch ein mehrsprachiges Buch gestaltet werden. Es bietet sich darüber hinaus an, Eltern an der Unterrichtsarbeit zu beteiligen. So können sie klassische Bücher übersetzen oder vorlesen bzw. einen Text in seiner ursprünglichen Sprache neben den deutschen setzen, um ihn so anderen Eltern und Kindern zugänglich zu machen, eine Bibliothek gemeinsam mit Kindern besuchen und vieles andere mehr (vgl. ebd., S. 5).

Elternarbeit hat, was die Möglichkeiten der in den Bundesländern verbindlich geregelten „Elternmitbestimmung" angeht, in den letzten Jahren an Bedeutung eher noch gewonnen. In der überwiegenden Zahl der Bundesländer steht Eltern die Möglichkeit zu, die Bildungsgänge ihrer Kinder auszuwählen und damit über deren weitere Schullaufbahn zu entscheiden. Im Rahmen einer größeren Eigenverantwortlichkeit von Schule werden sie sogar als „Partner in Schulentwicklungsprozessen" angesehen und von künftigen Schulevaluatoren zur Qualität des Unterrichts befragt. Dabei ist es eine grundlegende und entscheidende Voraussetzung, dass die Eltern über angemessene Deutschkenntnisse verfügen. Das z.B. vom Amt für multikulturelle Angelegenheiten der Stadt Frankfurt eingerichtete Projekt „Mama lernt Deutsch – Papa auch" (mit derzeit ca. 100 Kursen) will Eltern in dieser Hinsicht vorbereiten und auch Kenntnisse über die Aufgaben von Schule vermitteln sowie die Kooperation zwischen Eltern und Schule verbessern. Ähnliche Projekte gibt es auch in anderen Bundesländern. So bietet Bayern Deutschkurse während der Schul- bzw. Kindergartenzeit an.

Die spezifischen Aufgaben der Grundschule stellen zudem eine Herausforderungen für die Elternarbeit dar. Sie umfassen die Zusammenarbeit mit vorschulischen und den am Übergang zur Sekundarstufe beteiligten Institutionen und Personen, die Gestaltung der Schuleingangsphase, die Bearbeitung individueller Probleme der „Schulfähigkeit". Absprachen zur Anfertigung und Kontrolle von Hausaufgaben, das Anhalten zu selbstständigem Arbeiten kommen hinzu. Eine aktive Beteiligung der ausländischen Eltern an diesen Aufgaben verlangt nicht zuletzt Information und Aufklärung über die ihnen jeweils zustehenden Rechte und Pflichten. Um hier zu einer wirksamen Vermittlung zu kommen, ist in vielen Fällen der erweiterte Rahmen einer gemeinwesenorientierten Schule oder einer anderweitig begründeten intensiven Vernetzung mit Freizeiteinrichtungen und anderen pädagogischen Institutionen erforderlich.

Als „Problemzonen" der Elternarbeit stellen sich die folgenden Felder dar:
- Sprachliche Verständigungsschwierigkeiten

> Sie können z.B. auf der Grundlage des Kommunikationsmodells nach Schulz von Thun (1981) möglichen Fehlerquellen einer Verständigung auf der Sach-, Appell-, Beziehungs- und Selbstoffenbarungsebene geschuldet sein (vgl. Holzbrecher 2004, S. 33ff.). Die Lehrkraft sollte die Fähigkeit ausgebildet haben, mit allen „vier Ohren" zu hören, um damit die sachliche Bedeutung des Gesagten zu erfassen und ebenso die „emotionale Botschaft" und die „Selbstoffenbarung" der Kommunikationspartner herauszuhören.

- Unterschiedliche Auffassungen über die Gestaltung und Rolle von Lehrkräften
- Die Sorge, dass religiöse (hier insbesondere muslimische) Gebote in der Schule nicht eingehalten werden
- Das Treffen von Vereinbarungen über angemessene Zeiten und Räume für ein Elterngespräch. Einzelgespräche an Elternsprechtagen werden

nicht immer als eine angemessene Form des Austauschs über das eigene Kind empfunden
- Das Hinzuziehen eines der ausländischen Familie vertrauten „Vermittlers" im Gespräch. Dies bietet sich insbesondere dann an, wenn Eltern selbst als ein „Problem" innerhalb einer schulischen Angelegenheit gesehen werden.

Die generelle Ausrichtung der Schule an einem „monokulturellen" bzw. „monolingualen Habitus" (Gogolin 1994) begünstigt eine Haltung der Lehrkräfte, sich in der Regel wenig über jeweils „andere" Lebenswelten ihrer Schülerinnen und Schüler zu informieren und sich über eine mehrsprachige Ausrichtung von Schule und Unterricht auch kaum Gedanken zu machen.

3.1.3 Gemeinwesenorientierte Schule und Ganztagsform

Vor allem Schulen in sozialen Brennpunkten haben sehr früh Kontakte zu Einrichtungen der Jugendhilfe bzw. psychosozialen Beratungsstellen gesucht. Auf diese Weise soll es gelingen, die schulische Lernarbeit in den Kontext einer umfassend verstandenen Bildungs- und Erziehungsarbeit zu stellen.

Im Rahmen interkultureller Erziehung und Bildung sind die damit verbundenen Vorstellungen und Ansätze wiederzufinden im Konzept der „gemeinwesenorientierten Schule" bzw. im Ansatz der aus den angelsächsischen Ländern und den USA bekannten „Community Education", die sich auch auf Verbandsebene organisiert hat (vgl. Buhren 1996). Zentral ist das Bemühen, eine enge Verbindung von Schule und Gemeinwesen herzustellen; zunächst ausdrücklich verbunden mit der Erwartung, die Bildungchancen sozial benachteiligter Kinder verbessern zu können. Lokale und regionale Entwicklungen sollen im schulischen Curriculum eine Rolle spielen, die Zusammenarbeit mit den Eltern intensiviert werden. Von daher werden vielfältige Vernetzungen und Kooperationen angestrebt zwischen der Schule und der Jugendhilfe, der Kultur- und Sozialarbeit und den Einrichtungen der Berufs- und Weiterbildung. Holzbrecher (2004, S. 127) nimmt möglichen Positionen einer Gemeinwesenarbeit der Schule auf (nach Reinhardt 1992):
- Im Zusammenhang eines „radikalen Gemeinwesenbezugs der Schule" wird diese zu einem Kristallisationspunkt für vielfältige kommunale Aktivitäten im Rahmen von Bildung, Kultur und Politik.
- Die „reformorientierte Position" nimmt den Gedanken einer engen Verknüpfung von Schule und Elternhaus auf. Eltern sollen als so genannte „Laienpädagogen" in der Schule tätig werden. Darüber hinaus ist die Einbeziehung außerschulischer Lernorte vorgesehen.

- Unter dem kritischen Aspekt der Gefahr einer „Sozialpädagogisierung des Unterrichts" wird die Gemeinwesenarbeit generell abgelehnt.

Die Gemeinwesenorientierung einer Schule kann zu deren Profilierung einen wesentlichen Beitrag leisten und ist somit auch für Überlegungen zur Ausgestaltung eines Schulprogramms von Bedeutung.

In einem eher funktionalistischen Verständnis bedeutet „Community-Education", dass lediglich Schulräume für Gruppen aus der Nachbarschaft oder aus dem Stadtteil zur Verfügung gestellt werden. Mit dem Konzept einer „Stadtteilschule" kann jedoch auch eine grundlegende Neuorientierung der pädagogischen Arbeit in einer Schule gemeint sein, die etwa eine Zusammenarbeit mit außerschulischen Partnern anstrebt oder Experten in die Schule hineinholt. Auch der Gedanke einer aktiv betriebenen Elternarbeit – einschließlich der Übernahme von Angeboten in der Erwachsenenbildung (z.B. für Familien aus anderen Herkunftsländern) – kann darin eingeschlossen sein.

Für das Bundesland Nordrhein-Westfalen ist die Arbeit der RAA („Regionale Arbeitsstellen zur Förderung ausländischer Kinder und Jugendlicher") besonders hervorzuheben, die im Sinne der Community Education wie auch der Interkulturellen Pädagogik arbeiten. Die Arbeitsstellen werden in vielen Bereichen des Gemeinwesens tätig und machen den Versuch, bisher getrennt arbeitende Einrichtungen – Kindergarten, Schule, Kulturarbeit, Weiterbildung und außerschulische Jugendbildung – enger aufeinander zu beziehen. Dies kann die Organisation und Gestaltung von Spielnachmittagen, Hausaufgabenhilfe, Organisation multikultureller Aktivitäten ebenso einschließen wie die Unterstützung von Lehrkräften und die Entwicklung spezifischer interkultureller Materialien für den Unterricht (vgl. Buhren 1996, S. 9).

Vor dem Hintergrund theoretisch begründeter Funktionsbestimmungen von Schule kommt dem Aspekt der gesellschaftlichen *Integration* besondere Bedeutung zu. Die Herausbildung entsprechender personenspezifischer Kompetenzen (wie psychosoziale Entwicklungsmöglichkeiten, hohes Maß an Anerkennung und Mitbestimmung, politische Einmischung und Partizipation) haben von daher einen hohen Stellenwert. Demokratie soll von allen Beteiligten gelebt werden. Grenzen und Möglichkeiten einer „Erziehung zur Demokratie" – bereits in der Grundschule – deuten sich hier an (vgl. z.B. Burk u.a. 2003).

Die Gemeinwesenorientierung der Schule ist auch ein Anknüpfungspunkt dafür, der *Ganztagsform* zu einem überzeugenden Profil zu verhelfen. Ein erster Aspekt betrifft die Organisationsform der Ganztagsschule. In einer nur auf den Vormittag beschränkten „Unterrichtsanstalt" gibt es relativ geringe Möglichkeiten kooperative Verhaltensweisen, Konflikte und Umgang mit Differenzen angemessen auszutragen (vgl. z.B. Auernheimer 2004, S. 18f.).

Zu den begrüßenswerten pädagogischen Möglichkeiten gehört auf jeden Fall, dass ein höheres Maß an *Lern-Zeit* gewonnen wird. Dieses „Mehr" an Zeit kann mit Blick auf die Bedürfnisse der Kinder gestaltet werden; z.B. durch eine flexible Rhythmisierung. Gerade für den Bereich der Grundschule ist es wichtig, dass Phasen intensiven Lernens mit solchen der Bewegung und Entspannung, der Freizeitgestaltung oder der sozialpädagogischen Betreuung abwechseln. Innerhalb dieses zeitlich breiteren Rahmens ist es auch gut möglich, Angebote für lernschwache oder hochbegabte Schülerinnen und Schüler in die Unterrichtszeit zu integrieren und gezielte Angebote – wie z.B. Hausaufgabenbetreuung, Stütz- und Sprachkurse – zu machen. Der erweiterte schulische Rahmen erlaubt es, die „Öffnung" nach innen und außen in einem stärkeren Ausmaß zu praktizieren. So können beispielsweise auch die für interkulturelles Lernen besonders förderlichen Konzepte eines fächerverbindenden oder auch projektorientierten Unterrichts verstärkt Berücksichtigung finden (vgl. Abschnitt 3.3.3).

Im Zusammenhang der Diskussion zu Ergebnissen und Konsequenzen aus den PISA-Studien werden für die Form der Halbtagsschule nur eingeschränkte Möglichkeiten gesehen, Sozialisations- und Leistungsdefizite von Schülerinnen und Schülern auszugleichen. Da (positive) Erfahrungen aus anderen Ländern – mit möglicherweise anderer Schulstruktur bzw. differenter Lernkultur – nicht so ohne weiteres auf das deutsche Schulsystem übertragen werden können, bedarf es weiterer und differenzierterer empirischer Untersuchungen, um hier zu verlässlichen Ergebnissen zu kommen. Zu beachten ist dabei auch, dass es in Deutschland ein große Vielfalt an Umsetzungsformen gibt: Halbtagsgrundschulen mit festen Öffnungszeiten oder Ganztagsgrundschulen mit jeweils additiven Betreuungsangeboten; „Ganze" oder „Volle" Halbtagsschulen bzw. integrierte Formen der Ganztagsgrundschule mit einer stärkeren Verzahnung von Unterrichts-, Spiel- und Freizeitangeboten (vgl. Holtappels 2001, S. 74f.).

Ein besonderes Profil kennzeichnet die deutsch-italienische Schule im niedersächsischen Wolfsburg, die als zweizügige integrierte Gesamtschule konsequent ab 1993 aufgebaut worden ist. Vorbilder gab es mit den staatlichen Europaschulen in Berlin und weiteren bilingualer Grundschulen (Frenzel/Sandfuchs/Sewing 2005, S. 311). Die Schule arbeitet in der Primarstufe als „Volle Halbtagsschule" und bietet inzwischen ab Klasse 5 einen Ganztagsbetrieb an. Das Konzept sieht Italienisch auch als Unterrichtssprache vor und sollte – so die Vorstellung der Initiatoren – offen sein für deutsch- und italienischsprachige Schüler aller Leistungsstärken und Schichten. Individuelle und kontinuierliche Förderung hatte vor daher neben dem Gedanken der Zweisprachigkeit von Anbeginn an einen hohen Stellenwert. Dazu erwies sich das System der für zwei Klassen zuständigen drei Lehrkräfte als sehr hilfreich. Für Kinder italienischer Herkunft tritt der Italienischunterricht an die Stelle des muttersprachlichen Unterrichts; gemeinsam nehmen die Kinder des ersten Schuljahres täglich 30 Minuten am italienischen Sprachunterricht teil. Der Lese- und Schreiblehrgang wird in Deutsch begonnen und kommt im Laufe des Schuljahres in italienischer Sprache hinzu. Der Sachunterricht ist bikulturell angelegt; in Klasse 3 und 4 wird er zweisprachig erteilt. Das Schulleben ist so ausgestaltet, dass vielfältige Kontakte mit beiden Sprachen und Kulturen möglich sind. Eine intensive Kooperation mit den Eltern kam zustande und zeichnet sich durch das aktive Einbringen von Vorschlägen und Initiativen aus.

Der Bericht der wissenschaftlichen Begleituntersuchung (2004) zeigt insgesamt sehr positive Befunde und Entwicklungen des Schulversuchs auf. So wurden die interkulturellen Zielsetzungen ohne Einschränkungen erreicht (Schulzufriedenheit, gegenseitige Anerkennung der Schüler aus den beiden Kulturen, Zusammenarbeit der Lehrerteams). Der Italienischunterricht ist auf hohem Niveau angesiedelt und erweist sich als erfolgreich für deutsche wie für italienische Schüler. Die durchweg positiven Befunde des Schulversuchs stehen im Gegensatz zu der vielfach beschriebenen allgemeinen schulischen Situation von Schülerinnen und Schülern mit Migrationshintergrund in Deutschland. Allerdings zeigten sich deutliche Unterschiede in der schriftsprachlichen Leistungsentwicklung eines Teils der italienischen Schüler sowie für das Fach Mathematik. Als Konsequenz wird erwogen auch die Grundschule im Ganztagsbetrieb zu führen; verbunden mit dem Ziel, für eine höhere Repräsentanz der italienischen Sprache in Unterricht und Schulleben Sorge zu tragen (ebd.). Die Erarbeitung eines entsprechenden Leitbildes und Schulprogramms ist mittlerweile auf den Weg gebracht worden.

Auf die hohe Selektivität des deutschen Bildungswesens sei an dieser Stelle nochmals verwiesen. Sie führt – wie bereits in Abschnitt 1.4 ausgeführt – dazu, dass an spezifischen „Schaltstellen" einer Bildungslaufbahn (so beim Übergang zwischen Kindergarten und Grundschule, von der Primar- zur Sekundarstufe) Kinder mit Migrationshintergrund eine deutliche Benachteiligung erfahren (vgl. Gomolla/Radtke 2002, S. 260f.). So hat z.B. die Erwartung des Vorhandenseins „perfekter Deutschkenntnisse" bei der Einschulung soweit ihren festen Ort in der Organisationsstruktur der Grundschule gefunden, als Ausländerkinder und ihre mangelnden sprachlichen Vorkenntnisse zu einem „Problem" definiert werden. Hat die Schule dafür keine „Lösung", wird dies als „Motivations- oder Entwicklungsrückstand" der entsprechenden Schüler „umgedeutet" und unter Umständen die Optionen des Schulkindergartens bzw. der Sonderschule ins Spiel gebracht.

3.2 Besondere Unterrichtsinhalte

3.2.1 Europa im Unterricht – Eine Welt/Dritte Welt in der Schule

„Europa und die Welt" haben mittlerweile als Themen des Grundschulunterrichts an vielen Schulen Einzug gehalten. Dies zeigt sich rein äußerlich vielfach schon an der Gestaltung der Flure und Klassenräume und an Aktivitäten wie Ausstellungen, Austauschprojekte oder andere ausgewählte Vorhaben. Begründet durch die mittlerweile geforderte „Internationalisierung" von Bildung für alle Schulstufen und -formen (vgl. z.B. Bildungskommission NRW 1995) ist ein Anbahnen grundlegender Kompetenzen (Fremdsprachen-, Medienkompetenz, Schlüsselqualifikationen für die Gestaltung einer globalisierten Gesellschaft) in den Mittelpunkt gerückt. Auch das so genannte „Europäische Lernen" hat in diesem Rahmen einen festen Stellenwert erhalten. In großem Tempo haben diese Veränderungen vielfältige Aktivitäten nach sich gezogen. Kindergärten bieten z.B. die „Begegnung" mit Fremdsprachen an, das Fach Englisch ab der dritten Grundschulklasse hat in fast allen Bundesländern Einzug gehalten, an dem vom Europarat ausgerufenen „Europäischem Jahr der Sprachen 2001" haben sich zahlreiche Grundschulen mit Projekten beteiligt. Auch der Aufbau von Klassen- und E-Mail-Korrespondenzen (vgl. Abschnitt 2.3.2) ist in vielfältiger Hinsicht dem Gedanken ‚Europa' verpflichtet. Darüber hinaus gibt es eine Vielzahl so genannter Europaschulen, die ein entsprechendes Profil herausgearbeitet haben.

Mit Blick auf den Grundschulunterricht darf nicht übersehen werden, dass „Europa" als fächerübergreifendes Themenfeld lange Zeit nur eine Randstellung hatte und erst mit Beginn der 1990er Jahre einen bedeutenden Rang in der grundschulpädagogischen und -didaktischen Diskussion erhalten hat (vgl. Büker 2001, S. 168ff), was u.a. auch zu groß angelegten Projekten, zur Erarbeitung stufenspezifischer Materialien und zur Entwicklung weitergehender Perspektiven im Rahmen der Konzeption einer „grundlegenden Bildung" geführt hat. Auch der Beschluss der KMK „Europa im Unterricht" in seiner ursprünglichen Fassung von 1978 wurde 1990 ergänzt um die Aussage „In der Grundschule wird die Thematik dort aufgegriffen, wo der Erlebnis- und Erfahrungshorizont der Schüler dies erlaubt und neue Erfahrungsfelder im Rahmen besonderer Maßnahmen eröffnet werden." Diese noch weit und offen gehaltene Formulierung gibt einen Rahmen für Konkretisierungen vor und stellt für die Lehrplanebene Anknüpfungsmöglichkeiten bereit, ohne eine ausdrückliche Verankerung des Europagedankens im Unterricht schon gewährleisten zu können.

Die Begegnung mit Kindern aus anderen Ländern im Kindergarten und in der Grundschule, die Teilnahme am internationalen Reiseverkehr, die kommerzielle Vielfalt des Alltagslebens (z.B. Spielzeug und Freizeitartikel), eine Vielfalt *medial* vermittelter Informationen, die Wirklichkeitsausschnitte aus einer Fremdperspektive wiedergeben, stellen einen weiten Erfahrungsbereich heutiger Grundschulkinder dar, von dem grundsätzlich ausgegangen werden kann. Dabei hat die Vielfalt an erarbeiteten Unterrichtsmaterialien und an durchgeführten Projekten zunächst eine gewisse Euphorie mit sich gebracht, die Gefahr läuft, grundsätzliche Fragen aus dem Blick zu verlieren. Dazu gehört die Frage nach den Lernvoraussetzungen heutiger Kinder für europäisches Lernen (Einstellungen, Werturteile, Interessen gegenüber fremden europäischen Ländern und Völkern), die Suche nach einem adäquaten Europabegriff für die Primarstufe, nach solchen für die Grundschule geeigneten Zielen, Inhalten und Methoden sowie nach den Möglichkeiten einer didaktischen Konkretisierung innerhalb eines Gesamtkonzepts (ebd., S. 169; Büker 1998). Diese bereits im Jahre 2001 als Desiderata aufgedeckten Bereiche sind bis heute nicht überzeugend weiterverfolgt worden. Vor allem sollte es darum gehen, die große Vielfalt dessen, was Kinder mitbringen „... zunächst zu ordnen, aufzuarbeiten, zu ergänzen und ggf. auch zu korrigieren", so dass Kinder zu einer bewussten und differenzierten Sichtweise ihrer international geprägten Alltagserfahrungen kommen können (ebd., S. 171).

Aus mehreren entwicklungspsychologischen Befunden geht hervor, dass Kinder bereits im frühen Alter – zunächst noch unkritisch und in sehr vereinfachter Form – Werturteile über andere Länder und Völker gebildet haben. Entscheidend für Offenheit oder eine eher ablehnende Haltung gegenüber anderen Nationen scheinen die Normen und Werte im Elternhaus zu sein, die Kinder im Rahmen ihrer primären Sozialisation erfahren.

In einer Erkundungsstudie zu Vorkenntnissen und Einstellungen zum Thema ‚Europa' in einer 3. und 4. Grundschulklasse mit 377 Mädchen und Jungen (Büker 1998) zeigte sich, dass vor dem Hintergrund eines eher abstrakten Begriffsverständnisses ein durchaus differenziertes Vorwissen bei den Kindern vorhanden war. Gleichwohl hatte etwa nur die Hälfte der befragten Kinder ein Bewusstsein von der eigenen europäischen Identität. Das Wissen um die Stellung („Ich bin Europäer") scheint zudem in erster Linie alters- bzw. entwicklungsabhängig zu sein. Inhaltliches Wissen erwies sich oft als durch eine erfahrene Urlaubsperspektive geprägt, repräsentierte eine konkret anschauliche Sicht und stellte sich eher heterogen dar, während das geografische Europawissen (z.B. Erkennen und Umsetzen von „Lagebeziehungen" der einzelnen Länder) in der Regel bereits recht ausdifferenziert war. Zur Erhebung von Einstellungen sollten Wahlen getroffen bzw. wichtige Gründe angegeben werden, weshalb die Kinder in einem bestimmten Land gern/nicht so gern leben möchten. Hier wurden sehr viel Stereotype – z.B. aus der Werbung – sichtbar, aber auch konkret erfahrene Besonderheiten in einer eigenen kindlich gefärbten Perspektive, die sich sehr intensiv auf Details bezogen, wurden genannt. Für die Ablehnung bestimmter Länder sind eher Angst und Bedrohung (teilweise auch auf Fehlinformationen beruhend) starke Motive, als dass konkrete eindeutige Vorurteile sichtbar würden. Auch zeigten sich ablehnende Aussagen eher in Bezug auf osteuropäische Staaten, was auf einen verstärkten Handlungsbedarf in diesem Feld hinweist (Büker 2001, S. 174f.). Nahezu alle befragten Kinder hatten eine Vorstellung davon, wie sie Freunde aus anderen Ländern gewinnen könnten. Die Antworten der Kinder dokumentieren eine offene und unkomplizierte Art des Aufeinanderzugehens, die vielfach über gemeinsame Aktivitäten gestiftet wird („Willst du mitspielen?"). Dabei werden verschiedene Sprachen nicht als Problem empfunden.

Zu sehen ist eine gewisse Doppelgesichtigkeit bezüglich der Lernvoraussetzungen für das Thema ‚Europa'. Auf der einen Seite zeigt sich Aufgeschlossenheit (bis hin zur Faszination) der Kinder für dieses Thema. Hier könnte der Grundschulunterricht sinnvoll anknüpfen, ordnen, systematisieren und erweitern. Auf der anderen Seite ist von einer Vielfalt außerschulisch gewonnener Vorerfahrungen auszugehen, die sich bereits verfestigt haben und ein deutliches „Ost-West-Gefälle" widerspiegeln. Hier ist es Aufgabe der Grundschule zu einer *Bewusstmachung* und *Differenzierung* möglicherweise auch zu einer Veränderung von Sichtweisen und Einstellungen einen Beitrag zu leisten.

Das von der Autorin entwickelte Konzept „Erziehung zu europäischer Verständigung in der Grundschule" (ebd., S. 177ff.) bietet einen grundlegenden in die Fächer und Lernbereiche einzubindenden Ansatzpunkt in einem – zumal größer gewordenen – Europa. Der skizzierte grundschulspezifische Zugang soll sich auf ein gesamteuropäisches Verständnis beziehen, auf einem tragfähigen Europabegriff basieren, der zur Orientierung auf die Thematik ‚Eine Welt' hin ausgebaut werden kann. Neben der sachlich-neutralen sollte die ideelle Dimension von ‚Europa' Berücksichtigung finden, die das Ringen um *Verständigung* und damit die Kinder aus verschiedenen Ländern und Kulturen (z.B. unter dem Aspekt von *Freundschaft*) in den Mittelpunkt stellt. Daneben ist es wichtig, dass auch weniger harmonische Aspekte nicht ausgespart werden (z.B.: Ausländerfeindlichkeit, Kriege in Europa, Umweltproblematik) und z.B. im Rahmen von Projekten bearbeitet werden. Wie auch bereits im Rahmen anderer Themenfelder aufgezeigt, sollten Lernsituationen im Idealfall so beschaffen sein, dass sie eine Begegnung von Kindern unterschiedlicher Herkunft ermöglichen und ein intensives *Miteinander* fordern und fördern. Breite Überschneidungsbereiche zu anderen grundschulpädagogischen Konzepten (Begegnung mit Fremdsprachen, Begegnung und Austausch von Lerngruppen, demokratisches Lernen) kommen hier vor. Die Entwicklung von Kooperations- und Kommunikationsfähigkeit lässt sich dabei sinnvoll integrieren.

Eine Welt/Dritte Welt in der Schule: Als grundlegende Orientierung für interkulturelles Lernen im Unterricht der Grundschule kann für viele Bereiche von Zielvorstellungen ausgegangen werden, wie sie für die soziale Erziehung generell Gültigkeit haben. (vgl. Abschnitt 2.3.1). Die Beschäftigung mit dem Thema *„Eine Welt/Dritte Welt"* ist in diesem Zusammenhang aufzufassen als „Sonderfall" sozialen Lernens und strebt entsprechend an:

- Entwicklung von Einfühlungsvermögen (bezogen auf die Situation von Angehörigen einer Minderheit oder gegenüber den Kindern der „Dritten Welt")
- Toleranz (gegenüber kulturellen Abweichungen)
- Solidarität (als Überwindung von ethnozentrischen Verhaltensweisen)
- Konflikt- und Kooperationsfähigkeit (vgl. Auernheimer [2]1996, S. 171).

Richtungweisend für die Behandlung dieser Thematik im Unterricht ist die im Jahre 1997 gefasste Empfehlung der Kultusministerkonferenz „Eine Welt/Dritte Welt in Unterricht und Schule" geworden. Zu Grunde liegt diesem Dokument ein Bericht von 1988, der sich nur auf die Situation der „Dritten Welt" bezog und nun die Herausforderungen des Konzepts der „Einen Welt" mit berücksichtigt sehen möchte. Diese länderübergreifende Rahmenvorgabe greift zum einen Zielvorstellungen auf, wie sie auch in der Empfehlung „Interkulturelle Erziehung und Bildung in der Schule" (1996) genannt werden, betont darüber hinaus noch dass die „... Bedeutung von Gerechtigkeit, Solidarität und Toleranz gegenüber anderen Kulturen für die Völkerverständigung und Friedensfähigkeit" erkannt werden solle und auch die Bereitschaft zu wecken sei an der „... Erhaltung der Lebensgrundlagen für Mensch und Umwelt mitzuwirken" (ebd., S. 210).

Dabei geht es darum, die genannten sozialerzieherischen Zielvorstellungen über die Auseinandersetzung mit den realen sozialen Problemen in der so genannten „Dritten Welt" vorzunehmen. Zusätzlich nimmt die Vorstellung der „Einen Welt", den Gedanken der Weltgesellschaft und der dieser gemeinsamen globalen Aufgaben auf. Die Erziehung zur gemeinsamen Verantwortung für die „Eine Welt" fordert von der Schule, diesen Bereich mit als Bestandteil von Allgemeinbildung – bis in den beruflichen Bereich hinein – zu berücksichtigen. Die neben der Wissensvermittlung verstärkt geforderte „Wert- und Handlungsorientierung" (ebd., S. 213) ermöglicht es schon Kindern in der Grundschule einen Zugang zu dieser komplexen Problematik zu bekommen. Da kein eigenes Fach geschaffen werden soll, ist die Thematik im Rahmen eines fächerverbindenden Unterrichts vorgesehen.

Eine ganze Vielfalt an Themenschwerpunkten bietet sich hier an. So können u.a. im Unterricht aufgegriffen werden (vgl. ebd., S.216f.):

- Geografische, demografische, wirtschaftliche und ökologische Faktoren in der „Dritten Welt"
- Agrarstruktur, Ernährungsgrundlagen und Besitzverhältnisse
- Wirtschaftsbeziehungen zwischen unterschiedlichen Wirtschaftsräumen
- Soziale Entwicklung (Familie, Frauen, Kinder)
- Sicherung der Grundbedürfnisse, Arbeit und Beschäftigung
- Bedeutung und Folgen des weltweiten Tourismus, der Medienverbreitung
- Krisen und bewaffnete Konflikte
- Tätigkeiten internationaler Organisationen; Menschenrechtskonventionen und andere internationale Vereinbarungen
- Diskussionsansätze für Strukturveränderungen in den Industrieländern
- Lernen von fremden Kulturen.

Für die Arbeit in der Grundschule sollte eine Auswahl aus der Fülle der Themenschwerpunkte getroffen werden, zumal es schwierig werden kann, im Unterricht einen altersangemessenen Zugang zu einem Teil der vorgesehenen Inhalte zu schaffen. Ratsam erscheint es darüber hinaus, ausgesprochen „exotische" Darstellungen ebenso zu vermeiden wie die Konfrontation mit Hunger und Elend in allzu krasser Form (vgl. Schmidt 2006). Vorstellungen und Ängste, welche die Kinder möglicherweise aus den öffentlichen Medien gewinnen, sollen aber aufgegriffen und im Unterrichtsgespräch thematisiert werden können. Altersgerechte Erschließungsformen in der Grundschule schließen eine handlungsorientierte Vermittlung und das Einführen einer Identifikationsfigur ein, die etwa im Alter der Schülerinnen und Schüler ist. Beides hat sich als sehr wirksam herausgestellt. Die Schilderung des zugehörigen familiären Rahmens der „Hauptperson", ihrer Umwelt, ihrer Spiele und Lebensweise kann ein erstes Verständnis für die in der „Dritten Welt" lebenden Menschen fördern. Das folgende Beispiel versucht diesen Gesichtspunkten zu entsprechen:

In dem reich mit Illustrationen versehenem Kinderbuch „Aminatas Entdeckung" (Bulang-Lörcher/Große-Oetringhaus (1998) steht das Mädchen Aminata im Mittelpunkt. Sie lebt im Senegal am Rande der Sahelzone und holt jeden morgen mit ihrer Schwester das Wasser für die Familie aus dem Brunnen. Die Mädchen hören die Klagen der Frauen, dass das Wasser immer weniger und schmutziger wird. Zusätzlich erkrankt auch noch das Baby an Erbrechen und Durchfall. Als ihr Bruder am Abend seinen kleinen Spielzeugbus am Brunnen vergessen hat, entdeckt Aminata, dass die Ziegen aus einer Pfütze am Brunnen ihren Durst stillen und dabei Schmutz vom Brunnenrand hinweg in den Brunnen stoßen. Das Mädchen berichtet einer Krankenschwester von ihrer Entdeckung, die dann dem „Dorfchef" Bericht erstattet. Die Dorfversammlung beschließt, dass der Brunnenrand erhöht und das Wasser gereinigt werden soll. Nach dem diese Arbeit erledigt worden ist, feiern alle zusammen ein Fest.

Nicht Mitleid sollte erweckt werden, sondern oberste Priorität hat das Anbahnen eines Gefühls der Solidarität mit den Schwächeren. Überwiegend wird für die Realisierung die Form des Projektunterrichts gewählt und eine fächerübergreifende Arbeitsweise angestrebt. Vielfältige Anregungen geben Unterrichtsvorschläge, wie sie im Rahmen des vom Grundschulverband/ Arbeitskreis Grundschule herausgegebenen Zeitschrift – „Eine Welt in der Schule" – an der Arbeitsstelle der Universität Bremen erarbeitet wurden. Ein Beispiel aus diesem Kontext ist das Projekt „Orangensaft" (Herden 2001), das für eine 4. Klasse geplant und durchgeführt wurde. Die Schülerinnen und Schüler widmeten sich einer Vielfalt an Teilthemen wie:

- Planung und Durchführung einer Ausstellung zu Produkten mit Orangebestandteilen (unter Mithilfe der Eltern)
- Erarbeitung von Informationen über die Kulturgeschichte der Apfelsine
- Untersuchen von Früchten; Pressen von frischem Saft
- Gestaltung von Orangen als Kunstobjekt
- Beschäftigung mit verschiedenen Aspekten des Herkunftslandes Brasilien (Arbeitsaufträge).

In der abschließenden Projektphase ging es um die Problematik der Kinderarbeit auf den Orangenplantagen in Brasilien und um die Einführung eines Siegels für „fair" gehandelten Orangensaft. Das Thema „Rechte der Kinder" wurde weiter verfolgt, und die Schülerinnen und Schülern dachten über Hilfsangebote für die Kinder in Brasilien nach. In eine ähnliche Richtung gehen Vorschläge zu anderen in Ländern der „Dritten" und „Vierten Welt" gehandelten Produkten (wie z.B. Baumwolle, Tee, Kakao). Diese Inhalte ermöglichen es, die besonderen Arbeitsbedingungen im jeweiligen Land, – in Auswahl – die sozialen und politischen Verhältnisse, die hier bei uns vertriebenen Produkte und ihre Verwendungsmöglichkeiten zu thematisieren.

Auch ist es möglich die „Eine-Welt"-Thematik über die Literatur eines Landes zu erschließen.

In einem Hamburger Stadtteil mit hohem Ausländeranteil wurde in einer zweiten Grundschulklasse das Thema „China" im Unterricht angesprochen. Herangezogen wurde eine chinesische Sage „Der Herr der Kraniche", die den Kindern als Bilderbuch präsentiert werden konnte (Behrens 2005, S.7). Im Zuge einer fächerverbindenden Erarbeitung der Thematik war für den Sachunterricht eine „China-Werkstatt" vorgesehen. Im Rahmen einer Stationsarbeit sollten die Schülerinnen und Schüler sich hier selbst Informationen beschaffen. Angeboten wurden: Informationstexte, Tiere in China, Kleidung früher und heute, Erfindungen, Reisen und Verkehr, Essen und Trinken, chinesische Weisheiten. Das Bilderbuch wurde mittels einer „Bilderbuch-Lesestraße" für alle Kinder sichtbar ausgestellt. Hier erfolgte die weitere Bearbeitung über Fragekärtchen und ein zugehöriges Arbeitsheft; zudem über freies Schreiben. Beteiligt waren daran noch die Fächer Kunst, Musik und Sport. Insgesamt sollte mit dieser Erarbeitung ein kleiner Beitrag zur Völkerverständigung geleistet werden.

Die Behandlung des Themenfeldes im Unterricht kann auch ausgehend von einem „Leitfach", z.B. dem Sachunterricht, erfolgen.

Unter der Überschrift „Chima baut sich eine Uhr" (Marquardt-Mau/Schmitt 1990) sind vielfältige Aspekte zum Thema „Zeit" mit dem Anliegen der „Dritte-Welt-Erziehung" in der Grundschule verknüpft worden und in die Konzeption und die Erprobung von Materialien und Lernsituationen in einer zweiten und dritten Grundschulklasse eingegangen. Die Unterrichtsreihe ermöglichte vielfältige Zugänge, das Zeitphänomen in verschiedenen Kulturen im Unterricht zu thematisieren. Anstoßgebend war ein ausgearbeitetes afrikanisches Curriculum, das von einem ostafrikanischen Jungen berichtet, der morgens zu spät zur Schule kommt, weil er keine Uhr hat. Er entwickelt dann viele Ideen, sich selbst eine Uhr zu bauen. Dieser Gedanke des Jungen wird an die Kinder herangetragen, die sich selbst auf den Weg machen, eine Uhr zu „erfinden". Darüber hinaus bietet die kleine Einstiegsgeschichte Anlass, sich mit dem Lebensumfeld von „Chima" und den im fremden Land entstandenen Uhren auseinanderzusetzen.

Unter kritischer Perspektive setzt sich Diehm (2005, S. 87f.) mit der „Eine-Welt-Pädagogik" auseinander. Der Ansatz lässt sich – so ihre Überlegungen – auch als eine „Programmatik" beschreiben, die, ausgehend von einer als verbesserungswürdig anerkannten Gegenwart, auf eine „bessere" Zukunft hin ausgerichtet ist. Damit ist dieses pädagogische Konzept zu kennzeichnen als ein zentraler Aspekt des „Programms" der interkulturellen Pädagogik generell. Diesem kann der Vorwurf gemacht werden, dass es Strukturprobleme, die zuallererst (sozial-) politisch zu bearbeiten gewesen wären als ,pädagogisch' definierte Aufgaben (re-)formuliert. Dieser Vorgang einer „*Pädagogisierung sozialer Probleme*" (ebd., S. 89) macht darauf aufmerksam, dass die Erwartungen an die Möglichkeiten von Erziehung und Bildung mit Blick auf die „Reform der Welt" nicht überschätzt werden dürfen. Auch sind strukturelle Aspekte des Bildungssystems ebenso wenig zu vernachlässigen und z.B. mit Blick auf eine nach wie vor bestehende Bildungsbenachteiligung von Kindern und Jugendlichen mit Migrationshintergrund weiterhin in Betracht zu ziehen.

3.2.2 Themenvorgaben der Lehrpläne

Lehrpläne (auch unter der Bezeichnung ,Rahmenpläne' oder ,Kerncurricula') als verbindliche Vorgaben der schulischen Arbeit stellen wesentliche Elemente zur Steuerung schulischer Lernprozesse dar. Für die Regulierung des schulischen Lernens haben sie nach wie vor einen hohen Stellenwert, legen doch auf diese Weise „… gesellschaftliche Instanzen damit den Teil der Gesamtkultur fest, den sie für ihre Reproduktion für unverzichtbar halten, der an die nachwachsende Generation „weitergegeben" werden soll" (Vollstädt/ Tillmann u.a. 1999, S. 12). Auch wenn die erhoffte Wirksamkeit einer gelungenen Praxisorientierung über Lehrpläne in empirischen Untersuchungen nicht überzeugend belegt werden konnte (vgl. ebd., S.218f.), ändert dies nichts an ihrer Verbindlichkeit für die Praxis.

Lehrpläne und Rahmenrichtlinien sind auf Länderebene konzipiert und geben – überwiegend gesondert nach Fächern und Schulstufen – Bildungsziele vor, die in einer allgemein gehaltenen Fassung formulieren welches Wissen, welche Fähigkeiten, Einstellungen und Werthaltungen an den unterschiedlichen Schulformen vermittelt werden sollen. Als solche bieten sie, was das interkulturelle Lernen angeht, in verdichteter Form Überlegungen zu den Zielen, Inhalten, Umsetzungsmöglichkeiten und Materialien und greifen dabei übergeordnete Zielvorstellungen (vgl. Abschnitt 2.2) nochmals auf und konkretisieren diese.

Lehrpläne – und Schulbücher – spiegeln vor rund 20 Jahren eine stark monokulturelle Ausrichtung wider (so z.B. die Schulbuchanalyse von Göpfert 1985). Hingegen zeigt bereits Luchtenberg (1995), dass viele Richtlinien und Lehrpläne die Möglichkeit zu einer Interpretation bieten, die interkulturellen Intentionen entgegenkommt. Nach der Empfehlung der KMK (1996) zum interkulturellen Lernen kommen Gogolin u.a. (2001) zu dem Schluss, dass das interkulturelle Lernen in den „meisten Bundesländern" als „Aufgabenfeld und Querschnittsaufgabe" vertreten ist, während die Aufgabenzuschreibungen für interkulturelles Lernen in den Bundesländern sehr unterschiedlich ausfallen (zit. nach Auernheimer 2004, S. 17). Dies belegen auch die Ergebnisse einer eigenen Lehrplananalyse – bezogen auf die Grundschule (Eickhorst 2004). Vor allem die vorliegenden neueren Rahmenpläne bieten in verdichteter Form Überlegungen zu Zielen, Umsetzungsformen und Materialien interkulturellen Lernens an. Damit erhalten grundlegende der auch von anderer Seite formulierten und begründeten Ziele und Anregungen eine „offizielle" Rechtfertigung und können sich unmittelbar auf die Unterrichtsplanung auswirken.

Die Lehrpläne thematisieren in den „Präambeln" ausdrücklich, dass sich die kindliche Erfahrungswelt durch das Vorhandensein kultureller Vielfalt verändert hat, was als „Bereicherung" aber auch „Bedrohung" erfahren werden kann (Lehrplan Schleswig-Holstein 1997, S.7). In ausdrücklicher Orientierung an den Rahmenvorgaben der KMK (1996) wird interkulturelles Lernen als „Schlüsselkompetenz" verstanden, die der Einordnung in das Konzept der „Grundbildung" bedarf. Für ausgewiesene „Leitthemen" wird eine Bearbeitung unter interkulturellen Aspekten im Unterricht beispielhaft aufgezeigt. Das Leitthema „Menschen verschiedener Länder und Kulturen kennen lernen und verstehen" (ebd., S, 206f.) hat seinen Schwerpunkt im dritten Schuljahr und wird vorbereitet in den vorangehenden Klassenstufen durch „Wir erfahren voneinander; Näheres über unsere Lebensweisen und Herkunftsländer" (Klasse 1) sowie „Spiel, Feiern, Essen" (Klasse 2). Vertieft werden kann es in der vierten Klassenstufe durch die Thematik „Wie Kinder in verschiedenen Ländern leben" (Alltagsleben, Religionen, Sitten, Märchen). Aber auch die Suche nach gemeinsamen Lösungswegen in Konfliktsituationen werden thematisiert (Thüringen) bzw. ist – unter dem Aspekt „Die Lebenswirklichkeit von Kindern aufgreifen" – die Situation von Kindern mit Behinderungen und solchen, die in der „Dritten Welt" leben, angesprochen.

Mehrere Lehrpläne gehen auf die Stellung der Grundschule im Bildungssystem und auf ihren spezifischen Bildungsauftrag ein. So kennzeichnet Bayern (2000, S. 7) die Grundschule als „... erste gemeinsame Schule", die Lebens- und Lernort für eine Schülerschaft von großer Heterogenität ist. Ein angemessener Umgang mit dieser Vielfalt wird unter Berücksichtigung von Gesichtspunkten wie Toleranz und Akzeptanz; Begegnung, Dialog und Kooperation gefordert. Nimmt man den *Fächerkanon* der Grundschule im Hinblick auf Bezüge zum interkulturellen Lernen eingehender in den Blick, so sind in den Fächern Mathematik, Sport, Kunst sowie Werken und Textiles Gestalten kaum Hinweise anzutreffen, während sich eine Reihe – auch teilweise sehr konkreter – Hinweise und Umsetzungsvorschläge für die Fächer Sachkunde, Religion und Deutsch findet. Besondere Aufmerksamkeit in nahezu allen curricularen Vorschlägen erfahren Ansätze zu einem interreligiösen Unterricht, die eine Basis schaffen sollen, über Gemeinsamkeiten und Unterschiede der Religionen nachzudenken. Besuche in Moscheen und Kirchen oder das gemeinsame Lesen von Texten aus der Bibel und aus dem Koran können dies unterstützen.

Mit Blick auf die neuere Diskussion ist zu sehen, dass einige Bundesländer daran gegangen sind, eigene Rahmenlehrpläne ausschließlich für den Bereich des Interkulturellen Lernens zu erarbeiten. In einem solchen Konzept benennt z.B. Mecklenburg-Vorpommern (Erprobungsfassung 2002) ausdrücklich, die grundsätzlich gegebene Möglichkeit zu einer interkulturellen Akzentuierung der Inhalte in allen Fächern. Somit werden auch für die Grundschule fachbezogene Vorschläge (z.B. „Einbeziehung internationaler Kinderlieder" im Fach Musik; das Themenfeld „Miteinander in unserem Land und in unserer Welt" für das Fach Sachkunde; „Größen und Sachrechnen in verschiedenen Ländern" für das Fach Mathematik) vorgelegt. Als zentrale Zielvorstellung benennt dieser Plan den „gelingenden Aufbau einer Handlungskompetenz", die es dem Schüler ermöglicht, „... sich in kulturellen Überschneidungssituationen angemessen orientieren und verhalten zu können" (ebd., S.4). Die so umschriebene Handlungskompetenz versteht sich als übergreifender Rahmen für die Herausbildung einer Sach-, Sozial-, Selbst- und Methodenkompetenz (vgl. ausführlich Abschnitt 2.2). Ganz ähnlich wird in den pädagogischen „Leitideen" zum Rahmenplan für die Primarstufe im Bundesland Bremen (2004) das Erreichen von „Handlungskompetenz" mit einer Vorstellung von grundlegender Bildung in Verbindung gebracht. Differenziert wird Handlungskompetenz hier in einen personalen und sozialen Bereich sowie in Sach- und Methodenkompetenz (ebd., S. 5ff.). Den einzelnen Kompetenzbereichen sind dann Aufgabenfelder für interkulturelles Lernen jeweils zugeordnet. So gehört z.B. in dem für interkulturelles Lernen besonders bedeutsamen Feld der „sozialen Kompetenz" dazu: „Fremdes interessiert wahrnehmen", „sich gegenseitig achten", „mit anderen kooperieren".

Eine gelungene soziale Kompetenz äußert sich entsprechend dieser Vorgabe in der „... Entwicklung einer Lern- und Lebensgemeinschaft zwischen Kindern mit heterogenen Lernvoraussetzungen" (ebd., S. 7). Sie zeigt sich darin, dass Kinder sich für die „Denk- und Lebensweisen, Werte und Normen anderer Menschen" interessieren, „eigene und fremde Sichtweisen und Wertvorstellungen" zunehmend kritisch und tolerant hinterfragen und mit Konflikten konstruktiv umgehen können. Der Rahmenplan geht nicht darauf ein, ob – ggf. welche – entwicklungspsychologischen Gesetzmäßigkeiten in Rechnung zu stellen sind. Hier ist eine Auseinandersetzung mit dem sozialen Lernen in der Grundschule stets in einem umfassenderen Rahmen gefragt. Der Rahmenplan wird sehr konkret, was die Zusammenstellung didaktisch-methodischer Hinweise angeht. Auch diese haben hier (teilweise in anderen Kontexten) bereits Erwähnung gefunden. So der „Perspektivenwechsel", wie er z.B. durch einen Rollentausch gelingen kann, um Erfahrungen der Fremdheit oder die Sichtweise von Minderheiten für den Einzelnen greifbar zu machen. Insbesondere in offenen Lernformen kann dieser Wechsel gut gelingen, da Raum gegeben wird für das Einbringen und Erfahren anderer Denk- und Erlebensweisen und darüber hinaus eigenständiges und selbstverantwortliches Lernen gefragt ist. Der – in diesem Plan so bezeichnete – „situative Ansatz" soll die „alltägliche Erlebniswelt" und die „persönlichen Erfahrungen" der Schülerinnen und Schüler zum Ausgangspunkt für interkulturelles Lernen machen und persönliche Erfahrungen und aktuelle Ereignisse (Gedenk- und Jahrestage, Feste) im Unterricht aufgreifen. Dies heißt auch, Schülerinnen und Schüler in ihrer alltäglichen Lebenswelt „abzuholen" (ebd., S. 9). Das interkulturelle Lernen sollte darüber hinaus gekennzeichnet sein durch eine enge Verbindung von *Kognition* und *Emo-*

tion. So gilt es, Neugier zu wecken und sinnliches Erleben durch den Einsatz spielerischer Methoden, Fotos, Anzeigen und Karikaturen zu ermöglichen.
Der *Hamburger* Rahmenplan (2003) für die Grundschule legt verschiedene fachübergreifende Aufgabengebiete fest. Unter diesen befinden sich – jeweils gesondert ausgewiesen – die Bereiche „interkulturelles" und „Globales Lernen". Für ersteren sind Themen aufgenommen, wie sie z.b. auch unter dem hier bereits thematisierten Stichwort „Dritte Welt/Eine Welt" in den Blick geraten sind (vgl. Abschnitt 3.2.1). Orientiert an dem Leitbild der „nachhaltigen Entwicklung", sollen Einblicke in weltweite Zusammenhänge gegeben werden. Die Entwicklung der geografischen Orientierung ist ebenso intendiert wie die Einsichtnahme in den Problembereich der Verflechtungen der eigenen Lebenswelt mit den Menschen und Orten ferner Länder (ebd., S.13). Für die Klassen 1 und 2 lautet der Vorschlag, den Fachunterricht um Aspekte des globalen Lernens zu erweitern und Themen aufzugreifen, wie sie für die Gleichaltrigen in den Ländern Afrikas, Asiens oder Lateinamerikas Bedeutung haben. Dazu können die folgenden leitenden Fragestellungen herangezogen werden (ebd., S.13):

- Welcher Art sind die im Unterricht angesprochenen Verhältnisse aus der Lebenswelt der Schülerinnen und Schüler in anderen Ländern?
- Wie kommen die behandelten Produkte (z.B. Nahrungsmittel, Kleidung, technische Geräte) zu uns?
- Was hat ein aktuelles Ereignis in einem anderen Teil der Welt mit uns zu tun?

In der Klassenstufe 3 und 4 werden zwei verbindliche Inhalte im Rahmen des Fachunterrichts oder in eigenen Projekten bearbeitet: „Was uns mit Afrika, Asien, Mittel- und Südamerika verbindet" und „Leben und arbeiten in fernen Ländern" (ebd., S. 14). Arbeitsmethodische Hinweise sind zusätzlich genannt.

Bildungsstandards: Nachdem im Zuge der Diskussion der Ergebnisse aus den PISA-Studien eine stärkere „Output-Steuerung" im Bildungswesen angemahnt wurde, die sich dadurch auszeichnet, dass Lern- und Lehrprozesse stärker von den gewünschten – und auch überprüfbaren – Ergebnissen her organisiert werden, ist bundesweit mit der Einführung von *Bildungsstandards* begonnen worden (vgl. Klieme u.a. [2]2003). Die Standards konkretisieren die Bildungsziele in Form von Bildungsanforderungen und legen fest, über welche *Kompetenzen* Schülerinnen und Schüler verfügen müssen, sollen die wichtigsten Ziele der (Grund-) Schule als erreicht gelten können. Kompetenzen werden (in Anlehnung an Weinert 2001) als Dispositionen begriffen, die

Schülerinnen und Schüler dazu befähigen sollen, bestimmte Arten von Problemen erfolgreich zu lösen und die nach den so benannten „Facetten" – Fähigkeit, Wissen, Verstehen, Können, Handeln, Erfahrung, Motivation – näher zu konkretisieren sind. Zusätzlich werden die Anforderungen in Kompetenzmodellen geordnet, die Aspekte, Abstufungen und Entwicklungsverläufe der angestrebten Fähigkeiten und Fertigkeiten vorgeben (ebd., S. 62ff.). Die ursprünglich vorgesehene Formulierung von „Mindeststandards", auf deren Grundlage vor allem für unterdurchschnittliche Schülerleistungen eine Verbesserung angestrebt wird, sind im Zuge der Umsetzung durch die Vorgaben der Kultusministerkonferenz nahezu überall durch *Regel*standards ersetzt worden. Auf der Basis der Standardvorgaben sind die Bundesländer zunächst darangegangen, *Kerncurricula* zu erarbeiten, die das unentbehrliche Minimum an Themen und Inhalten festlegen, welches von allen Schülerinnen und Schülern erreicht werden soll. Zusätzlich ist das Kerncurriculum offen für fachinterne Vertiefungen und für eine Profilbildung auf der Ebene der Einzelschule. Für den Bereich des interkulturellen Lernens bedeutet dies, dass auch diese neuen – und teilweise noch in der Entwicklung befindlichen – staatlichen Vorgaben neben den herkömmlichen Lehrplänen mit einzubeziehen sind, soll die Einflussgröße der curricularen Steuerung für die Grundschule umfassend in den Blick genommen werden.

Die von der Kultusministerkonferenz (2005) herausgegebenen *Standards für den Primarbereich (Jahrgangsstufe 4)* im Fach Deutsch thematisieren interkulturelle Erziehung ausdrücklich unter dem Aspekt der *sprachlichen Förderung*. Stellt für Kinder die deutsche Sprache weder die erste noch die Familiensprache dar, ist – so die Begründung – von anderen Erfahrungen und Kompetenzen als bei einsprachigen Kindern auszugehen. Diese Gegebenheit ist für die interkulturelle Erziehung aller Kinder zu nutzen. Entsprechende „Fördermaßnahmen" müssen bei Kindern anderer Herkunftssprache die Grundlagen für schulisches Lernen erst legen (ebd., S. 6). Zumal Sprache in allen Fächern „Medium des Lernens" darstellt, wird deren große Bedeutung für den schulischen Lernerfolg nochmals betont. In den konkretisierenden Angaben für die Kompetenzbereiche „Sprechen und Zuhören", „Schreiben", „Lesen – mit Texten und Medien umgehen", „Methoden und Arbeitstechniken", „Sprache und Sprachgebrauch untersuchen" wird der Bereich des interkulturellen Lernens kaum mehr erwähnt, zumal sich die Standards auf fachliche Zielsetzungen konzentrieren.

Auch der Entwurf des jüngst vorgelegten „Kerncurriculums" für das Fach Deutsch in der Grundschule im Bundesland Niedersachsen (2006) geht eher allgemein auf „Entwicklungsunterschiede" der Schülerinnen und Schüler ein, die nach Differenzierung und Individualisierung verlangen. Ebenfalls steht hier das Erlernen der „Unterrichtssprache Deutsch" im Mittelpunkt, für das spezifische Lernangebote zu erarbeiten sind. Das Heranziehen der „Herkunftssprache" ist zur Unterstützung des Deutschlernens vorgesehen. Die Vielfalt der gesprochenen Sprachen in einer Klasse soll vergleichend in den Unterricht einbezogen werden. Lediglich für den Kompetenzbereich „Lesen" in der 4. Klassenstufe taucht zum vergleichenden Untersuchen von Texten der Hinweis zu „literarischen Figuren" in unterschiedlichen Kulturen bzw. Kontexten (Till Eulenspiegel und Nasreddin Hodscha; ebd., S. 26) auf. Für den Kompetenzbereich „Sprache und Sprachgebrauch untersuchen" ist für das zweite und das vierte Schuljahr genannt „Gemeinsamkeiten und Unterschiede von Sprachen im Umfeld erkennen". Dies bezieht sich auf Deutsch und andere Herkunftssprachen (ebd., S. 27).

Wenngleich grundsätzlich zu begrüßen ist, dass die Aspekte von Förderung und Integration im Zuge der Orientierung an Standardvorgaben eine stärkere Gewichtung erfahren, als sie sich in den herkömmlichen Lehrplänen abgezeichnet hat, so ist die Gefahr, dass Zielvorstellungen, deren Erreichen schwer messbar ist (wie z.B. „sich in die Perspektive eines Anderen hineinfinden"), kaum mehr vertreten sind. Hinzu kommt, dass mit der Betonung domänenspezifischer Aufgabenfelder auf der Ebene der Fachdidaktik ausweisbare Aufgaben gegenüber den fächerübergreifenden eine Bevorzugung erfahren könnten.

3.2.3 Interkulturelle Ausrichtung der Schulbücher

Schulbücher sind ihrer Geschichte und Funktion nach pädagogische Hilfsmittel und berühren damit primär das Interesse von Pädagoginnen und Pädagogen – so von Lehrkräften – wie auch das von Eltern schulpflichtiger Kinder (vgl. Stein 2001, S. 839). Die Definition von Sandfuchs (2006, S. 9) stellt grundlegende Merkmale heraus:

> „Schulbücher sind Lehr-, Lern- und Arbeitsmittel, die eigens für den Schulunterricht entwickelt worden sind und Lerninhalte eines Faches oder Lernbereichs in systematischer, didaktisch und methodisch aufbereiteter Form enthalten".

Sie werden entwickelt für alle Fächer und Klassenstufen bzw. Jahrgänge – spezifiziert nach Schularten – und sind im engeren unterrichtlichen Rahmen in allen Phasen des Lehr-Lern-Prozesses (Motivieren, Informieren, Üben, Anwenden), jeweils eingebunden in ein besonderes didaktisches Arrangement, einsetzbar. Weitere Merkmale des Schulbuchs sind bei Rauch/Wurster (1997, S. 26) genannt. Dazu gehört die Vermittlung von Erfahrungen vorwiegend über das Medium der Sprache, womit es sich überwiegend an den Gesichtssinn wendet. Das Schulbuch zeichnet sich aus durch die Speicherung und Dokumentation von Erfahrungen und ist mit geringem Aufwand und unabhängig von Raum und Zeit verfügbar, wieder verwendbar und kann als eine Art „Massenmedium" reproduziert und verbreitet werden. Hacker (1980, S. 13ff.) weist dem Schulbuch verschiedene zentrale Funktionen zu. So hat es eine Lehrfunktion (Strukturierung, Repräsentation), Steuerungsfunktion, Motivierungsfunktion, Differenzierungsfunktion, Übungs- und Kontrollfunktion.

Dem Schulbuch als *Forschungsgegenstand* hat sich ein spezieller häufig fachwissenschaftlich bzw. fachdidaktisch ausgewiesener Forschungszweig – die Schulbuchforschung – angenommen. Sie bearbeitet eine Fülle von Fragestellungen rund um das Schulbuch. Neben Fragen der Repräsentanz des jeweils neuesten wissenschaftlichen „Standes" im Schulbuch und solchen des didaktisch-methodischen Umgangs gehören auch die nach dem „weltanschaulichen" Hintergrund der aufgenommen Texte wie deren Einbettung in den jeweils aktuellen zeitgeschichtlichen Kontext dazu. Was den Bereich des interkulturellen Lernens angeht, ist es zu einer bevorzugten Fragestellung geworden, Vorurteile und Stereotypen in der Darstellung von Menschen der „anderen" Kultur aufzudecken bzw. Kriterien zu erarbeiten, die einer auf Verstehen und auf Verständigung zwischen Angehörigen verschiedner Ethnien und Nationalitäten gegründeten Darstellungsweise nachgehen. Der Charakter des Lehr- und Lernmittels Schulbuch als eines „Politikums" (ebd.), das unter staatlicher Kontrolle steht („Zulassung"), ist dabei neben seiner pädagogischen und informatorischen Funktion (die „Welt" aus verschiedenen Perspektiven zu zeigen) gleichermaßen im Blick zu behalten.
Im Hinblick auf die Schulbuchproduktion und auf deren Bindung an die Lehrpläne ist eine einseitige Ausrichtung – z.B. an die spezifische Sichtweise bestimmter Sachverhalte im Kontext einer politisch-gesellschaftlichen Rahmung – nach Möglichkeit zu vermeiden und eine *„multiperspektivische Allgemeinbildung"*, der eine angemessene sprachliche und interreligiöse Bildung entsprechen sollte, als Zielvorstellung zu wählen (Auernheimer [2]1996, S. 186ff.). Zu den außerschulischen Funktionen (Rauch/Wurster 1997, S. 29ff.) gehört, dass das Schulbuch öffentlich demonstriert, was in unserer Gesellschaft als „richtige" Darstellung der Welt und damit als verbindlich gelten soll. Hier ist denn auch von der „Dogmatik" einer Kultur die Rede.
Glumpler (1996, S. 40ff.) ist der Aufnahme und Darstellungsweise von „Ausländerthemen" in Unterrichtsbüchern für das Fach Sachkunde nachgegangen. Die Auswertung spiegelt im Wesentlichen den Stand der 1980er und frühen

1990er Jahre. Ausgehend von der derzeit verbreiteten Fragerichtung, „... ob und in welchem Umfang und in welcher Aufmachung Ausländerthemen ..." berücksichtigt sind, wurden Studien einbezogen, die sich auf Schul- bzw. Lehrerhandbücher beziehen, die eine „explizite" im Unterschied zu solchen, die eine „latente Thematisierung" (nach Ittermann 1988) vornehmen. Während die explizite Thematisierung sich aus heutiger Sicht als problematisch darstellen dürfte, galt die Berücksichtigung so genannter „ausländischer Lebenssituationen" und ihre vergleichende Gegenüberstellung zu derjenigen der deutschen Kinder zunächst als eine grundlegende Voraussetzung für interkulturelles Lernen. Dabei ergibt sich eine Problematik aus der in den Schulbüchern vorgenommenen „modellhaften Präsentation" ausgewählter ausländischer Gruppen (überwiegend der „Türken"), die mit Blick auf die je spezifische Regional- und Individuallage einer Klasse aufzunehmen ist. Auch kann dies zu einer Verfestigung von Vorurteilen und Stereotypen beitragen und möglicherweise an den je spezifischen Bedürfnissen und Interessen der in einer Klasse befindlichen Schülerinnen und Schüler mit einem Migrationshintergrund vorbeigehen. Darüber hinaus ist es möglich, dass das im Schulbuch repräsentierte Wissen den konkreten Erfahrungen der Kinder in einer Klasse entgegensteht.

Den Bezug von Lehrplan und Schulbuch kann die Analyse von Sachkundebüchern von Ittermann (1988; zit. nach Glumpler 1996, S. 41f.) nachweisen. Werden entsprechende Inhalte im Lehrplan thematisiert, so finden sie sich auch in den Schulbüchern explizit aufgenommen. Fehlen sie, so kommt kulturelle Heterogenität gar nicht vor oder wird in einer „latenten" Form thematisiert. Während die explizite Darstellungsweise häufig abhebt auf das Muster „Erzeugung von Mitleid und Anteilnahme", führt die als ‚latent' bezeichnete Darstellungsweise eher dazu, dass Kinder aus anderen Ländern als selbstverständlicher Bestandteil der dargestellten Realität repräsentiert sind. Dies kann dazu führen, dass sich die Kinder aus anderen Nationen als „dazu gehörig" und „sicher" empfinden.

Einen breiteren Fokus nimmt das Projekt von Höhne u.a. (2005) unter dem Titel „Bilder von Fremden". Untersucht wurden mit dem speziellen Verfahren der Diskursanalyse Veränderungen und Wirkungen der Thematisierung von Migrantinnen und Migranten in den deutschen Schulbüchern der Fächer Geografie, Sozialkunde (Politik) aller Schulformen unter Einbeziehung auch von Sachkundebüchern für die Grundschule. Herangezogen wurden Bücher aus den Jahren 1980-1995 mit einer Konzentration auf die Bundesländer Hessen und Bayern. Dabei stand die Suche nach bestimmten „Mustern", nach denen Ausländer, Migranten, Fremde, Flüchtlinge in

Schulbüchern thematisiert und bebildert wurden, im Mittelpunkt. Gefragt wurde auch nach der Rolle des Konzepts ‚interkulturelle Pädagogik' bei der Erzeugung, Korrektur und Etablierung solcher Bilder. Im Sachbuch (Erscheinungsjahr 1982) kommt es vor, dass im Rahmen der dargestellten „Normalität" die Migrationsrealität schlicht ausgeblendet und auch im Lehrerhandbuch nicht angesprochen wird (Kunz 2003).

Als problematischer wird es jedoch gesehen, wenn so genannten „Ausländerkindern" in den Lesebüchern eine Objektrolle zugewiesen wird. An ihnen sollen deutsche Schüler so etwas wie einen tolerierenden oder akzeptierenden Umgang mit Fremden lernen, während diese stets die „kulturell Anderen" bleiben. Der Ausweis kultureller Andersartigkeit von Migranten als eigener Gruppe ist auch in anderen medialen Bereichen und Diskursformen aufzufinden. Den verbindlichen äußeren Rahmen für das in den Schulbüchern vorfindbare Wissen bilden die Lehrpläne, wobei es Unterschiede hinsichtlich der einbezogenen Bundesländer gibt. Die Verbindung zu den Massenmedien werden als eher „lose und kontingent" beschrieben, während in den je vorgenommenen Darstellungsformen von Migranten – als durch ein „Anderssein" gekennzeichnete „Fremde" – Gemeinsamkeiten aufgefunden werden konnten (Höhne u.a. 2005, S. 596f.).

Weitere Schulbuchanalysen zu interkulturell bedeutsamen Themen in Lehrwerken der Grundschule wenden sich dem *Lesebuch* zu. Auf Grund seiner exponierten Stellung im Interesse der Öffentlichkeit ist es vielfältiger Kritik – von Seiten der nicht fachlichen Öffentlichkeit wie aus fachkompetenten Kreisen – ausgesetzt. Auf Lesebuchkonzeptionen im geschichtlichen Verlauf soll hier nicht weiter eingegangen werden. Von Bedeutung für die Analyse ist, dass es zunächst (im ersten Schuljahr) primär der Förderung des Leselernprozesses dient und auch in den weiteren Schuljahren die Steigerung der Lesefertigkeit ein bedeutendes Anliegen bleibt; es darüber hinaus aber Literatur repräsentieren möchte, Erfahrungen der Kinder aufgreift, deren Interessen und Bedürfnisse berücksichtigen will und vielfältige Zusammenhänge aus der Lebenswelt der Kinder (Ängste, Konflikte, Beziehungen) thematisiert. Auch will es Erscheinungsformen einer pluralistischen Gesellschaft Rechnung tragen und den Bereich des Fiktionalen (Märchen, Traum, Phantasie) nicht vernachlässigen. Dies deutet an, dass Ansatzpunkte für ein interkulturelles Lernen mit Texten in Lesebüchern auf unterschiedlichen Ebenen angesiedelt sein können. Sie alle sind dem Aspekt untergeordnet, den Kindern die „Welt" zu zeigen, aber auch Haltungen und Einstellungen anzubahnen, womit das Lesebuch „… mehr oder weniger offen umfassende Erziehungsabsichten" verfolgt (Marenbach 1980, S. 69).

Im Rahmen einer als Lehrprojekt angelegten eigenen Untersuchung wurden Lesebücher zu den Klassenstufen 4 bis 6 aus den Erscheinungsjahren 1995-2002 analysiert, um herauszufinden wieweit das Medium ‚Lesebuch' beteiligt ist an der Ausgestaltung des Konzepts ‚interkulturelles Lernen'. Konkret wurde danach gesucht, wieweit das „Fremde" in den in der Auswahl vorhandenen Texten repräsentiert ist, wobei die groben kategorialen Unterscheidungen „Fremdes in persönlichen Erlebnissen" und „Fremdes in Gewohnheiten, Gebräuchen, Kulturen" als Suchraster benutzt und für die Durchführung der Analyse weiter verfeinert wurde. Zusätzlich wurden Ebenen der durch die Lesebuchgeschichten vornehmlich intendierten kindlichen Vorstellungsbildung (kognitiv, emotional, moralisch) einbezogen, später auch das Herkunftsland und die literarische Gattung der ausgewählten Geschichten erhoben.

Von den insgesamt 39 in die Analyse einbezogenen Lesebüchern sind 9 für die Klassenstufe 4; 16 Werke für die Klassenstufe 5 konzipiert und 14 beziehen sich auf die Klassenstufe 6. Jede der in den Lesebüchern aufgefundenen Geschichten wurde einer detaillierten Einzelanalyse unterzogen. Insgesamt 44 Geschichten kommen aus dem außereuropäischen Ausland, wobei alle Kontinente vertreten sind, den Raum Europa thematisieren 88 Geschichten, wobei die Türkei mit einem relativ hohen Anteil an Geschichten in der Klassenstufe 5 repräsentiert ist. So etwas wie deutsches (z.T. auch österreichisches) „Kulturgut" findet sich in insgesamt 8 Geschichten. In den Lesebüchern der Klassenstufe 4 zeigt sich die erstaunliche Tendenz, dass Geschichten aus dem europäischen und außereuropäischen Ausland nur sehr gering vertreten sind.

Neben kritischen Analysen der Schulbuchforschung sind didaktisch-methodische Anregungen von Bedeutung, die zum Gebrauch im Unterricht Hilfestellung geben und dabei interkulturelle Aspekte aufgreifen. So könnte, z.B. in Abwandlung eines Vorschlags von v. Wedel-Wolff (2006, S. 18), im Rahmen von Freiarbeit in einer Lesestunde eine „Hitliste" interessanter Lesebuchgeschichten aus anderen Ländern erstellt bzw. auch nach gelungenen Bildern und Gedichten zu „fremden" Geschichten gesucht und Ausschau gehalten werden. Auch das Sach-, oder Liederbuch könnte in dieser Form durchgesehen werden, wobei spezifische Kriterien jeweils vorzugeben wären.

Sowohl bestehende Rahmenrichtlinien wie vorliegende Unterrichtsmaterialien und Schulbücher können „für sich" noch keine angemessene interkulturelle Erziehung gewährleisten. Lehrkräften und Schülerinnen und Schülern bleibt es überlassen, die beabsichtigten Lernprozesse zu vollziehen (Diehm 2005, S. 91). Wie belegt werden konnte, bleiben Differenzkonstruktionen, die auf „nationale" oder „kulturelle Herkunft" abheben, weitgehend erhalten. Somit setzt sich die so bezeichnete „Pädagogisierung als Curricularisierung" auf der Ebene des praktischen Unterrichtshandelns mit Bezug auf den individuellen Lerner fort. Auch hier wird als Mangel beklagt, dass schuladministrative und schulorganisatorische Gesichtspunkte nicht beachtet werden (ebd.).

Grundsätzlich gäbe es über den Einsatz neuer Schulbücher – wie auch neuer Lehrpläne – die Möglichkeit, mit aktuellen Inhalten und Methoden zu einer Veränderung des Unterrichts beizutragen (vgl. Holzbrecher 1999). In der Praxis zeigt sich jedoch, wie bereits ausgeführt, dass die Lehrplanentwicklung – und neuerdings die Diskussion um Bildungsstandards – normierend auf die Schulbuchproduktion wirken. Auf diese Weise kann es in der Folge geradezu zu einer „Immunisierung" gegenüber neuen Unterrichtsinhalten und weitergehenden Perspektiven kommen.

3.2.4 Märchen, Spiele und Lieder aus anderen Ländern

Für interkulturelles Lernen im Unterricht bietet es sich an, auf die ganze Fülle und Vielfalt der für Kinder geeigneten Literatur – seien es nun Märchen, Lieder, Reime oder Geschichten aus anderen Ländern – zurückzugreifen. Dabei soll, um die Übersichtlichkeit der Darstellung zu wahren, auf die europäische bzw. außereuropäische Erzähltradition gesondert eingegangen werden.

Eine umfangreiche Auswahl zu Bereichen der Kinderliteratur und Kinderkultur aus den Ländern Türkei, ehemaliges Jugoslawien, Griechenland, Italien und Portugal, die gleichermaßen für deutsche und ausländische Kinder bestimmt ist, haben Ulich/Oberhuemer/ Reidelhuber bereits 1987 in zwei Bänden vorgelegt (derzeit 6.Auflage 2005). Die unter Hinzuziehung von Experten aus den jeweiligen Ländern entstandenen Zusammenstellungen basieren auf einer Sammlung des Staatsinstituts für Frühpädagogik und Familienforschung in München. Vieles davon wurde in national gemischten Kindergruppen im Raum Bayern erprobt. Der Einsatz der Materialien ist aber keineswegs auf das vorschulische Alter beschränkt, viele Vorschläge können ebenso gut in der Grundschule eingesetzt werden. Weiterhin liegt eine Sammlung von Märchen aus 16 Ländern von Schwarz (^{2}2005) vor, die auch didaktische Umsetzungsvorschläge umfasst.

Damit ist – so die Herausgeberinnen der beiden Bände – die Möglichkeit gegeben, kindgemäße Ausdrucksformen anderer Kulturen kennenzulernen, verbunden mit dem Ziel, diesen mit Offenheit und Neugierde gegenüberzutreten zu können. Kinder mit einem Migrationshintergrund erfahren, auch wenn die Familien in der zweiten und dritten Generation hier leben, dass die Geschichten aus ihrem noch als „Heimat" empfundenen Lebensraum anerkannt sind und geschätzt werden. Es bedarf einer großen Sensibilität der

Erzieherin oder Lehrerin, damit hier nicht „unter der Hand" das „Fremde" als etwas Besonderes konstruiert wird. Auch für hier lebende Kinder sollte die in den Geschichten jeweils zum Ausdruck gebrachte Bindung an den Lebensraum deutlich werden. Wo möglich, kann die Behandlung einer Geschichte im Unterricht mit dem Anliegen der Sprach(en)förderung verknüpft und z.B. eine zweisprachige Behandlung des Textes angestrebt werden. Dabei erfahren die Kinder, dass das sprachliche Umfeld die Bedeutung eines Wortes mitbestimmt. Die Kinder werden durch eine Geschichte emotional angesprochen, ihre Phantasie wird angeregt. Beides kann als eine gute Voraussetzung für das Lernen gelten. Geschichten können immer wieder erzählt werden und innerhalb der Geschichten gibt es eine Reihe von Wiederholungen. Sie ermöglichen es dem Kind den Sinn eines Wortes oder Satzes allmählich zu begreifen und sich die Bedeutungen aus dem Gesamtzusammenhang zu erschließen.

Vor allem für die ersten Grundschulklassen bietet es sich an, das Vorlesen bzw. auch die weitergehende Bearbeitung einer Geschichte sinngemäß einzuleiten mit einer kleinen „Botschaft" (abgewandelt nach Ulich/Oberhuemer [3]1994, S. 16):

> „Ich weiß, woher du kommst und achte das" – „Wie bei uns gibt es auch in dem Land, aus dem deine Eltern (Großeltern/Verwandten) kommen, viele schöne Geschichten" – „Ich kenne eine Geschichte aus Jugoslawien, die gefällt mir sehr gut" – „Ich möchte sie nicht nur dir, sondern auch den anderen Kindern erzählen bzw. „Lasst uns die Geschichte einmal zusammen hören bzw. lesen" – „Kennst du (kennt ihr) Geschichten, in denen es auch darum geht, ...".

Geschichten aus anderen Ländern lassen sich in der folgenden Weise gruppieren:
- *Märchen*; unter ihnen auch solche, die in verschiedenen Kulturen bekannt sind wie z.B. „Rotkäppchen"
- Texte (teilweise weisen sie Überschneidungen zu den Märchen auf) um *zentrale nationale Figuren*. Solche sind der „Pinocchio" aus Italien, die Geschichten um die Figur des Narren und Weisen „Nasreddin Hodscha" oder des kahlköpfigen Jungen „Keloglan" aus der Türkei; Erzählungen um „Don Quichote" aus Spanien.

Die Arbeit an den Texten lässt sich in vielfacher Form mit handlungsorientierten Elementen, z.B. Anfertigen von Theaterpuppen, Spielen, Raumgestaltung, Aufführungen, Vertonungen, Bewegungsübungen u.a. verbinden. Auch Bilder- und Kinderbücher aus anderen Ländern lassen sich zusätzlich heranziehen (vgl. Abschnitt 3.2.5).

Märchen: Insbesondere die *Märchen* weisen spezifische Merkmale auf, die es sich zu vergegenwärtigen gilt, gerade wenn solche aus anderen Ländern für die Unterrichtsarbeit herangezogen werden sollen. Für den deutschen „Märchenschatz" ist insbesondere die von den Gebrüdern Jacob und Wilhelm Grimm (1806) begonnene Sammeltätigkeit von großer Bedeutung, die in den Jahren 1812 bis 1822 mit der Vorlage von drei Bänden der „Kinder- und Hausmärchen" zu einem Abschluss gekommen ist.

Märchen als kollektive Schöpfungen eines Volkes arbeiten mit Bildern und Symbolen, um ihre „Botschaft" zu vermitteln. So können unterschiedliche „Räume" eine Rolle spielen: Räume, die eine symbolische Bedeutung haben (Schloss, Wald, Stadt/Land...) sind innerhalb einer Erzählung jeweils mit bestimmten Werten besetzt (fremd, feindselig, gefährlich, geborgen). Die Handlung kann sich aus der Spannung zwischen den unterschiedlichen Wertsystemen und Räumen heraus entwickeln. Wie in Märchen üblich, wird mit einfachen Gegensätzen und Grenzüberschreitungen gearbeitet (beispielsweise verlässt die Hauptfigur die Familie und das Dorf und geht in die Stadt). Auch die Einbeziehung des Jenseitigen ist für einige Erzählgattungen charakteristisch. Im Unterschied zur Sage, die mit Wald- und Wasserwesen, Zwergen und Elfen, Berggeistern und Riesen (Lüthi [10]1997, S.8) arbeitet, kennt das Märchen Hexen, Feen und Tiere mit übernatürlichen Fähigkeiten. Solche absonderlichen Wesen setzen die Menschen nicht in Unruhe und fürchten sie nicht. Sie geben ihnen sogar Rat und Hilfe oder spenden dem "Helden" einer Geschichte zauberische Gaben. Innere Regungen sind der Hauptfigur in den Märchen meistens fremd; vielmehr ist der Akteur ein Handelnder, der Gefahren bewältigt und „Prüfungen" besteht ohne so etwas wie Verwunderung und Angst zu zeigen. Neben dieser „Eindimensionalität" zeichnen sich die Märchen aus durch ein als „Flächenhaftigkeit" bezeichnetes Merkmal. Damit ist gemeint, dass jegliche „Tiefengliederung" fehlt. Die Gestalten besitzen weder Körperlichkeit noch Innenwelt oder Umwelt. Ihnen fehlt die Beziehung zur Vor- und Nachwelt wie zum Bereich ‚Zeit' überhaupt (ebd., S. 13). So handeln die Märchenfiguren stets kühl, ohne dass Gefühlswallungen zur Sprache kommen. Zwischen den einzelnen Figuren bestehen keine festen und dauerhaften Beziehungen; sie werden nur dann interessant, wenn sie als Handlungsführer gebraucht werden. Ihre Immunität gegen das Verstreichen von Zeit hat zur Folge, dass niemals von alternden Menschen die Rede ist. Das Märchen schafft eine ganz eigene Welt, die sich durch Wirklichkeitsferne auszeichnet. Es ist nicht von der Absicht getragen uns zu zeigen, wie es in der Welt zugehen sollte. Es stellt die Welt so dar, „... wie sie sich seinem Blick offenbart" (ebd., S. 81). Die Dinge werden „schwerelos" und „durchsichtig". Die vielschichtige Verflochtenheit der Wirklichkeit erscheint im Märchen als isoliert und ausgestattet mit einer universalen Beziehungsfähigkeit.

Eine hervorstechende Eigenschaft der *türkischen* Märchen ist es, dass es nur wenige außernatürliche Elemente aufweist. Wesen wie Geister, Feen oder Drachen besitzen menschenähnliche Eigenschaften und können die Gestalt wechseln. In einigen Märchen tritt der Sultan (der Fürst, der reiche Kaufmann) als Hauptfigur auf, der positiv und freigiebig dargestellt oder mit ganz gegenteiligen Eigenschaften versehen sein kann. Kleine Kinder armer oder schwacher aber auch reicher und mächtiger Familien sind positiv und liebenswert gezeichnet. Sie geraten teilweise auch in eine andere Gesellschaftsschicht hinein und befinden sich dann unter völlig fremden Leuten. Die in dieser Erzähltradition erschlossenen Bilder und Symbole sind dazu angetan, gängige Verhaltensmuster in Frage zu stellen (vgl. Ulich/Oberhuemer [4]2005, S. 25ff.).

> *Keloglan*, der Kahlkopf, tritt in den Märchen für alle diejenigen auf, die vom Schicksal nicht begünstigt sind, aber ihr hartes Geschick meistern. Er ist der Sohn einer alten armen Witwe und wird in seiner Umgebung nur gering geachtet. Mit Schlauheit und Geschicklichkeit vermag er den Kampf mit dem Bösen aufzunehmen und erringt schließlich unverhoffte Erfolge. Es gelingt ihm mit viel List und „Tricks" seine Feinde zu besiegen, und er bekommt am Ende des Märchens z.B. die Tochter des Sultans zur Frau. Als „Gegenstück" zu den Märchen um Keloglan gibt es solche vom armen und klugen Mädchen, das Dank ihrer guten Eigenschaften am Ende ebenfalls einen Prinzen oder Fürstensohn heiratet (ebd., S. 51-57).

Nasreddin-Hodscha-Geschichten sind den meisten türkischen Familien sehr vertraut. Sie werden nicht den Märchen im engeren Sinne, sondern der Gruppe der Schwänke und Anekdoten zugeordnet und sind Teil einer mündlichen Erzähltradition, in der die Geschichten immer weiter verbreitet und schließlich schriftlich fixiert wurden. Angenommen wird, dass es bei den Geschichten um eine reale Person geht, die im 13. Jahrhundert lebte und auf Grund ihrer Schlagfertigkeit und ihres Witzes überall bekannt wurde, so dass auch Länder, die in einer Beziehung zur Türkei standen, diese Figur für sich beanspruchten. ,Hodscha' ist ein verbreiteter Titel für religiöse und weltliche Gelehrte. Die Figur des „Nasreddin Hodscha" wird meistens mit einem Turban, einem langen weißen Bart und in Begleitung seines Esels dargestellt. Anhand dieser Figur lässt sich – auch wenn einzelne dieser Geschichten im frühen Grundschulalter möglicherweise noch nicht ganz verstanden werden – viel über den türkischen Humor lernen. Dazu das folgende Beispiel:

> **Hodscha sucht seinen Esel:** Eines Tages verlor Nasreddin Hodscha seinen Esel. Er suchte ihn überall, in der Stadt, im Wald, am Fluss. Während er suchte murmelte er vor sich hin,

lächelte und lobte Gott. – Ein Nachbar kam vorbei und fragte: „Mein Hodscha, was ist denn das für eine Geschichte? Du hast deinen Esel verloren, aber du lächelst und dankst Gott!" Hodscha antwortete: „Mein lieber Nachbar, das ist ganz einfach. Ich muss Gott danken für mein Glück. Stell dir vor, ich wäre auf dem Esel gesessen, dann wäre ich mit meinem Esel verloren gegangen" (ebd., S. 185).

Nasreddin Hodscha und sein Esel
Aus: Ulich, M./Oberhuemer, P. (Hrsg.) (2005): Es war einmal, es war keinmal ... Ein multikulturelles Lese- und Arbeitsbuch. 4. Aufl., Weinheim, S. 179 – nach: Haslet Soyöz (Istanbul 1980)

Kolb (2004) gibt einen Gestaltungsvorschlag für die Geschichte „Nasreddin Hodscha, sein Sohn und der Esel", die auch in anderen Ländern verbreitet ist:

Nasreddin, der zunächst seinen Sohn auf dem Esel reiten lässt und nebenher geht, folgt den Ratschlägen der vorbeiziehenden Personen, woraufhin am Ende beide neben dem Esel herlaufen und Nasreddin daraufhin zu der Einsicht kommt, dass man es nicht allen Menschen recht machen könne. Vorgeschlagen wird hier – für die 4. Klassenstufe – ein szenisches Spiel, das als „Erleichterung" für die Umsetzung mit Stabfiguren eingeübt werden kann. Insbesondere bietet sich an, die „Lehre" dieser kleinen Geschichte herauszuarbeiten und auf andere Situationen zu übertragen.

Moser (1994, S. 45-50) schlägt vor eine Nasreddin-Geschichte mit einem Schwank „Till Eulenspiegels" zu vergleichen. Gemeinsamkeiten und Unterschiede zwischen den beiden Hauptfiguren können herausgearbeitet und zueinander in Beziehung gesetzt werden. Weitere Umsetzungsvorschläge unter Einbeziehung des Schattentheaters und der Planung von Projekten finden sich in der vom Amt für interkulturelle Angelegenheiten in Frankfurt herausgegebenen Broschüre (2000, S. 146ff.).

Die Erzähltradition aus dem *kroatischen, serbischen und slowenischen* Sprachraum nimmt unterschiedliche Stoffe und Motive auf. Enthalten sind orientalische und islamische Elemente wie auch mitteleuropäische Stoffe (z.B. von den Brüdern Grimm). Viele der Geschichten sind an einen bestimmten Landstrich gebunden. Die heutige erzählende Kinderliteratur geht ähnliche Wege wie die westeuropäische Kinderliteratur insgesamt. Bei Ulich und Oberhuemer ([4]2005, S. 58-73) finden sich vielfältige Anregungen und darauf bezogene Spielvorschläge. Die *griechische* Tradition umfasst ebenfalls Märchen, in denen besonders typische und bei uns unbekannte Gestalten aufgenommen sind. Dazu gehören die „Moiren" als eine Art „Schicksalsgöttinnen", der „Bartlose", der den Typus des „Schlaukopfes" verkörpert, der „Drake" oder „Drakos", der dem Helden eines Märchens als ein übernatürlicher Gegner entgegentritt. Zwerge – wie in den deutschen Märchen – kommen in Griechenland dagegen gar nicht vor. Auch Sagen und Mythen sind sehr beliebt und liegen in Bilderbüchern für jüngere Kinder vor; Fabeln – als Fortsetzung antiker Überlieferung – gehören zum festen Bestand griechischer Kinderliteratur (ebd., S. 74ff.). Die *italienischen* Erzählungen aus dem Volksmund sind in frühen Sammlungen aus dem 17. Jahrhundert zusammengestellt. Märchenmotive spiegeln eine bäuerliche und handwerkliche Tradition und nicht so sehr die des „Zauberhaften". Häufig müssen arme und einfache Leute, die durchaus auch Hunger und Not leiden, um ihr Überleben gegen Reiche und Mächtige kämpfen. Sie schaffen dies auch mit List und Humor und gelangen in das Reich des „Wunderbaren und des Überflusses (Könige, Schlösser, Goldregen)" (ebd., S.91ff.). Daneben kommt aber auch vor, dass Feldarbeiter oder das Bauernmädchen selbstbewusst und „unverwandelt" bleiben. Insgesamt zeichnen sich die italienischen Märchen durch Heiterkeit und eine Tendenz zum Grotesken und zum Schwank aus.

Einen besonderen Stellenwert hat die international bekannte Figur des *Pinocchio* – eine aus Pinienholz geschnitzte Puppe, die lebendig wird, in die Welt hinausgeht und viele Abenteuer zu bestehen hat. Der Florentiner Journalist und Schriftsteller Carlo Lorenzi hat sie unter seinem Pseudonym ‚Carlo Collodi' zum Leben erweckt. In der Erzählung werden märchenhafte Elemente (Verwandlungen, gute Fee) mit realistischen und satirischen Schilderungen vermengt. In der häufig benutzten Dialogform wird der Einfluss des Puppentheaters auf die Geschichten deutlich. Trotz erlittener Niederschläge gelangt Pinocchio zu immer weiteren Schauplätzen und vermittelt auch Kindern heute die Botschaft, dass man sich mit der Welt „arrangieren" muss, um durchzukommen (vgl. ebd., S. 156-178).

Auf die *spanisch-portugiesische* Erzähltradition soll an dieser Stelle nicht weiter eingegangen werden. Hier dürften vor allem der Roman um den Ritter *Don Quichote* bekannt geworden sein, dessen Abenteuer zusammen mit seinem Knappen Sancho Pansa in alle europäische Sprachen übersetzt wurden. Erschienen ist der Roman erstmals im Jahre 1605 in Madrid und wurde von seinem Erfinder Cervantes gekennzeichnet als ein Stück, das für Erwachsene wie für Kinder geeignet ist (vgl. ebd., S. 191-200).

Didaktisch-methodische Umsetzung: Als Konsequenz aus den Erfahrungen mit Migration in den klassischen Einwandererländern stellen Oberhuemer u.a. ([3]1994, S. 14) heraus, dass es in der pädagogischen Arbeit mit deutschen und mit Kindern aus anderen Ländern darum gehen sollte, die Sprache und Kultur ihres jeweiligen Heimatlandes aufzuwerten. Hinzuzufügen ist auch hier, dass dies nicht dazu führen darf, die Schülerinnen und Schüler mit einem Migrationshintergrund in eine Außenseiterrolle zu drängen. Es geht auch nicht nur darum, sich z.B. solche Geschichten und Bücher vorzunehmen, in denen um Verständnis für Kinder aus anderen Ländern geworben wird, sondern eher um eine *Begegnung* mit den jeweiligen kulturspezifischen Ausdrucksformen wie Märchen, Fabeln, Bilder, Witze oder Spiele. Diese sollte für die Arbeit in deutschen Institutionen so selbstverständlich werden, dass im Alltag immer wieder darauf zurückgegriffen wird und dies nicht auf einige besondere Höhepunkte im Jahr beschränkt bleibt.

Mit der Orientierung an einer kulturrelativierenden Bearbeitung greift Rösch (2003b, S. 203) den Weg einer schrittweisen Erschließung von Geschichten aus anderen Ländern (nach Karg 1989) auf:

- Das „typisch" Fremdländische einer Geschichte wird zunächst herausgearbeitet.
- Im Betrachten einer „mentalen Differenz" zu deutschen Geschichten sollen Unterschiede markiert werden.
- An Hand von vergleichbaren Texten aus der deutschen Literatur werden Gemeinsamkeiten aufgezeigt.
- Die Gemeinsamkeiten können zu einer universalistischen (kulturübergreifenden) Betrachtungsweise entfaltet werden.

Vor allem der letzte Schritt dürfte nicht immer ganz einfach sein, kann aber zu der Einsicht beitragen, dass es möglicherweise nur marginale Unterschiede im Denken, Fühlen und Handeln zwischen den „einheimischen" und „fremden" Figuren gibt.

Märchen fördern die Kinder in drei Bereichen (vgl. Schwarz [2]2005, S.14): der Fantasie, dem Wortschatz und der Konzentration (vor allem, wenn die Geschichten „live" vorgelesen werden). Das Märchen stellt in einer Weise, die heute noch gültig ist, seelische und zwischenmenschliche Grundkonflikte dar und bietet einen anschaulichen Weg, diese zu überwinden. Angesichts einer insgesamt gefahrvollen Welt ist die Suche nach Glück, Liebe und Geborgenheit ein stets wiederkehrendes Motiv und vermittelt eine gewisse Allgemeingültigkeit. Zudem sprechen Märchen das Kind im gefühlsmäßigen Bereich an und können deshalb auch eine gute Hilfe für die Erziehung sein (vgl. ebd., S. 15). Das Kind findet sich in den Hauptpersonen der Märchen wieder und empfindet den Sieg über das Böse selbst mit. Das Märchen kann dazu beitragen, „… Wirklichkeitserfahrungen seelisch verkraften zu helfen und sie geistig einzuordnen" (ebd., S. 18).

Grundlegende *Auswahlkriterien* für ein Märchen stellen zum einen das Alter der Kinder (begonnen wird schon mit Dreijährigen) und – zum anderen – ihre „innere Befindlichkeit" und Ansprechbarkeit dar. Die Lehrperson sollte zunächst daran gehen, eine Geschichte oder ein Märchen aus einem anderen Kulturkreis „für sich" zu erschließen und herauszufinden suchen, ob ihr selbst die Geschichte „liegt", ob sie ihr selbst gefällt. Dazu gehört auch das Einleben in die verwendete Bildersprache und das Erarbeiten der jeweiligen Grundstimmung. Auch die Methode des Vortrags, das „erzählende Lesen", will vorher geübt sein.

Ein Verständnis für die Geschichte ist schrittweise zu erarbeiten. Hier lassen sich „Fragen an den Text" formulieren, die weiterhelfen können (vgl. Ulich/ Oberhuemer [4]2005, S. 16):

- Welche Leitmotive durchziehen die Geschichte (welche Bilder, Sätze, welche Sprüche gliedern die Geschichte, indem sie wiederholt auftauchen und im Laufe der Geschichte immer mehr an Bedeutung gewinnen)? – Welche „Reise" unternimmt die Hauptfigur, welcher „Weg" wird beschrieben, was für Erfahrungen werden im Laufe der Reise gemacht?
- Woher droht Gefahr und Verlockung bzw. scheinbare Gefahr und scheinbare Sicherheit?
- Welche Gegensätze werden in der Geschichte aufgebaut oder in Frage gestellt?
- Wie ist die Geschichte aufgeteilt? Gibt es einen vertrauten und einen „fremden" (oder gefährlichen) Bereich? Wo ist die Grenze zwischen dem bekannten und unbekannten Raum?

Auch für die Umsetzung der Erzählungen im unterrichtlichen Kontext bieten sich vielfältige Gestaltungsvorschläge an. Die Geschichten aus anderen Ländern können flexibel in das Gesamtcurriculum einbezogen werden. Im Prinzip kann jede der Geschichten einzeln oder in der Kombination mit anderen Elementen (Spiel- und Gestaltungsideen, Bildvergleiche, sprachliche Anregungen) eingesetzt werden.

Obwohl es eine Vielfalt an Veröffentlichungen zum Märchen des *„Rotkäppchen"* gibt, gilt der Text der Gebrüder Grimm – erstmals erschienen in der Gesamtausgabe 1819 – als der zentrale, auf den sich in verschiedenen Sprachräumen bezogen wird. Große Unterschiede gibt es beispielsweise in den „Gaben", die Rotkäppchen der Großmutter bringt. Ist es nach der uns geläufigen Fassung der Brüder Grimm ein Stück Kuchen und eine Flasche Wein, so werden daraus Eier, Butter und gefülltes Gebäck (in der Türkei), „duftender Fladen" in der griechischen Version oder Fleisch und Wein in einer englischen Ausgabe. Hinweise auf Sitten und Gebräuche des Herkunftslandes spiegeln sich jeweils darin wider. Dagegen bleibt der Dialog zwischen dem als Großmutter in allen Versionen des Märchens verkleideten Wolf und dem Rotkäppchen unverändert. Diese dramatische Szene wird von Kindern auch gern nacherzählt oder nachgespielt. Eine besondere Fassung liegt mit der modernen spanischen Version des Märchens von Garcia Sanchez (1975) vor, die den Titel „Rotkäppchen und der letzte Wolf" trägt. Es handelt sich dabei um die Parodie einer Umweltgeschichte, die insbesondere für ältere Grundschulkinder geeignet ist. Hier wird statt des Wolfes oder der Natur der Mensch zu dem Bedrohlichen. Der Wolf als „letzter" seiner Art ist derjenige, den es zu schützen gilt, während der Jäger als Zerstörer der Natur- und Tierwelt auftritt und das Rotkäppchen mit seinen Jagd- und Heldentaten langweilt. (vgl. Ulich/Oberhuemer [4]2005, S. 148-150).

Für alle Vorschläge einer multiperspektivischen Behandlung von Literatur gilt es, mit Blick auf die jeweilige Lebenslagen der Kinder zu reflektieren, ob bzw. in welcher Weise das Aufnehmen einer kulturellen Perspektive als Bereicherung der Lernenden erfahren werden kann oder eher dazu beiträgt, überkommene kulturelle Orientierungssysteme festzuschreiben.

Schon für die Arbeit in der Grundschule lässt sich die Frage aufgreifen, ob nicht die interkulturelle Märchenarbeit auch dazu herangezogen werden kann, zu einer „Dekonstruktion" der Dominanzkultur beizutragen (vgl. Rösch 2003b, S. 217f.). So können Kinder z.B. – bevor sie mit einer Geschichte konfrontiert werden – das Verhalten von Tierpaaren (Hase, Elefant, Maus) etwa in einem Rollenspiel antizipieren und dieses dann mit dem in der Geschichte dargestellten vergleichen. Auch kann die Präsentation einer Geschichte mit ausgewählten „Leerstellen" den Kindern Raum lassen für ein Lesegespräch. Ältere Grundschulkinder können auch in eine reflektierende Betrachtung einbezogen werden, die die Symbolik eines Märchens beachtet.

Reime, Musik und Bewegung: Reime (z.B. Abzählreime), Spiele mit Musik und Bewegung sowie Tänze und Lieder eignen sich besonders gut für gemeinsame Aktivitäten in multinationalen Kindergruppen. Durch die Verbindung von Musik, Mimik, Gestik und Handlung (klatschen, fangen, im Kreis gehen, singen) ist es relativ leicht, die ganze Gruppe mit einzubeziehen. Gerade jüngere Kinder gehen noch sehr stark vom Klang aus und sprechen die neuen Laute – z.B. auch die sich wiederholenden Teile – beinahe mühelos nach. Getragen vom gemeinsamen Spiel und der Sprache wird auch das Gemeinschaftserlebnis gestärkt.

Da diese kulturspezifischen Ausdrucksformen über Generationen hinweg tradiert worden sind, lassen sich die Spiele und Lieder nicht als „festge-

schriebener Kanon" vorfinden. Sie sind bei – relativ konstanten Grundele-
menten – beständig Veränderungen unterworfen. Einige dieser grundlegenden Formen gibt es über Generationen hinweg in den verschiedenen Ländern.
Ringelreihen, Auszählreime, Brückenspiellieder kommen vor in Süd-, Ost-,
und Mitteleuropa aber auch in Süd- und Nordamerika. Es bietet sich an, diese
Formen in verschiedenen Sprachen zu spielen. Die klare Gliederung und die
einfachen ritualähnlichen Wiederholungen ermöglichen es gerade Kindern,
die eine Kontakt- oder Sprechhemmung haben, in die Gruppe „einzutreten"
und später dann auch aktivere Rollen darin zu übernehmen.
Ulich u.a. (^{5}1995, S. 26ff.) haben ein breit gefächertes Angebot für unterschiedliche Ziel- und Altersgruppen zusammengestellt. Das in Deutschland
bekannte Kreisspiel („Seht euch nicht um, der Fuchs geht rum. Wer sich
umdreht oder lacht, dem wird die Hucke voll gemacht"; ebd., S. 39ff.) findet
sich etwa in einer türkischen, slowenischen, italienischen Version, wobei der
mit dem Liedtext verbundene Handlungsablauf sich jeweils ganz ähnlich
darstellt. Geschichten oder auch Märchen, die in verschiedenen Ländern
verbreitet sind, eignen sich besonders gut, für die Behandlung im Unterricht,
da unterschiedliche Versionen dazu eingebracht und Vergleiche angestellt
werden können.

3.2.5 Bilder- und Kinderbücher
Obwohl eine große Zahl an Kinder- und Jugendbüchern vorliegt, die einen
unmittelbaren Zusammenhang mit dem Thema ‚Multikulturalität' aufweisen,
gibt es nur eine kleine Zahl an Literaturwissenschaftlern und -didaktikern, die
zum interkulturellen Lernen arbeitet. Vorst (2004, S. 47) bringt das damit in
Verbindung, dass derzeit sehr viel mehr Energie auf das umfassendere Thema
„Fremdheit" verwendet wird, das eher in einem symbolischen Sinne erarbeitet werden soll. Auch wenn der Weg gewählt wird, Fremdheit realistisch zu
verarbeiten, eröffnet – so die These der Autorin – die Begegnung mit au-
thentisch dargestellten literarischen Figuren nicht-alltägliche Begegnungen
und gibt Anregungen in emotionaler und kognitiver Hinsicht. Dabei müssen
zudem Leseinteressen der Kinder und die Textrezeption selbst zum Gegenstand der Reflexion werden. Dazu gehört es auch, dass Literatur zur Kenntnis
genommen wird, die gerade nicht vorbildlichen interkulturellen Zielsetzungen folgt, sondern z.B. zur Wahrnehmung von Rassismen herausfordert.
Die Einordnung des interkulturellen Lernens unter die Thematik von „Fremdheit" schließt an Diskurse an, wie sie im Abschnitt 1.6 vorgestellt worden
sind. In Anlehnung an Bogdal (1996) greift Vorst (ebd.) die These auf, dass
Fremdheitsgefühle und Abgrenzungen notwendige Elemente seien, um Iden-

tität und soziale Bindungen des Individuums zu festigen. Durch Identifikation, Einverleibung des Fremden, Projektion der eigenen Bedürfnisse und Erfahrungen in eine literarische Figur erfolgt Selbsterkenntnis. Wie auch durch Selbstentfremdung, Entgrenzung und Perspektivenwechsel die Fähigkeit zur Fremdwahrnehmung ermöglicht wird.

Fragen des Umgangs mit Differenz sind eng an solche des *Verstehens* bzw. an die *Verstehbarkeit des Fremden* geknüpft. Die der geisteswissenschaftlichen Pädagogik verhaftete Hermeneutik beschreibt das Verstehen des Anderen als einen „Prozess der dialogischen Vermittlung von Fremdem und Eigenem" (Büker/Kammler 2003, S.11). Die Widerständigkeit und bleibende Differenz bleibt hier nach Ansicht anderer Autoren zu wenig berücksichtigt. Umstritten ist auch die Frage, ob und in welcher Weise das Fremdverstehen lehrbar ist. Auf jeden Fall wird der Literatur eine bedeutsame Rolle bei der Ausbildung der sozialen Kompetenz des Fremdverstehens zugesprochen. Interkulturelle Lesarten von Kinderliteratur bzw. der Umgang mit ‚interkulturell' ausgewiesenen Texten kann zunächst eine emotional gefärbte Identifikation mit dem Fremden, später dann auch durch die Übernahme der kognitiven Perspektive die Entwicklung von Empathie und Fremdverstehen fördern. Wesentlich aus literaturdidaktischer Perspektive sind die jeweils intendierten Zielvorstellungen, die z.B. auch kindliche Lesebedürfnisse nach Phantastik und Exotismus bedienen wollen. Unter dem Aspekt der Entwicklung von Rezeptionskompetenz erscheint es für Grundschulkinder vorteilhaft, dass „fremd" erscheinende Perspektiven durch die Augen einer kindlichen *Leitfigur* vermittelt werden. Erst ab ca. dem 10. Lebensjahr erwerben Kinder die Fähigkeit, verschiedene Figurenperspektiven auf (ideologische bzw. historische) Hintergründe zu beziehen (vgl. Vorst 2004, S. 52f.).

Grundsätzlich lassen sich verschiedene „Figurentypen" des Fremden unterscheiden (Büker/Kammler 2003, S. 12ff.). Fremdheitsverhältnisse werden häufig durch literarische Figuren personifiziert, die sich im selben Alter wie ihre Rezipienten befinden oder die als Phantasiewesen, Tiere oder Erwachsene in die „normale" Welt von Kindern oder Jugendlichen hineingeraten. Dabei finden sich fünf Gruppen:

- der Fremde als Gast
- der kulturell Fremde; Zugehörigkeit zu einer bestimmten Rasse, Nation oder Ethnie (größte und eigenständigste Literatursparte)
- der Außenseitertyp (Figuren, die auf Grund bestehender Differenz zur vorherrschenden gesellschaftlichen Norm ausgegrenzt werden)
- der bzw. das historisch-genealogische Fremde (Thematisierung verschiedener Epochen der Menschheitsgeschichte; vorwiegend im Sachbuch)

- der bzw. das phantastische Fremde (Fantasiefiguren, häufig aus Fabeln, Märchen oder Tiergeschichten entlehnt).

Beispiele für Text-Bilder-Bücher: Das mehrfach ausgezeichnete – in Deutschland erstmals 1994 publizierte – Bilderbuch von Kathryn Cave und Chris Riddell *„Irgendwie Anders"* kann gleichsam als exemplarisch für eine literarische Auseinandersetzung mit dem Anderen im Grundschulalter gelten und hat einen außerordentlich hohen Bekanntheitsgrad erreicht. Das kleine blaue „Andere" ist ein Phantasiewesen, das zunächst von seiner Umwelt abgelehnt wird, sich selbst zu einem Ausgrenzenden macht, bis es die Mechanismen zu durchschauen beginnt. Das Buch wurde im Jahre 1997 mit dem UNESCO-Preis für „Children's and Young People's Literature in the Service of Tolerance" ausgezeichnet.

> „Irgendwie Anders" wird von der Gemeinschaft der anderen Tiere ausgegrenzt; es wohnt allein auf einem Berg und ist ohne einen einzigen Freund: Es sieht anders aus, spricht und malt anders, spielt „komische Sachen". Obwohl es sich krampfhaft Mühe gibt so zu sein wie alle anderen, gelingen alle Anpassungsversuche nicht. Doch eines Tages erhält es eine neue Chance. Ein noch seltsameres orangefarbenes Wesen klopft an seine Tür und behauptet ebenfalls „irgendwie anders" zu sein; ja dem ,Irgendwie Anders' zu gleichen: „Ich bin genau wie du! Du bist irgendwie anders – und ich auch.". Da ,Irgendwie Anders' keinerlei Gemeinsamkeiten entdecken kann zwischen sich und dem Eindringling, setzt es diesen mit den Worten „Du bist doch nicht wie ich!" vor die Tür. Als es sich dann im Spiegel betrachtet, kommt ihm eine Idee. Es holt das Etwas zurück und verkündet ihm „Du bist nicht wie ich, aber das ist mir egal. Wenn du Lust hast, kannst du bei mir bleiben". So werden die beiden Wesen doch noch Freunde: „Sie waren verschieden, aber sie vertrugen sich". Sie geben sogar eine neue „Botschaft" weiter. Wenn wieder jemand vor ihrer Tür steht, der sehr merkwürdig aussieht, rücken sie etwas näher zusammen und nehmen das fremde Wesen in ihre Gemeinschaft auf!

Im Rahmen eines begegnungsorientierten Literaturprojekts zwischen Polen und Deutschland , das ausgerichtet war an grundlegenden Vorstellungen zu einer „Erziehung zu europäischer Verständigung" und zu Stande kam auf Grund der freundschaftlichen Beziehungen zweier Grundschullehrkräfte aus den beiden Ländern, entstand die Idee zur Durchführung eines gemeinsamen Projekts mit einer zweiten deutschen und einer fünften polnischen Grundschulklasse. In den Wesenszügen und Handlungen der Phantasiefiguren kommen bekannte Muster eines gesellschaftlichen Umgangs mit „dem Fremden" beispielhaft zum Ausdruck. Auch die Konstruktion von „Andersheit" gerät in den Blick. Büker/Malinowski/Strömer-Lange (2004, S. 189f.) als Initiatorinnen des Projekts verweisen dazu auf die Thematisierung der folgenden Punkte im Kinderbuch:

- Existenz (unausgesprochener) Vorstellungen von Normalität
- Ausgrenzung und Stigmatisierung von Menschen, die den Normalitätsvorstellungen nicht entsprechen
- Bemühen um Anpassung und Akzeptanz; Rückzug in Selbstzweifel und Isolation bei Nicht-Akzeptanz
- Konstruktion von Andersheit als menschliches Merkmal; dargestellt an dem Verhalten von „Irgendwie Anders", das vom Opfer zum Täter wird
- Argwohn und Sprachlosigkeit bei einer ersten Begegnung
- Fähigkeit des Menschen, Situationen zu erkennen, Verhaltensweisen zu ändern, Toleranz zu üben und Freundschaften zu schließen.

Durch die Auseinandersetzung mit diesen literarischen Figuren sollten die Kinder eine „Sprache" erhalten den zunächst fremden polnischen bzw. deutschen Austauschpartnern näher zu kommen und den eigenen Umgang mit dem Fremden zu reflektieren. Damit wird auch über dieses Werk angestrebt, Wege des Fremd- und Selbstverstehens zu eröffnen. Zudem wurden die persönlichen Einstellungen der Kinder gegenüber dem jeweils anderen Land in Erfahrung gebracht. Ziele und Vorgehensformen sind im Aufsatz der Autorinnen differenziert dokumentiert.

Als ein für das interkulturelle Lernen Mut machendes Ergebnis hat sich im Projekt gezeigt, dass ein enger Zusammenhang besteht zwischen literarischem und interkulturellem Lernen. Ausgewählte Kompetenzen bei der Rezeption von Literatur (wie Identifikation, Perspektivenübernahme, Empathie) und auch das Fremdverstehen tragen nicht nur dazu bei sich in literarische Figuren hineinzudenken, sondern können auch hilfreich sein bei der Gestaltung interkultureller Situationen im Rahmen von Austausch und Begegnung. Das ‚Irgendwie Anders' wird dabei gesehen als Brückenfigur zwischen der literarischen und der realen Welt, das die Schülerinnen und Schüler zu einer Art „Probehandeln" – entlastet vom Druck und den Zwängen der Realität – herausfordert. Aus den Beobachtungen der am Projekt beteiligten Schülerinnen und Schüler, der Auswertung der Projekthefte, Fragebögen und Tagebücher der Lehrerinnen zeigte sich, dass bezüglich des „Eigenen" und „Fremden" Bewusstseinsprozesse durchaus entwickelt wurden (ebd., S. 208). Zu den unverzichtbaren Bedingungen für das Gelingen des Projekts gehörten zudem Voraussetzungen auf der emotionalen und motivationalen Ebene, die durch die Freundschaft und Begeisterung der beiden beteiligten Lehrkräfte gestiftet wurden.

Vorst (2004, S.50) macht kritisch darauf aufmerksam, dass auf der Basis eines derartigen universalistischen Verstehensansatzes „... unbequeme historisch, politisch, kulturell gewachsene Merkmale von Fremdheit ..." vernachlässigt werden können, während es den Kindern emotionale und imaginative Lernprozesse erleichtert. Es fehlen allerdings überzeugende Beispiele für den Bereich der Grundschule, die versuchen, Kindern dieser Altersstufe derartige (konkrete) Merkmale von Fremdheit nahe zu bringen bzw. theoretische Ansätze, die dazu adäquate Erklärungsmuster bereitstellen könnten.

Unter kritischer Perspektive lassen sich auch Bücher nennen, die – häufig verfasst von einheimischen Autorinnen und Autoren über „fremde" Kulturen und Länder – dazu angetan sind, kulturelle Stereotypen zu verbreiten. Ein frühes Bilder-Text-Buch, das für das interkulturelle Lernen in Deutschland Bedeutung erlangt hat und gleichsam als „exemplarisch" für einen zeitbezogenen Umgang mit der Thematik stehen kann, ist *„Selim und Susanne"* von Ursula Kirchberg (vgl. Rösch 1997, S. 9ff.). Es erschien bereits 1978, gefolgt von einer deutsch-türkischen Ausgabe (1979) und einem zweiten Band („Selim bekommt Besuch" 1980). Der erste Band schildert den nicht ganz ohne Konflikte ablaufenden Beginn einer Freundschaft zwischen dem deutschen Mädchen Susanne und dem türkischen Jungen Selim. Dieser wird von den anderen Kindern ausgegrenzt, darf nicht mitspielen und beschädigt schließlich in einem Streit die Puppe des Mädchens. Im Italienurlaub erlebt Susanne eine ähnliche Situation, zumal sie auch die Sprache nicht versteht. Doch darf sie mitspielen und kann sich per Zeichensprache verständigen. Auf Grund dieser Erfahrung bringt sie Selim eine Pinocchio-Puppe mit, was ihre Freundschaft endgültig besiegelt. Die zu dem Buch erarbeiteten Unterrichtseinheiten spiegeln das Verständnis von Interkulturalität wider und zeigen beispielhaft auf, wie unterschiedlich sich Zugänge zum Text – und damit einhergehende Zielvorstellungen – jeweils gestalten können.
- Eine *sprachdidaktisch* geprägter Zugang im Deutschunterricht (1980) sieht die Einbeziehung des türkischen Textes als Semantisierungshilfe vor. Die Kinder können sich in türkischer Sprache äußern. Die dann ins Deutsche übersetzten Textbausteine werden für Übungen zur Sprachförderung herangezogen. Die im Buch dargestellte „Konfliktsituation türkischer Kinder" und die passive Haltung der Hauptperson wird unkritisch als authentische übernommen und kann möglicherweise das „Gefühl des Ausgeschlossenseins und des Angewiesenseins auf Einheimische" (Rösch 1997, S.11) noch verstärken. Eine textkritische Rezeption und ergänzende Bearbeitungshinweise sind hier angebracht.
- Ein *konfliktorientierter* Zugang (nach Mennen 1989; vgl. ebd., S. 13) stellt die Szene zwischen dem türkischen Jungen Selim und dem deutschen Mädchen Susanne in den Mittelpunkt und präsentiert diese als

Bilderfolge. In der freien Versprachlichung kritisieren die Schüler Selims Verhalten als aggressiv, ohne dass die ihm vorher zugestoßene Kränkung thematisiert würde. Eine Einstellungsänderung der Schüler gelingt über die Thematisierung von Ursachen und Folgen hilfloser Aggressivität. Der interethnische Konflikt wird so zu einem Beispiel für Konflikte zwischen Menschen überhaupt. Hier sollte (nach Rösch 1997, S.14) der Gefahr eines universalistischen Vorgehens entgegengewirkt werden, indem die Diskussion auf Susanne und Selim gelenkt und eine Thematisierung darüber angeregt wird, was die Schüler über die beiden Hauptakteure der Geschichte denken.

- Unter dem Zugriff einer *antirassistischen* Perspektive auf den Text geht es darum, das stigmatisierende Bild von Immigranten zu analysieren und ein „Gegenbild" aufzubauen („Wie wird Selim dargestellt? Wer hilft ihm, als er verprügelt wird? Was hätte er tun können, um Freunde zu gewinnen? ..."). Auch das Verhalten der deutschen Kinder kann kritisch betrachtet werden: Warum schreit Susanne, nachdem ihrer Puppe ein Arm abgerissen worden ist? Worüber lachen die deutschen Kinder? Wie findet ihr, dass sich Susanne und Selim anfreunden? Anhand dieser Fragen kann deutlich gemacht werden, dass die Geschichte konstruiert ist und keinen Absolutheitsanspruch erheben kann.

Eine spezifische Form literarischer Texte ist Ausdruck eines angestrebten interkulturellen Dialogs in multinationalen Klassen. Rupp (1989) hat ein so bezeichnetes „modernes türkisches Märchen" in einer vierten Grundschulklasse zum Thema gemacht.

In diesem Stück geht es um zwei Jungen (Keloglan und Sefa), die morgens zu spät zur Schule kommen und sich nicht in die Klasse trauen. Einer von ihnen löst die Alarm-Sirene aus, gibt das auf Nachfrage auch zu, während sein wahres Motiv für diese Tat offen bleibt. Beide Jungen wagen sich gar nicht erst in die Klasse, bringen keine Entschuldigung vor, sondern versuchen durch nichtsprachliche Aktionen mit ihrer Umgebung zu kommunizieren (stellen den Ranzen in die Klasse, lösen den Alarm aus). Die mit diesem Text im Unterricht konfrontierten Schüler sollen dieses Verhalten weiter ausführen und konkrete Handlungsmöglichkeiten für die beiden Jungen entwickeln. In einem zweiten Schritt soll dann die Geschichte zu Ende geschrieben werden.

Der Unterricht zeigte, dass die Schüler mit dem Text in einem positiven Sinne etwas anfangen konnten. Die schriftlichen Weiterführungen der Geschichte durch die Kinder spiegeln einen in der Regel positiven Ausgang und führen damit weg von einer „skeptisch-pessimistischen Sicht" der Ausländersituation. So werden im Einzelnen pragmatische Lösungen der Konflikte aufgezeigt, aber auch die Identifikation mit der Situation und das Erinnern an (verdrängte) Momente der eigenen Integrationsgeschichte kommen vor, die hier nach außen drängen.

Ein „Kinderbuch" im Unterricht: Das (Kinder-) Buch des in Paris lebenden marokkanischen Schriftstellers Tahar Ben Jelloun – *„Papa, was ist ein Fremder? Gespräch mit meiner Tochter"* (Reinbek 2000) – arbeitet nicht mit einer Identifikationsfigur. Es stellt das Gespräch eines Vaters mit seiner 10-jährigen Tochter Mériem über Rassismus und Fremdenfeindlichkeit in den Mittelpunkt. Anlässlich einer Demonstration gegen ein Gesetz, das dazu führen soll, Ausländern Einreise nach und Aufenthalt in Frankreich zu erschweren, stellt Mériem unbequeme Fragen, die der Vater sachlich und in einer für das Kind verständlichen Sprache zu beantworten sucht. Dadurch, dass seine Antworten stets wieder neue Fragen aufwerfen, so dass die Tochter erneut gehalten ist nachzuhaken, gibt der Vater immer detailliertere Erklärungen, die auch in komplexe Zusammenhänge einführen. Dabei werden denn auch so schwierige Fragen wie Misstrauen, Vorurteile und Diskriminierung einbezogen, kommen der Holocaust, Kolonialismus, das Christentum und der Islam zur Sprache. Einzelne Textpassagen können dies verdeutlichen:

> Mériem fragt etwa: „Mit Kultur meinst du also Erziehung. Aber vorher hast du doch gesagt, dass auch der Rassismus anerzogen ist..." – „Ja, zweifellos wird niemand als Rassist geboren, man wird erst dazu gemacht. Es gibt eben leider nicht nur eine gute Erziehung, sondern auch eine schlechte Erziehung. Das hängt ganz von den Vorbildern ab, denen du in deinem Leben begegnest..." (S. 21). – „Ein Rassist ist jemand, der sich anderen überlegen fühlt, nur weil sie nicht die gleiche Hautfarbe haben, die gleiche Sprache sprechen, auf die gleiche Art feiern wie er. Er verrennt sich in die Idee, dass es verschiedene Rassen gibt, und sagt sich: ,Meine Rasse ist edel und gut, die anderen sind hässlich und bestialisch'" (S. 36). „Niemand hat das Recht, auf der Grundlage von Äußerlichkeiten wie Hautfarbe, Größe oder Gesichtszügen eine Aufteilung und unterschiedliche Bewertung der Menschheit vorzunehmen." (S. 32f.) – „Was können wir denn tun?" – „Lernen. Uns bilden. Nachdenken. Zu verstehen versuchen, auf alles Menschliche neugierig sein, unser natürliches Misstrauen überwinden, unsere Vorurteile hinterfragen ..." (S.26).

Zu dem Text liegen „methodisch-didaktische Überlegungen" vor (Pantos 2001). Da sich das Buch an 8 bis 14-jährige Kinder und ihre Eltern wendet und auch nicht primär für die Schule geschrieben ist, ist es relativ breit einsetzbar. Auch die Hinweise zur Umsetzung machen es erforderlich, für die konkrete Textarbeit in der Grundschule eine begründete Auswahl zu treffen. Vor allem erscheint es wichtig, die Erfahrungswelt der Leserinnen und Leser – insbesondere auch ihre biografische Situation – einzubeziehen.

Der im Buch gebrauchte weit gefasste Rassismusbegriff, der nicht deutlich abgegrenzt wird gegenüber „benachbarten" Begriffen wie ‚Fremden- oder Ausländerfeindlichkeit' bzw. ‚Ausländerhass', das Vermeiden einer Betroffenheitsperspektive deuten auf ein Konzept des Autors hin, dass die Möglichkeit des „Ausbalancierens von Autonomie und Verbundenheit in einer sozialen Gruppe" gewährleisten soll (ebd., S. 2). Das Bekanntwerden mit Mustern wechselseitiger Anerkennung soll sowohl „individuelles Selbstbewusstsein" wie „Offenheit für einen gleichberechtigten Umgang miteinander" fördern.

Um die Auseinandersetzung mit der im Buch aufgenommenen begrifflichen Vielfalt zu erleichtern, bietet es sich für die Bearbeitung im Unterricht an, ein Glossar bzw. eine Zitatensammlung anzulegen und – möglicherweise im Rahmen von Freiarbeitsphasen – dem Bedeutungsgehalt einzelner Begriffe ausführlicher nachzugehen. Auch das Führen eines „Lesetagebuchs" zu ausgewählten Textpassagen, in dem persönliche Gedanken, Kommentare und Fragen einen „Ort" haben, erscheint geeignet, gerade die biografische Perspektive zu ihrem Recht kommen zu lassen. Die von der Autorin vorgeschlagenen *„Einstiegs"-Spiele* können unter der Zielperspektive herangezogen werden, Gemeinsamkeiten und Unterschiede zwischen den Kindern auf einem handlungsorientierten Weg erfahrbar zu machen:

- Die Klasse sitzt oder steht im Kreis zusammen. Ein Kind kommt in die Mitte und ruft: „Es weht ein starker, starker Wind für alle, die …schwarze Haare haben". Kinder, auf die das zutrifft müssen ihren Platz verlassen und sich einen neuen suchen. Das übrig gebliebene Kind kommt in die Mitte und sucht sich ein neues Merkmal aus. Dabei bleibt das Spielende offen. Da immer wechselnde Gruppen betroffen sind, macht das Spiel deutlich, dass nichts Bestand hat und ständig neue Ordnungen entstehen.
- Ausgangssituation ist wieder die Kreisform. Die Kinder werden aufgefordert, sich stumm – z.B. nach der Augenfarbe – in Gruppen zusammenzufinden und gegenüber den anderen ihre Überlegenheit zu bekunden: „Wir die (braun-)…äugigen sind die Größten, weil …". Die angesprochenen Gruppen reagieren durch Mimik und Gestik in nonverbaler Form. Deutlich werden soll Konkurrenz und Dominanz auf der Ebene eines Bezugsrahmens von „ihr" und „wir".
- Alle im Kreis versammelten Kinder überlegen, was ihnen gemeinsam ist (jedes von ihnen muss essen, schlafen, zur Schule gehen, den Raum mit anderen teilen …). Jeder, der eine Gemeinsamkeit vorbringt, setzt sich – möglichst nah zum Mittelpunkt – in das Kreisinnere. Zum Schluss schließen alle die Augen und stellen sich vor, dass sie mit ihren Familien in ein gemeinsames Haus einziehen. Es kann danach gefragt werden, wie die entstandene Nähe der Kinder untereinander empfunden wird (Schutz, Einengung, Bedürfnis nach Distanz?).
- Die Schülerinnen und Schüler bringen zwei Gegenstände mit in die Klasse; einen, den sie lieben – einen, den sie eher nicht mögen. Jeder stellt seine Gegenstände den Mitschülern vor und erläutert seine Gefühle diesen gegenüber. Hier sollen die jeweiligen Gefühle für andere nachvollziehbar sein und Empathie angebahnt werden.

An das Spiel können kleine Reflexionsaufgaben anschließen (ebd., S. 4); die je nach Lerngruppe zu variieren sind und z.B. durch Fragen eingeleitet werden wie

- „Was habt ihr bei den Spielen als positiv und was als negativ empfunden?"
- „Versucht, die unterschiedlichen Gruppenstrukturen der Spiele zu beschreiben!"
- „Wie empfindet ihr die Vielfältigkeit und Unterschiedlichkeit?"
- „Wer konnte Gefühle nachvollziehen und wer nicht?"

Daneben wird eine Vielfalt an Aufgaben vorgeschlagen, die sich ganz konkret auf bestimmte Textpassagen beziehen, die durch eigenständige Lektüre zu erschließen sind. Für die Arbeit in der Grundschule weniger geeignet erscheinen dabei solche, die eine intensive Arbeit am „Begriff" voraussetzen und nach einer Untersuchung von Behauptungen bzw. nach eigener Urteilsfähigkeit und Stellungnahme verlangen. Dem Anspruch, im Rahmen einer Aufgabe, eigene Gefühle und Erfahrungen einzubringen, kann schon eher entsprochen werden (ebd., S. 7-9):

> „Suche nach Wörtern, die eine ähnliche Bedeutung wie ‚Angst' haben. Suche nach Situationen, in denen du schon einmal Angst gehabt hast. Beschreibe, wie sich die Angst auf deine Gefühle, dein Denken und Handeln ausgewirkt hat".
> „Auf Seite 58 werden beleidigende Ausdrücke für Menschen genannt. Manche Menschen meinen, das sei doch nur witzig. Warum stimmt das nicht? Vergleiche, wie es mit Spitznamen ist. Wann sind sie lustig und wann kränken oder beleidigen sie einen Menschen?"

Die weiterhin noch gegebenen Anregungen für die Gruppen- oder Projektarbeit (ebd., S.9) sind ausdrücklich für ältere Schülerinnen und Schüler gedacht und setzen voraus, dass historische Hintergründe, geografische und religiöse Zusammenhänge einbezogen werden. Häufig wird – im Rahmen von Seminardiskussionen mit Studierenden – kritisch eingewandt, dass der Text durch den „Kunstgriff" des Gesprächs zwischen dem („wissenden" und überlegenen) Vater und der (hartnäckig nachfragenden) Tochter wie eine Belehrung über schwierige Sachverhalte wirke und von daher sehr „pädagogisch" sei. Studierende bezeichnen den Text häufig als „schwierig" – dies insbesondere im Hinblick auf den Einsatz in der Grundschule. Auf der anderen Seite ist auch zu sehen, dass Mérièm – und damit die Schülerinnen und Schüler einer Klasse – Anregungen erfahren, über ihr eigenes und das Handeln anderer nachzudenken und auf diesem Wege Wissen und Urteilsvermögen erwerben können. Die Einbeziehung des Buches in den Grundschulunterricht dürfte mit derartigen Zielvorstellungen gut zu verbinden sein. Zum Buch ist eine Hörkassette erschienen, so dass der Text nicht in jedem Fall ganz gelesen werden muss. Mit „Papa, was ist der Islam?" liegt zudem ein Fortsetzungsband vor, der zur Erschließung religionspädagogischer Zusammenhänge herangezogen werden kann. Um eine kontinuierliche Beachtung dieser Literatur im Grundschulunterricht zu gewährleisten, sollten Kinderbücher von Autorinnen und Autoren aus anderen Ländern wie auch von solchen, die in Deutschland in einer anderen Sprache schreiben, stets in der „Leseecke" des Klassenzimmers vertreten sein. Dabei ist es nicht von Belang, ob, welche und wie viele Kinder aus anderen Nationen in einer Klasse vorhanden sind.

3.3 Methodische Konzepte und Materialien

Ein großer Teil des Repertoires an spezifischen methodischen Ansätzen zum interkulturellen Lernen ist für ältere Schülerinnen und Schüler bzw. für die Jugendbildungsarbeit gedacht. Dabei wird grob zwischen solchen zur „Aufklärung" und erlebnis- bzw. handlungsorientierten Ansätzen unterschieden. Besondere Wertschätzung erfahren Lernarrangements, die den Lernenden dazu anregen, Gefühle zu äußern bzw. die dazu Anstoß geben, eigene Wünsche und Ängste zu reflektieren. Auernheimer ([3]2003, S. 158f.) hat in Anlehnung an Grosch/Groß/Leenen (2000; vgl. ebd.) ein Methodenrepertoire für das interkulturelle Lernen zusammengestellt. Dieses reicht von explorativen Verfahren zur Befragung oder Durchführung einer kleinen Studie über die Exkursion oder Erkundung bis hin zur Theaterarbeit und bezieht selbstreflexive biografische und interaktive Verfahren mit ein.

3.3.1 Situationsansatz und offene Lernformen

Für die Grundschule gibt es bisher nur wenig an Überlegungen zu einer „spezifischen" Methode des interkulturellen Lernens; dafür liegen jedoch für einige Bereiche beispielhafte Umsetzungsvorschläge und Materialien vor. Hier soll daher zum einen an methodische Grundkonzepte – offener Unterricht und Projektlernen – angeknüpft; zum anderen der vor allem für den Elementarbereich konzipierte *Situationsansatz* einbezogen werden. Mit Blick auf den fächerübergreifenden Charakter des interkulturellen Lernens und die zunehmend in den Blick genommenen Formen der Vollen Halbtagsschule bzw. Ganztagsgrundschule bietet ein größerer zeitlicher Rahmen für das Leben und Lernen auch die Chance für eine Orientierung an diesem Ansatz. Böhm u.a. (1999, S. 114) greifen die Zielsetzungen der didaktischen Konzeption (nach Zimmer 1998) auf. Danach will diese in der pädagogischen Arbeit „... Kinder verschiedener Herkunft und mit unterschiedlicher Lerngeschichte... befähigen, in Situationen ihres gegenwärtigen und künftigen Lebens möglichst autonom, solidarisch und kompetent zu handeln". Somit sollen auch durch Multikulturalität geprägte Situationen auf der „Mikroebene" des Kindes so angeboten werden, dass sie künftig auch auf der „Makroebene" einer durch Einwanderung gekennzeichneten Gesellschaft zunehmend ohne die Hilfe Erwachsener angemessen bewältigt werden können. Auch ermöglicht das Konzept, dass Grundqualifikationen wie Normen- und Rollenflexibilität, Rollendistanz, Frustrationstoleranz, Empathie und Orientierung an den kindlichen Bedürfnissen besonders „geschult" werden (Böhm u.a., S. 126).

Das Anknüpfen an die aktuellen Lebenssituationen der Kinder erfordert es darauf zu achten, was die Kinder mitbringen, welche Vorerfahrungen, Kenntnisse und Fertigkeiten sie in ihren jeweiligen Lebenssituationen erworben haben und in den gemeinsamen Lehr- Lernprozess einbringen können. Dies ist zu verbinden mit der Frage nach ihren Bedürfnissen und nach den Voraussetzungen, die gegeben sein müssen, damit sie diesen auch Ausdruck verleihen können (vgl. Preissing 1998). Es gilt aber auch darauf zu sehen, wie Kinder, Eltern und Kolleginnen und Kollegen auf Differenz und Verschiedenheit reagieren und damit umgehen. Gerade mit Blick auf die Heterogenität der Lerngruppe ist es von Bedeutung, Unterschiede zwischen den Lebenssituationen als Chance wahrzunehmen und durch genaues Hinsehen Gemeinsamkeiten sichtbar zu machen.

Insgesamt werden fünf grundlegende Erziehungsziele genannt (nach Zimmer 1998, S. 14ff.). Dazu gehören:

- Vertraut werden mit Prozessen der sozi-ökonomischen Wandlungen und Veränderungen
- Fördern eines demokratischen und partnerschaftlichen Erziehungsverhältnisses zwischen Kindern und Eltern
- Entgegenwirken von Formen der Gewalt, der Intoleranz, des Rassismus, des Antisemitismus und der Diskriminierung ‚Fremder'
- Erziehung zur Solidarität mit ausgegrenzten Minderheiten
- Vermittlung eines ökologisch verantwortlichen Handelns.

Mit Blick auf die Umsetzung des Ansatzes greifen die vier Planungsschritte (Erkunden – Entscheiden – Handeln – Nachdenken) spiralförmig ineinander (vgl. Böhm u.a., S. 116ff.; Brockmann 2006, S. 75f.). Der konkrete Ablauf nimmt Aspekte des Projektlernens auf (vgl. Abschnitt 3.3.3):

- *Vergegenwärtigung der Lebensbereiche der Kinder und ihres Umfeldes:* Es sollten Situationen sein, von denen die Kinder, Eltern, die Schule oder der Stadtteil in besonderer Weise betroffen sind. Es ist danach zu fragen, wie sich das direkte Umfeld der Kinder konkret darstellt. Auch ist einzubeziehen, welche Interessen und Fähigkeiten Eltern und Kinder mitbringen. Diese sollen gemeinsam besprochen werden.

- *Sammlung von Situationen:* Es gilt Situationen zusammenzutragen, die für die Kinder von wesentlicher Bedeutung sind und somit einen Lebensbezug aufweisen. Dieser kann dann hergestellt werden, wenn auch eine konkrete Vorstellung von der Lebenswirklichkeit der Kinder vorliegt.
- *Analyse der Situationen:* Die Erzieherin oder Lehrerin bemüht sich um ein genaues Verständnis der Situation (auftretende Gefühle, Häufigkeit, Gründe, die zu einer Situation geführt haben). Gerade für Situationen des interkulturellen Lernens ist zu sehen, dass es Interpretationsspielräume gibt.
- *Auswahl von Situationen:* Die Entscheidung, welche Situationen aufgegriffen und bearbeitet werden, sollte den Kriterien der Aktualität und des Zutreffens auf eine möglichst große Zahl entsprechen. Auch ist zu fragen, was an dieser Situation aus pädagogischer Sicht wichtig ist und welche Kompetenzen und Qualifikationen von Bedeutung sind, um diese auch aktiv mitgestalten zu können.
- *Planung eines Projekts gemeinsam mit Kindern und Eltern:* Dieses Merkmal ist kennzeichnend für Projektarbeit. Umsetzungsmöglichkeiten werden im Rahmen einer offenen Planung gemeinsam erörtert und ausgewählt.
- *Gemeinsame Durchführung des Projekts:* Hier ist die Frage entscheidend: Durch welche Aktivitäten entwickeln sich die in dieser Situation gefragten Kompetenzen und Qualifikationen? Wie kann entdeckendes Lernen ermöglicht; wie können Kinder zu eigenständiger Problemlösung angeregt werden?
- *Auswertung* und *Dokumentation:* Dialoge mit allen Beteiligten sind hier von Bedeutung, um Ziele und Verlauf des Projekts nochmals zu überprüfen. Die Dokumentation soll die einzelnen Schritte der Projektarbeit für Außenstehende nachvollziehbar machen.

Schwierigkeiten und Probleme mit der Arbeit nach diesem Ansatz liegen darin, dass es in der Einschätzung einer beobachteten Situation zu Fehleinschätzungen kommen kann. Auch ist es möglich, dass einseitige – z.B. durch ein spezifisches Vorwissen geprägte – theoretische Sichtweisen, die bestimmte Aspekte ausklammern, zu nicht adäquaten Deutungen führen (ebd., S. 78f.). Die kritische Diskussion des Situationsansatzes hebt hervor, dass Lern- und Lebenssituationen „kurzgeschlossen" werden (nach Diehm 1995, S. 88). Auch ist zu sehen, dass schon die Auswahl einer Situation dadurch beeinflusst sein kann, dass später eine didaktische Einheit dazu geplant werden soll. Um möglichst kulturelle Zuschreibungen vermeiden zu können, sollten daher biografische und auf den Einzelfall bezogene Elemente stärker betont werden. Diese Aspekte sind es auch, die für eine stets wieder angemahnte Weiterentwicklung des Situationsansatzes Berücksichtigung finden können.

Für die Arbeit in der Grundschule erscheint es angebracht, situationsorientierte Vorgehensweisen, mit der darin angelegten Weiterführung zu Projekten sowie mit Formen des *offenen Lehrens und Lernens* stärker zu verbinden. Wird der Öffnung der Institution hin zur unmittelbaren und weiteren Umgebung (*„institutionelle Offenheit"*) im Situationsansatz bereits Rechnung getragen, so erfährt dieser Aspekt im Konzept des Offenen Unterrichts eine Bestätigung; zusätzlich sind hier weitere Dimensionen zu beachten (vgl. Topsch 2004, S. 88; zit. nach Ramseger 1977/1992):

- *Inhaltliche Offenheit* besagt, dass der Unterricht „prinzipiell für sämtliche Themen oder für sämtliche Aspekte eines gewählten Themas offen sein" sollte.
- *Methodische Offenheit* beinhaltet, dass der Schüler „Agent seiner eigenen Lernprozesse" werden solle.

Implizit enthalten ist in diesen beiden Dimensionen stets die

- *Personale Offenheit;* ihre explizite Erwähnung verweist darauf, dass Offener Unterricht stets auch auf Selbstbestimmung und Mitverantwortung an den eigenen Lernprozessen hin angelegt ist und sich u.a. in der Beziehungsqualität zur Lehrperson hin niederschlägt.

Die Öffnung von Unterricht ist auf lernpsychologisch-didaktischer Ebene begründet durch das Kriterium der „Passung" von Aufgaben und Entwicklungsstand eines Kindes, versteht sich mithin als ein Weg den Fähigkeits- und Leistungsunterschieden zwischen Schülern gerecht zu werden. Auf erkenntnis- und entwicklungspsychologischer Ebene spielt die konstruktivistische Sicht von Lernen eine Rolle: Unterricht soll Erfahrungen und Vorstellungen der Schüler aufnehmen, so dass neue Konzepte und Strategien in dem jeweils verfügbaren Repertoire der Lernenden verankert werden können. Die dritte – bildungstheoretisch und politisch zu begründende – Ebene fragt nach dem Aspekt der Mitsprache und Mitverantwortung der Schülerinnen und Schüler für den eigenen Lernprozess (Brügelmann 2005, S. 30f.).

Die verschiedenen *Elemente* in der Umsetzung des Offenen Unterrichts (vgl. z.B. Topsch 2004, S. 89) eignen sich besonders gut für eine Einbeziehung interkultureller Inhalte:

- Das *Kreisgespräch* – häufig als ritueller „Morgenkreis" institutionalisiert – vermag Gemeinsamkeit zu stiften. Hier können auch Fragen und Themen aufgegriffen werden, die sich aus dem Zusammenleben und -lernen von Kindern aus verschiedenen Ländern ergeben.
- Die *Wochenplan- oder Tagesplanarbeit* wie auch die *Stationsarbeit* bieten vielfältige Möglichkeiten der Differenzierung und geben eine Strukturierung für gewährte Handlungsspielräume vor. So können z.b. für Kinder mit unterschiedlichen Lernvoraussetzungen je spezifische Angebote bereitgestellt oder verschieden lange Bearbeitungszeiten zur Verfügung gestellt bzw. ein Pflicht- und Wahlangebot vorgehalten werden.
- Die *Freiarbeit* bietet sogar noch weitere Möglichkeiten der Selbsttätigkeit und des Anbahnens von Selbstverantwortung. Didaktische Absichten sind verlagert in ein nach Schwierigkeitsgrad unterschiedlich gestaltetes Materialangebot, das günstigerweise auch eine mehrperspektivische Bearbeitung von Themen zulassen kann.
- Die für offenes Lernen konstitutive Gestaltung des *Klassenraums* sollte der Vielfalt der darin lebenden und lernenden Kinder entsprechen, indem z.B. – wie in Abschnitt 3.1.2 ausgeführt – mehrsprachige Orientierungen am Jahreslauf herangezogen werden, Feste und Feiertage aus anderen Kulturen in diesem Rahmen Berücksichtigung erfahren, Bücher, Spiele aus anderen Ländern einbezogen werden und Vorschläge der Kinder Beachtung finden.

3.3.2 Individualisierung und Differenzierung

Die Grundschuldidaktik hat angesichts einer unausgelesenen Schülerschaft die schwierige Aufgabe zu bewältigen, bei aller Unterschiedlichkeit in den (Lern-) Ausgangslagen (Lerntypen und -stile, Interessen und Bedürfnisse, Anstrengungsbereitschaft) und in den familialen Hintergrundmerkmalen mit ihren Auswirkungen z.B. auf sprachliche Kompetenz dem Prinzip der Chancengerechtigkeit zu entsprechen. Jedes Kind soll die Möglichkeit erhalten, optimale Startgrundlagen mit auf den Weg zu bekommen und zur Selbstbildung befähigt zu werden. Im Rahmen der didaktischen Diskussion werden die mit diesen Differenzen zusammenhängenden grundsätzlichen Fragen auch unter dem Konzept *„Umgang mit Heterogenität"* diskutiert.

Heterogenität in der Grundbedeutung von „Ungleichartigkeit, Verschiedenartigkeit, Uneinheitlichkeit" (Duden, Bd. 5 2007, S. 401) lässt sich unter Hinzunahme antiker Deutungskontexte weiter auffächern (vgl. Prengel 2005, S. 20ff.):

- Auf der Ebene von ‚Verschiedenheit' ist ein Kriterium zu denken (z.B. eine Gleichheitsaussage, unter der Differenz konstatiert wird).
- Auf der diachronen Ebene weist der Begriff die Merkmale „prozesshaft", „in Bewegung" auf und kann z.b. Veränderungen über die Lebensspanne ebenso erfassen, wie er im Ansatz einer entwicklungsbezogenen Diagnostik zum Ausdruck kommt, die nur vorläufig gültige Arbeitshypothesen generiert.
- Die Ebene der ‚Unbestimmtheit' verweist darauf, dass es stets Aspekte eines Gegenstandes gibt, die von den Erkenntnissen nicht erfasst werden und dass sich Forschungsgegenstände „unter der Hand" verändern können.

Etikettierende Zuschreibungen lassen sich unter dieser Perspektive ebenso wenig rechtfertigen wie etwa hierarchisierende Denkweisen in der Bildung. Die Blickwendung von der ethnisch kodierten Differenz hin zu der Vorstellung von *Differenz generell* wird inzwischen als pädagogisch sinnvoll, ja unter Forschungsaspekten als „unhintergehbare Voraussetzung" (Diehm 2005, S. 90) angesehen, wobei die Gefahr bestehen bleibt, dass letztlich doch ein Interpretationsgefüge, das auf Kulturdifferenz abhebt, sich durchzusetzen vermag.

Ausgehend von der Überlegung, dass unter den Aspekten von Leistungsfähigkeit oder Alter homogene Lerngruppen weder möglich noch nur erwünscht sind, wird Schule letztlich in einer Vision als „... Forum der Begegnung von Generationen und Kulturen" (Brügelmann 2002, S. 37) entworfen. Diese korrespondiert mit den bei Prengel (2005, S. 22) genannten „Visionen der Demokratisierung". Ein gleichschrittiges Vorgehen im Unterricht ist unter diesen Voraussetzungen keinesfalls angezeigt. Insoweit Heterogenität zunehmend in der neueren Diskussion als eine *Lernchance* begriffen und im Rahmen von Modellversuchen eher eine Vergrößerung der Heterogenität durch Altersmischung – z.B. in der neu gestalteten Schuleingangsphase – bzw. durch die Integration von Kindern mit Behinderungen ermöglicht wird, erhalten Verfahren und Formen einer Individualisierung und Differenzierung einen hohen Stellenwert.

Was speziell die durch Schülerinnen und Schüler bedingte Heterogenität der Lerngruppe angeht, ist auf eine Untersuchung von Rossbach (1998; zit. nach Rossbach 2001, S. 146f.) zu verweisen, in welche 214 Grundschulklassen aus verschiedenen Bundesländern und Regionen einbezogen waren. Bei einem durchschnittlichen klassenspezifischen Anteil ausländischer Schüler von 15,2% (aus verschiedenen Herkunftsländern) ergab sich ein durchschnittlicher Anteil von nur 3,8% in einer Klasse, denen es schwer fiel auf Grund unzureichender Deutschkenntnisse dem Unterricht zu folgen. Die komplexe Problemlage verbietet es, Schüler aus anderen Ländern nur unter dem Gesichtpunkt der Sprachbeherrschung in den Blick zu nehmen. Da die Gruppe dieser Kinder in sich wiederum eine große Heterogenität aufwies, sind auch die Unterschiede zu sehen, die sich ergaben durch „... Dauer der Kontakte mit der deutschen Kultur, im Hinblick auf Region, Kultur und Entwicklungsstand des Herkunftslandes wie im Hinblick auf Zukunftsaussichten und mögliche Remigration" (ebd., S. 146f.). Auch die Einstellungen zu den Formen offenen Lernens dürften auf Grund dieser Einflussfaktoren unterschiedlich sein.

Die grundlegende Aufgabe, den Unterricht an die internen Bedingungen eines Schülers oder einer Lerngruppe anzupassen, ist auf die je spezifische Zusammensetzung der Schülerschaft jeweils abzustimmen. Dabei ist nicht so sehr die mit dem Schulsystem bzw. der Bildung von Fachleistungsgruppen vorgegebene Form der *äußeren*, sondern vor allem die von jeder Lehrkraft flexibel umsetzbare Form der *inneren* Differenzierung von Bedeutung. Dazu muss – wie dies schon Klafki und Stöcker (1976) relativ früh propagiert haben – Offenheit für das Kind in seinen Stärken und Schwächen ebenso gegeben sein wie Offenheit in Bezug auf plötzliche Lernprobleme und unvorhersehbare Schwierigkeiten, wie sie in jedem Unterricht auftreten können (Meyer-Willner 2001, S. 371). Als geeignete Möglichkeiten bieten sich an, die Lernmaterialien, die Lernzeit und die Lernhilfen zu variieren. Aufgabe dieses Vorgehens ist es, möglichst alle Schüler zum Erreichen der fundamentalen Ziele und Inhalte zu führen. Dies kann auch die Notwendigkeit eines *zieldifferenten* Lernens einschließen, wie es beispielsweise in Integrationsklassen unter Einbeziehung von Kindern mit Behinderungen erprobt worden und z.B. auf das Erreichen unterschiedlicher Lernziele „am gleichen Gegenstand" hin ausgerichtet worden ist (vgl. z.B. Feuser 1995). Hierzu kann z.B. vorgesehen sein, den Komplexitätsgrad der Inhalte oder auch den Stoffumfang zu variieren.

Unter lernorganisatorischem Aspekt bietet sich – je nach didaktischem Arrangement – eine Vielfalt an methodischen Möglichkeiten an; wie z.B. die Gruppen- und Partnerarbeit oder die Einzelarbeit bzw. der Abteilungsunterricht. Während im Rahmen der inneren Differenzierung die Methoden, Medien und Kooperationspartner von der Lehrkraft je nach den Voraussetzungen des Einzelnen „vorgeplant" werden, ist es ein Anliegen des *Offenen Unterrichts* mit seinen unterschiedlichen Ausprägungsformen des Stationslernens, der Freiarbeit der Arbeit nach Tages- oder Wochenplänen Inhalte, Dauer der Bearbeitung und Lernpartner frei wählbar zu halten (vgl. Abschnitt

3.3.1). Ein besonderes Augenmerk liegt auf der Gestaltung einer das Lernen herausfordernden und vielfältigen Bedürfnissen und Interessen der Schülerinnen und Schüler angepassten Lernumgebung. Diese sollte reichhaltige Materialien unterschiedlicher Schwierigkeitsgrade und Abstufungen enthalten und dem Lernenden eine jeweils „passende" Auswahl ermöglichen. Dass individualisiertes Lernen nicht gleichzeitig schon selbstständiges Lernen ist, hat z.B. Bräu (2005, S. 136f.) deutlich herausgearbeitet. Letzteres stellt nicht die Person, sondern den Lernprozess in den Mittelpunkt und verweist in besonderer Weise auf die vorausgesetzte Selbsttätigkeit des Lernenden (vgl. Eickhorst 1998, S. 10ff.). Dazu gehört auch die Fähigkeit der *Metakognition*, die es dem Lernenden ermöglicht, dass er seine eigenen Lernprozesse bewusst plant, steuert und immer wieder Ist- und Sollzustand miteinander vergleicht und sich damit letztlich auf den Weg zur Selbstständigkeit begibt. Während Formen der inneren Differenzierung durchaus von Schülern in sozialen Verbänden ausgehen, mithin gemeinsames Lernen im Blick haben, geht es bei der *Individualisierung* im engeren Sinne darum, die Lernbedingungen ganz und gar an spezifische Persönlichkeitsmerkmale anzupassen. Unter pragmatischem Aspekt wird dem gänzlich individualisierten Lernen im unterrichtlichen Kontext nur ein begrenzter Stellenwert zugestanden (Meyer-Willner 2001, S. 374), zumal die Schulen bei uns auf die Unterrichtung großer Schülerzahlen in Jahrgangsklassen hin ausgerichtet sind. Für die Umsetzung individualisierten Lernens gilt als Prinzip, dass es aus gemeinsamer Arbeit hervorgehen und wieder zu dieser zurückkehren sollte.

Pädagogik der Vielfalt: Das sich mit individualisiertem Lernen ergebende Spannungsfeld stellt sich für den Einzelnen als eines zwischen dem „Recht auf Gleichheit" und dem „Recht auf Differenz" angesiedeltes dar (Bräu 2005, S. 138ff.). Der Förderung der Persönlichkeitsentwicklung und Selbstständigkeit auf der einen steht auf der anderen Seite die Forderung gegenüber, das soziale Miteinander im Klassenverband nicht zu vernachlässigen. Dem Recht als Individuum in seiner Einzigartigkeit gesehen zu werden („Recht auf Differenz") tritt der Anspruch gegenüber als einer unter Gleichen behandelt zu werden („Recht auf Gleichheit"). Von A. Prengel (³2006, S. 181ff.) ist diese Spannung in einen „demokratischen Differenzbegriff" aufgenommen worden, wobei Verschiedenheit und Individualität als sich gegenseitig bedingende und notwendige Kategorien demokratischen Denkens verstanden werden. Dahinter stehen die Haltung der „Anerkennung der Verschiedenen" sowie die Vorstellung einer Erziehung zu Freiheit und Gleichheit, zu Menschenrechten, Toleranz und Antirassismus (Prengel 2005, S.20): Anderes

wird nicht immer zugleich als untergeordnetes und unveränderliches wahrgenommen; es bedarf der wechselseitigen Beziehung, in der das Anderssein
anerkannt wird. In einem offenen Prozess werden Impulse vom jeweils
anderen aufgenommen, was bei diesem Neues auslöst. Selbstachtung des
Einzelnen und Anerkennung des Anderen lässt ein „Wir" entstehen, indem
sich die Verschiedenen in ihrer Verschiedenheit kennenlernen.

Eine Konkretisierung erfährt diese theoretische Rahmenkonzeption über das
Postulat einer „aufgeklärten Heterogenität", die Illusionen der Vielfalt vermeiden will und die Freiräume für Individualität, Entwicklungsdynamik und
selbst gewählte Bindungen der Kinder eröffnet. Zugleich sollen Normen und
Anforderungen von Erwachsenen nicht umgangen, diese aber transparent
gemacht werden. Dazu gehört es, dass Vielfalt in eine demokratische Struktur
der „guten Ordnung" eingebettet ist. Diese enthält u.a. *Rituale*, die für ein
gleichberechtigtes Miteinander der Verschiedenen verbindlich sind und dazu
beitragen, Kinder und Jugendliche vor körperlicher und verbaler Gewalt zu
schützen (ebd., S. 28f.). Sie lassen sich auf didaktischer Ebene (z.B. im
Rahmen von Freiarbeit und Projekten) ebenso realisieren wie auf der Ebene
der Schulkultur (z.B. über Kreisgespräche oder Mediationsverfahren) und der
organisatorischen Strukturen von Schule (gemeinsamer Unterricht aller Kinder, Integration Behinderter). Zur *„guten Ordnung"* der leistungsheterogenen
Lerngruppe gehört ferner ein mehrperspektivisches Verständnis von Leis-
tung. Ausgehend von der „unantastbaren" Würde eines jeden Kindes und
Jugendlichen, ist jeder gleichermaßen als Person anzuerkennen. Als Mitglied
einer Schulgemeinde erfährt er Zugehörigkeit zu einer Schul- und Klassengemeinschaft. Erst die Perspektive der „individuellen Lernprofile" rückt die
Ausgangslage des Kindes, sein Können, seine Arbeit an einer persönlichen
Leistungsgrenze in den Mittelpunkt. Dabei wird der Vergleich mit einer
Lehrplan- und Altersnorm durchaus gesehen und als „unverzichtbar" darge-
stellt; sollte aber keinesfalls als alleiniges Kriterium gelten.

Auf der Ebene des einzelnen Kindes bzw. des konkreten Lehrerhandelns
können die im Kontext von ‚Individualisierung und Differenzierung' bzw.
‚Umgang mit Heterogenität' aufgezeigten theoretischen Perspektiven als
Widersprüche erfahren werden. Selbstständiges – am Individuum orientiertes
– Lernen kann mit gesellschaftlichen Anforderungen (z.B. konkretisiert auf
der Ebene der Bildungsstandards) in Konflikt geraten. Das Verfolgen eigener
Interessen sollte mit Interaktion und Verständnis für den anderen gepaart
sein. Lehrkräfte haben zu entscheiden, wie weit sie eigenständiges Voran-
schreiten der Schülerinnen und Schüler zulassen bzw. wann sie auf Hilfsan-

gebote zurückgreifen sollten, wieweit sie ein Kind nach seinem eigenen Lernfortschritt bewerten bzw. eine sachliche Bezugsnorm zugrunde legen (vgl. Bräu 2005, S. 139f.). Lehrerinnen und Lehrer benötigen ein Bewusstsein um diese Paradoxie, damit sie bereits innerhalb des individualisierten Lernens nach einer Form der Balance suchen zwischen individueller Behandlung und einer gemeinsamen Basis (ebd., S. 141). Dies schließt die Orientierung an einer anspruchsvollen Aufgabenkultur (zum Üben, Erkunden, Problemlösen, ...) ein wie auch ein Wissen um die differenzierte Anwendung neuer diagnostischer Ansätze, Bewertungsformen und Fördermöglichkeiten (vgl. z.B. Jürgens 2005; Hanke 2005). Ein von Bräu (2005, S. 144-147) gegebenes Beispiel zur Betreuung individuellen Lernens bei einem Kind mit einem Migrationshintergrund macht die Problematik anschaulich und greifbar. Es sei hier (verkürzt) wiedergegeben:

> In einer 6. Klasse der zu diesem Zeitpunkt bestehenden Orientierungsstufe wird das Thema ‚Nordsee' behandelt. Die Kinder arbeiten nach einem auf zwei Wochen angelegten Arbeitsplan in Kleingruppen. Jede Gruppe soll die im Arbeitsplan vorgesehenen Teilgebiete zur Nordsee (Hafenstädte, Wattenmeer, Umweltgefahren) erarbeiten und den anderen Gruppenmitgliedern vermitteln. Ein seit einigen Wochen in die Klasse aufgenommener mexikanischer Junge, der etwas Deutsch versteht, aber kaum spricht, erhält eine klar strukturierte Aufgabenstellung zum Thema ‚Tiere der Nordsee' als Hilfsangebot des Lehrers. Er erhält ein Tierbuch mit bereits vormarkierten Seiten, in dem er zuerst nur den Begriff ‚Nordsee' hinter den Tiernamen auffinden soll. Einen weiteren in der Klasse anwesenden zweisprachigen Jungen lässt er seine – schon einfach gefassten – Anweisungen übersetzen. – Zwei ebenfalls an der Thematik „Tiere der Nordsee" arbeitende Mädchen erkundigen sich bei der Lehrkraft nach geeigneten Büchern. Sie erhalten mehrere Hilfsangebote und lediglich kleine Hinweise, die an ein selbstständiges Vorgehen appellieren. Während der mexikanische Junge die Aufgabe der Stunde mit Bravour gemeistert hat, ist es den Mädchen nicht gelungen, geeignete Informationsquellen zu erschließen.
> Der Lehrer hat für beide Lernenden das Balanceproblem in unterschiedlicher Weise wahrgenommen. Der Junge erhält eine Aufgabe, die er leicht und gut bearbeiten kann. Sie enthält jedoch keine Aufforderung zur Selbstständigkeit. Den Mädchen wird zugemutet, eigenständig bestimmte Schritte zu gehen und Schwerpunkte zu setzen. Dieses „Recht auf Differenz" steht ein erwartbares gleiches Ergebnis gegenüber („Recht auf Gleichheit"). Angesichts des so nicht erwarteten Arbeitsergebnisses stellt sich die Frage, ob die Lehrkraft in beiden Fällen angemessen gehandelt hat.

Um jedem Kind die jeweils gerade für es nötige Förderung anbieten zu können, sind auf diagnostischer Ebene vielfältige Verfahren entwickelt worden. Dazu gehört das Postulat der Zweitrangigkeit des auch in der Grundschule wirksamen Selektionsprinzips gegenüber dem Gedanken der *Förderung*. Gemäß des in den KMK-Empfehlungen zur Arbeit in der Grundschule (1994, S. 10f.) formulierten Förderauftrags ist es die Aufgabe dieser Schulform, dass Kinder mit unterschiedlichen individuellen Lernvoraussetzungen und Lernfähigkeiten so gefördert werden, dass sich Grundlagen für selbständiges Denken, Lernen und Arbeiten entwickeln können. Neben der bereits beschriebenen – und in der Grundschule favorisierten – Form der ‚inneren Differenzierung' wird die Form der *äußeren* Differenzierung' in separaten Gruppen vorgeschlagen und praktiziert. Mit Blick auf Kinder und Jugendliche mit Migrationshintergrund hat dieses Vorgehen für den Bereich der Sprachförderung längere Zeit Bestand gehabt, wurde aber – vor allem auf Grund ihrer vermuteten segregierenden und stigmatisierenden Wirkung – häufig nicht weiter in Betracht gezogen. Ein – inzwischen differenzierterer – Blick auf einen eng am Regelunterricht orientierten *Förderunterricht* verspricht weitergehende Möglichkeiten, die je nach Ausgangssituation und Absicht ausgewählt werden können.

Im Rahmen eines Forschungsprojekts haben Schründer-Lenzen/Mücke (2006) ein materialbasiertes Lesetraining zur Unterstützung der Lesekompetenzentwicklung von Grundschulkindern der 3. und 4. Klasse nicht-deutscher Herkunftssprache aus sozialen Brennpunktlagen Berlins entwickelt und den Förderunterricht wissenschaftlich begleitet und ausgewertet. Das Lesetraining wurde ein- bis zweimal wöchentlich mit studentischen Honorarkräften durchgeführt. Es war in sich auf Grund der Ausgangslage der Kinder nochmals differenziert (zwei Gruppen) und dauerte jeweils 90 Minuten. Das Training basierte auf einer musikalisch-rhythmisch ausgestalteten Übung zum Hörverständnis und auf einer Förderung des Leseverständnisses über das Training von Lesestrategien. Der Erfolg der Fördermaßnahmen wird gut belegt durch den Vergleich der Kinder „mit" bzw. „ohne Intervention" innerhalb derselben Klasse. Die im Wesentlichen trainingsspezifischen Erfolge zeigten allerdings keine Wirkung auf der Ebene des Textverständnisses.

In der Literatur finden sich weiterhin Vorschläge des nacharbeitenden oder vorausarbeitenden Förderunterrichts; des Parallelunterrichts bzw. Unterrichts in Doppelbesetzung sowie der Hausaufgabenhilfe. Zu den vom Regelunterricht relativ unabhängigen Förderangeboten zählen die *Förderkurse*, welche in einem geschlossenen Lehrgang – z.B. als „Intensivkurs" – Lerndefizite abbauen sollen sowie eigene kleine Projekte zur Verbesserung der Lernmotivation und des Selbstkonzepts (vgl. Sandfuchs 2001, S. 294f.). Als sehr bedeutsame Kriterien für den Erfolg von Förderkonzepten haben sich Kontinuität und Intensität – auch in den Bezugsgruppen und -personen – herausgestellt. Zu der grundsätzlichen Haltung der Akzeptanz und Stärkung des Einzelnen mit seinen je individuellen Lernvoraussetzungen gehört der beständige Einsatz diagnostischer Instrumentarien; vor allem die Beobachtung und unterschiedliche Formen der Leistungsdokumentation und -kontrolle.

3.3.3 Lernen in Projekten und Theaterarbeit

Eine Vielzahl an Projektmöglichkeiten und -vorschlägen beziehen sich auf den bereits vorgestellten Kontext „Eine Welt/Dritte Welt" in Schule und Unterricht. Aber auch unabhängig davon bietet es sich an, grundlegende Ziele des interkulturellen Lernens im Rahmen von *Projekten* zu verfolgen. Die Prinzipien des fächerübergreifenden bzw. fächerverbindenden Unterrichts wie auch das handlungsorientierte Lernen erfahren hier zusätzlich Berücksichtigung. Projekte bieten darüber hinaus die Möglichkeit, den Unterricht auf außerschulische Lernorte auszudehnen und auch „Expertinnen und Experten" mit hinzuziehen.

Von der Geschichte des Projektgedankens her sind eigenständige Planung und Umsetzung zu einem größeren Arbeitsvorhaben (z.B. im Rahmen des Architekturstudiums im Frankreich des 18. Jahrhunderts) für den Projektgedanken charakteristisch. Für den amerikanischen Philosophen und Pädagogen John Dewey (1859-1952) hat insbesondere der Gedanke der Bedeutsamkeit – ja der Nützlichkeit – wissenschaftlicher Erkenntnisse für das soziale Leben einen hohen Stellenwert. Aber auch die Vorstellung von Verantwortung im Rahmen eines demokratischen Zusammenlebens ist eng mit dem Projektgedanken verbunden. Der Dewey-Schüler W.H. Kilpatrick (1918, S. 320) definierte das Projekt als „... herzhaftes absichtsvolles Handeln aus ganzem Herzen, das in einer sozialen Umgebung stattfindet" oder verkürzt als „... herzhaftes absichtsvolles Tun". Die ausdrückliche Absicht und das Tun „aus ganzem Herzen" sind danach wesentliche Merkmale des Projekts. Beides setzt Freiheit und Selbstbestimmung des Schülers voraus und kann nicht einfach durch die Lehrkraft „verordnet" werden (vgl. Apel/Knoll 2001, S. 33). Auch bei Kilpatrick geht es um das Entwickeln („Im-Geist-Entwerfen") von Lösungsversuchen zu einem Problem, für das ein bestimmter Ablauf (Beabsichten – Planen – Ausführen – Beurteilen) charakteristisch ist. Die aktuelle Begriffsbestimmung sieht denn Projektunterricht als eine Unterrichtsform an, die es den Schülern ermöglicht, von eigenen Interessen auszugehen und auch die Planung einschließlich der Aneignung des notwendigen Wissens selbsttätig zu betreiben und bis zur Durchführung und ggf. Präsentation der Projektergebnisse voranzuschreiten. Ausgangspunkt für ein Projekt sollte stets ein Problembereich aus der Lebenswirklichkeit der Schülerinnen und Schüler sein. Für die Grundschule gilt zudem die Empfehlung, dass ein Projekt vom – überschaubaren – Nahbereich der Schule und ihrer unmittelbaren Umgebung ausgehen sollte. Auch bietet es sich zudem an, die kognitive und praktische Erschließung komplexer Zusammenhänge mit der „Vermittlung von Elementartechniken" zu verbinden (vgl. Topsch 2004, S. 101; nach Benner/Ramseger 1981).

Für ein Grundschulprojekt zum interkulturellen Lernen kann die Förderung eines angemessenen Sozialverhaltens ebenso ein Gegenstand sein wie die Planung von Aktivitäten für das gemeinsame Schulleben. Beides lässt sich mit der Projektidee wie mit dem Gedanken des interkulturellen Lernens verbinden. Weitere Anregungen dazu finden sich bei Hölscher (1994, S. 15ff.).

> Ein Projekt des 4. Jahrgangs in der hier bereits angesprochenen Albani-Schule in Göttingen (vgl. Abschnitt 3.1.1) war es, die sprachliche und kulturelle Vielfalt im Stadtteil zu erkunden. Die Ergebnisse sollten anschließend in einer Ausstellung präsentiert werden. Im Einzelnen wurde dazu nach mehrsprachigen Schriftzügen an Geschäften, Restaurants usw. gesucht, diese Einrichtungen dann besucht und Erkundungen über die angebotenen Waren und Dienstleistungen eingeholt. Die die dort tätigen Menschen wurden in einem Interview (mit „Interviewleitfaden") befragt und Fotos erstellt. Unter den teilnehmenden Schülern erfolgte eine Aufteilung der Aufgaben. Die Ergebnisse wurden unter dem Motto „Die ganze Welt in Göttingen" zusammengetragen (vgl. Schanz 2004, S. 41-43).

Als Erwartung an den Projektunterricht stellt sich zudem dar, dass er – wenigstens zeitweise – die Nachteile mindern kann, welche durch Fächer- und Stundengliederung entstehen und so erst ein längeres Verweilen bei einer Sache und eine intensive Beschäftigung damit möglich macht (vgl. Peterßen 2000, S. 84).

Im Rahmen eines projektorientierten Unterrichts stellt die *Theaterarbeit* mit Kindern und Jugendlichen eine besondere Herausforderung für das interkulturelle Lernen dar und hat auch eigene Angebote mit sich gebracht, was die Fortbildung von Lehrkräften und Erzieherinnen angeht. Ein besonderes Anliegen der Theaterarbeit ist es, bestimmte Zusammenhänge und Bedingungen des Miteinanderlebens aufzuzeigen; ggf. Probleme zu beschreiben und Lösungsmuster beispielhaft entwickeln zu lassen. Vorgestellt werden soll das Musical „ ...und jetzt bist du hier", das im Rahmen einer Projektwoche zum Oberthema „Gewalt und Aggression an der Grundschule" unter Beteiligung aller Grundschulklassen entwickelt und zur Aufführung gebracht wurde (vgl. Johann/Michely/Springer 1998, S. 155). Das Musical geht von der Spielidee aus, dass sich Kinder unterschiedlicher Nationalitäten in fantastische Welten einfühlen können (z.B. „Reich der Wasser", „Weiten der Wüste", „Ewiges Eis"). Die „Bewohner" dieser je eigenen Welten entwickeln nun ihre eigene Lebensweise und Identität: sie gestalten ihre Behausung und Umgebung, sie schmücken, begrüßen und bewegen sich auf ihre je eigene Art und Weise. Da es sich um „fiktive" Kulturen handelt, fällt es den Kindern nicht schwer, sich auf die „andere" Lebensweise einzulassen und auch mit der jeweils „eigenen" auseinanderzusetzen.

In der konkreten Umsetzung müssen genügend Spielerinnen und Spieler dabei sein, damit jeweils ein „Volk" gebildet werden kann. Für die konkrete Erarbeitung des Musicals sind zwei Spielphasen vorgesehen. So soll zunächst die Lebensweise der einzelnen „Völker" erarbeitet werden; in einem zweiten Schritt kommt es dann zur konkreten Begegnung der „Völker". Mit Hilfe des Musicals sollte innerhalb der Klassengemeinschaft und Schulgemeinde ein „Ich-Du-Wir-Gefühl" entwickelt werden. Dabei wurden Mitarbeiter der RAA und freie Künstler zur Unterstützung herangezogen. Insgesamt entstanden sieben verschiedene „Völker", für die eine je eigene Identität erarbeitet wurde. Auch das jeweilige „Reich" wurde gestaltet, und die Kinder wuchsen in ihre selbst gesetzten Rollen hinein. Zur Ausgestaltung der Fähigkeiten und Lebensweisen gingen die Kinder nach einem vorgegebenen Fragenkatalog vor (z.B.: Wie lange gibt es euer Volk schon? Welche Berufe gibt es in eurem Land? Wovon lebt euer Volk? Was sind wichtige Eigenschaften der Bewohner?). Einzelne Gruppen erarbeiteten auch „Goldene Regeln" für die Gestaltung eines angemessenen Zusammenlebens.

Die „Bilanz" des Projekts fiel überwiegend positiv aus. Letztlich war der Eindruck entstanden, dass – hervorgegangen aus der gemeinsamen Arbeit an der gleichen Idee – so etwas wie eine „Gemeinschaft" der ganzen Schule entstanden war. Die jeweils „eigenen" Tänze und Regeln wirkten noch eine lange Zeit im schulischen Alltag nach. Anfangs noch spürbare Rivalitäten und Konkurrenzhaltungen verloren sich mit der Zeit und die Kinder lernten, die hier als „Identitäten" der anderen betrachteten Haltungen als positive Werte anzuerkennen. Somit waren auch die Bedingungen günstig, Voraussetzungen für das Erreichen interkultureller Ziele zu schaffen und Fähigkeiten aufzubauen; wie z.B. „Auf andere eingehen" und „Ambiguitäten ertragen" können.

Für die Grundschule bietet sich beispielsweise auch an, das *Handpuppenspiel* als interkulturelles Medium zu erschließen. Zum „Wesen" des Puppenspiels gehört Spontaneität und Spielfreude aus dem Augenblick heraus. Diese Spielfreude sollte möglichst erhalten bleiben und nicht einem didaktischen Kalkül untergeordnet werden. Innerhalb eines offen gehaltenen Rahmens ist es auch möglich, die Zuschauer einzubeziehen. Damit ergeben sich neue Gesichtspunkte, die den Ablauf eines Spiels verändern können. Das Kind kann sich hinter seiner Puppe „zurückziehen" und es fällt ihm damit leichter, soziale und sprachliche Hemmungen abzubauen. Das Verhalten der typischen Figuren (Kasper, König, Prinzessin) hat für die Kinder Modellcharakter. Dies macht es möglich, dass auch die „Grenze" zwischen dem deutschen und ausländischen Kind fällt und die über Ländergrenzen hinweg gültigen zwischenmenschlichen Aspekte stärker im Vordergrund stehen. Das Verhalten der typisierten Figuren wird von den Kindern übernommen und nach-, mit- oder weitergestaltet. Ein beliebter Weg ist das „Vorführen" einer Handlung, die die Kinder als „falsch" entlarven können. Der unter ihrer Einbeziehung dann gestaltete Weg des „Richtigmachens" treibt die Fortführung des Spiels wesentlich voran.

Das *Handpuppenspiel* wie auch der Handpuppenspieler bedürfen natürlich der Vorbereitung. Natus (2004, S. 152) hat dazu Regeln vorgestellt, welche die Kinder unmittelbar ansprechen. Diese betreffen die Kulissen, die Ansprache an die Gruppe, Handhabung der Puppen und Umgang mit der geforderten Spontaneität im Spiel. Ein weiterer günstiger Effekt gerade für Kinder mit Migrationshintergrund kann in der Übernahme von „Rollen" gesehen werden, was ihnen eine Mitarbeit leichter ermöglicht. Im gemeinsamen Lesen und teilweise auch Schreiben der Stücke werden sprachliche Schwierigkeiten überwunden, und die Beteiligung an der Aufführung vermag Gemeinschaft zu stiften.

Die Theaterarbeit bietet auch Raum, einmal ein kulturspezifisches Stück mit den Kindern zu erproben. Dies erschließt für eine national gemischte Gruppe besondere Möglichkeiten, da die Kinder neue Gruppierungen bilden können und – da sich die Kinder aus einem anderen Land jetzt in der Rolle des „Insiders" befinden – ganz andere Formen der Kooperation gesucht und gefunden werden müssen. Auch bietet sich an, kleine Szenen in einer anderen Sprache spielen zu lassen oder auch einmal ein Stück gänzlich zweisprachig anzulegen. Dies bringt noch den Vorzug mit sich, dass die Eltern aus anderen Nationen in besonderer Weise angesprochen werden, was zu neuen Kontaktmöglichkeiten führen kann. Auch bei den Vorbereitungen für eine solche Aufführung können sie in vielfältiger Weise mitwirken (Aufbau der Bühne, Beleuchtung, Musik, Beteiligung an der Herstellung von Kostümen oder Spielfiguren). Dabei kann auch die Zusammenarbeit mit den Kindern gefordert sein.

In besonderer Weise geeignet erscheint das aus dem türkischen Raum stammende und später auch in Griechenland und anderen Nachbarländern verbreitete *Schattenspiel*. Im Unterschied zu den dort bekannten schwarzen Spielfiguren handelt es sich hier um buntbemalte, durchsichtige Figuren. Eine national bekannte Hauptfigur des türkischen Schattenspiels ist ‚Karagöz', der einer ganzen Tradition seinen Namen gegeben hat. Figuren und Formen sind für dieses Spiel aus Leder geschnitten, das mit einem besonderen Material durchsichtig gemacht und angemalt wird. So lassen sie das von hinten einfallende Licht durch und die verschiedenen Farben hervortreten. Ulich u.a. (^{5}1995, S. 136ff.) haben zu Hintergrund und Umsetzung dieser Spiele Informationen zusammengestellt und geben auch detaillierte Anweisungen zum Bau eines Schattentheaters bzw. Vorschläge für einzelne Stücke.

Haupthelden des Karagöz-Spiels sind Karagöz (wörtlich übersetzt „Schwarzauge") und Hacivat, die beide schon eine lange Geschichte haben. Als ein Mann des Volkes ist Karagöz des Lesens und Schreibens unkundig. Er spricht und versteht nur die Sprache des einfachen Volkes. So setzt er Fremdwörter in ähnlich klingende türkische Wörter um oder verwendet sie in entgegengesetzter Bedeutung. Dadurch kommt es zu Missverständnissen und unfreiwillig komischen Situationen. Hacivat dagegen verwendet die Sprache der Gebildeten, hat ein gutes Benehmen, kennt sich aus in Wissenschaft und Literatur und versucht dies immer zu seinem Vorteil einzusetzen (ebd., S. 138). Neben diesen beiden gibt es noch weitere „Typen". Die Stücke sind eng verbunden mit dem Stadtleben Istanbuls und der dort vorhandenen ethnischen Vielfalt, wobei durchaus auch Stereotype, Karikaturen und ethnische Witze vorkommen, aber auch mit Konventionen und Autoritätspersonen kritisch umgegangen wird.

Wie für Spiele und Stücke, die aus anderen Nationen übertragen werden, generell gilt auch für das Karagöz-Spiel, sich stets wieder zu vergewissern, welche Bedeutung es gegenwärtig im Herkunftsland bzw. bei den hier lebenden Kindern mit Migrationshintergrund hat. Wie für das deutsche Kasperle-Theater trifft auch hier zu, dass sich die Grundstruktur der Stücke gehalten hat und an spezifische türkische Traditionen anknüpft. Andererseits lassen die Stücke Improvisationen in den Dialogen zu, was sie insbesondere für die pädagogische Arbeit interessant macht und eine Abstimmung auf die jeweilige Kindergruppe und auf das Publikum erlaubt. Zudem ermöglicht ein Spiel das „Einbauen" von Gegenwartsbezügen. Auch in diesen Stücken lässt sich Mehrsprachigkeit wirkungsvoll mit aufnehmen.

Als weitere national bekannten Figuren bietet sich an, Theaterstücke mit den italienischen Figuren des „Pinocchio", des „Harlekin", des Pulcinella einzuüben (ebd., S. 157 ff., S. 166ff.) oder auch Erzähltexte als Theaterstück umzusetzen. Eine umfassende Würdigung und Evaluation der Theaterarbeit im Kontext des interkulturellen Lernens fehlt jedoch derzeit noch.

3.3.4 Interkulturelle Spiele

Der Vorstellung von interkulturellem Lernen als übergreifender Querschnittsaufgabe entspricht es, ein Gespür dafür zu entwickeln, unterrichtliche Alltagssituationen angemessen aufzugreifen und didaktisch zu nutzen. Anknüpfungspunkte bieten zum einen Sammlungen und Bücher mit Spielideen für die Grundschule generell (vgl. z.B. Schwander/Andersen 2005); zum anderen solche mit spezifischer Ausrichtung auf Situationen, die durch

Begegnung und Austausch zu kennzeichnen sind. Im Kontext der Themenfelder „Soziales Lernen" bzw. des Ansatzes „Eine Welt/Dritte Welt" in der Schule ist bereits das *Rollenspiel* in seiner grundlegenden Bedeutung – auch für Ziele und Inhalte des interkulturellen Lernens – vorgestellt worden. Im Einsatz von Spielen, die speziell auf Erfordernisse dieses Bereichs hin entwickelt worden sind, liegen spezifische Chancen und Grenzen, die es zu beachten gilt. Auch hier verlangt die Fülle an Spielvorschlägen eine Auswahl zu treffen, zumal sie zum großen Teil für ältere Schüler oder auch junge Erwachsene konzipiert und im Rahmen von Schüleraustausch bzw. Jugendbegegnung vorgesehen sind.

Spiele ermöglichen es zum einen, die affektive Seite des Lernens anzusprechen. Dies kann soweit gehen, dass eine welt- und selbstvergessene „Hingabe" an die Spielsituation verlangt ist. Phantasie und Spiel wirken aus psychologischer Sicht in einem „Zwischenbereich", dem so genannten *intermediären* Raum, in dem die Grenzen zwischen innerer und äußerer Realität fließend sind (Rademacher 1991, S. 42). Insofern der „ganze" Mensch angesprochen ist, fällt es leichter, inhaltliche und emotionale Ziele im Rahmen interkulturellen Lernens zu verfolgen. Da Spiele auf fiktive Situationen bezogen sind und die Realität des Lernens weitgehend aussparen, besteht die Gefahr, dass sie auf Grund zu starker Vereinfachung „umkippen" und letztlich keine Lerneffekte mehr zu Stande kommen können (ebd., S. 32). Zentrale Elemente des Spiels sind Freiwilligkeit, Ziel- und Zweckfreiheit sowie eine immanente Wiederholbarkeit. Zum Spiel gehört auch das Moment von Spannung auf den Ausgang bzw. auf den Verlauf hin. Je nach Art des Spiels ist diese unterschiedlich stark ausgeprägt; z.B. ist sie bei Wettbewerbsspielen besonders groß.

Obwohl ein Spiel als etwas Leichtes und Entspannendes begriffen wird, kann es sehr wohl „Ernstcharakter" annehmen. Vor allem die Formen der Simulations-, Rollen- und Interaktionsspiele weisen sich dadurch aus, dass mit ihrer Hilfe eine „bessere" Realitätsbewältigung auf den Weg gebracht werden soll. Gefahren können auch in dieser Hinsicht angezeigt sein. So, wenn der pädagogische Zweck einer Spielsituation zu stark „durchschimmert" und es zu einer reinen Funktionalisierung des Spiels (z.B. im Rahmen einer interkulturellen Begegnung) kommt. Eine zentrale wichtige Bedingung für das Gelingen von Spielen ist es, dass Spielraum, -regel und -material miteinander korrespondieren. Zu Einschränkungen kann es führen, wenn die Regeln eines Spiels zu „offen" angelegt sind. Auch kommt es vor, dass die Aufgabenstellung nur vage formuliert ist bzw. kann der Aufforderungscharakter gering sein, weil kein geeignetes Material zur Verfügung steht.

Der Einsatz von Spielen im Unterricht verlangt nach der Berücksichtigung *didaktischer* Aspekte. Die einfache Form einer Begegnung oder gemeinsamen Unternehmung, die schlicht dem „Kennenlernen" dient, reicht in der Regel nicht aus, um interkulturelles Lernen wirksam zu begründen. So ist denn auch das Bewusstwerden der eigenen kulturellen Prägung („Ethnozentrismus"), die z.B. auch die Wahrnehmung der anderen „fremden" Kultur beeinflusst, ein erstes großes Ziel für den Einsatz von Spielen im Unterricht. Weiterhin sollen sie eine stärkere Öffnung hin zum Fremden, Unbekannten einer anderen Kultur ermöglichen und dazu anregen, eigene Einstellungen und eigenes Denken zu hinterfragen. Der Zielkatalog für diese Spiele (vgl. Rademacher/Wilhelm 2005, S. 15f.) ist auf vielfältige Kernaufgaben interkulturellen Lernens bezogen und überschneidet sich deshalb mit anderen grundlegenden Zielvorgaben (vgl. Abschnitt 2.2).

Die didaktischen Möglichkeiten des interkulturellen Lernens über das Spiel hängen weiterhin vom jeweiligen Standort und Umfeld der Schule ab, da die Zusammensetzung der Schülerschaft unterschiedlich ausfallen kann, je nach dem, ob es sich um ländliche Gegenden, Schulen in der ehemaligen DDR oder in industriellen Ballungsräumen handelt. Auch die „Philosophie" der Schule und die unterrichtenden Lehrkräfte sind wichtige didaktische Größen. Viele Vorstellungen werden in Reformschulen mit eher multikulturell zusammengesetzter Schülerschaft eher umsetzbar sein als in einer „normalen" Regelschule. Auch die Vergewisserung der Bedeutung von Spielen in einem je besonderen kulturellen Kontext und der Zugang, den die Angehörigen einer Kultur zum Spiel überhaupt haben, bedürfen der Reflexion.

Die von Rademacher/Wilhelm (2005) neu vorgelegte Zusammenstellung ist ebenfalls dem Gedanken des *situativen Aufgreifens* interkultureller Spielideen und der eigenen Weiterentwicklung verpflichtet und ist konzipiert für die Klassenstufen 5-10. Speziell die für die 5. Klasse gedachten Spiele können – in teilweise leichter Abwandlung – auch für die Arbeit mit älteren Grundschülerinnen und Grundschülern herangezogen werden. Insgesamt sind 90 Spiele beschrieben, die in 8 Gruppen unterteilt sind:

- Spiele zum Aufwärmen und Einstimmen
- Spiele, die sich um „Hintergrundinformationen" drehen (z.B. zu Herkunftsländern, zu anderen Religionen, Lebensgewohnheiten in anderen Ländern)
- Spiele zur Selbst- und Fremdwahrnehmung
- Spiele zur Förderung der Empathie
- Spiele über Vorurteile und kulturelle Missverständnisse
- Spiele über Fremdheitserfahrung und Ausgrenzung (vornehmlich für höhere Klassenstufen)

- Spiele zur Kommunikation und Konfliktbearbeitung
- Spiele zu Diskriminierung, Fremdenfeindlichkeit, Rassismus.

Für alle Spiele gilt es zum einen,
- gründlich deren didaktische Möglichkeiten zu überdenken:
  Welche kognitiven, affektiven und psychomotorischen Lernziele sollen angestrebt werden? In welcher Unterrichtsphase sollen die Spiele jeweils zum Einsatz kommen (Erarbeitung und Problemlösung; Wiederholung und Übung; Anwendung und Übertragung des Gelernten)? In welcher Sozialform (einzeln, in Gruppen, in Partnerarbeit?) (vgl. Scholz 2005, S. 197).
- zum anderen, kritisch zu prüfen, ob mit ihrer Hilfe die intendierten Ziele tatsächlich erreichbar sind oder nicht.

Im Folgenden sollen ausgewählte Spiele beispielhaft vorgestellt werden:

Dem Bereich der Spiele zum „Aufwärmen und Einstimmen" ist der Vorschlag *„Begrü-ßungsvielfalt"* zuzuordnen. Es will zur Begegnung von Menschen untereinander allgemein etwas beitragen (Rademacher/Wilhelm 2005, S. 24). Ausgehend von einer Befragung nach länderspezifischen Begrüßungsgesten, wird von der Lehrkraft ein Begrüßungsritual vorgeführt. Dieses wird von einem Schüler nachgeahmt und – zu einem Mitschüler gewandt – mit einem weiteren Ritual fortgesetzt. Eine abschließende Auswertungsrunde soll dann die Gefühle und bevorzugten Formen einer Begrüßung erkunden.
Ein Spiel aus dem Kontext „Selbst- und Fremdwahrnehmung" lautet „Fisch ist Fisch" (ebd., S. 109f.). Ziel ist es hier, Empathie zu entwickeln und zu erkennen, dass die Wahrnehmung von Dingen stets von der eigenen Sichtweise und durch das eigene Wissen geprägt ist. Erzählt wird dazu eine kleine Geschichte von einem Frosch, der von einem Landausflug zurückkommt und dem befreundeten Fisch seine Erlebnisse erzählt. In Arbeitsgruppen soll nun von den Kindern gemalt und geschrieben werden, wie sich der Fisch dabei die Menschen, Vögel, Kühe … vorstellt. Der Lehrperson liest zum Schluss die Geschichte zu Ende vor. Die Auswertung umfasst einen Vergleich der Ergebnisse; z.B. entlang der folgenden Fragen: Weshalb stellt sich der Fisch die Welt anders vor, als sie in Wirklichkeit ist? Kann der Frosch alles so beschreiben, dass der Fisch ein realistisches Bild über das Leben außerhalb des Teichs erhält? Lässt sich die Geschichte auf menschliches Zusammenleben übertragen?

Die Spiele können je nach Zielsetzung bzw. Zusammensetzung der Klasse und den didaktischen Absichten zu Unterrichtseinheiten ausgebaut und fächerübergreifend gestaltet bzw. auch zu Projekttagen und -wochen herangezogen werden. Sie lassen sich auch verändern oder dienen dazu, etwas völlig Neues zu entwickeln. Bedacht werden sollte auch, dass Schüler gegenüber einem angebotenen Spiel Ängste und Vorbehalte entwickeln können, nicht mitmachen möchten oder während des Spiels „aussteigen". Die Autoren empfehlen daher, unbedingt von einer *Freiwilligkeit* der Teilnahme auszugehen. Wie bei anderen Materialien auch, ist eine sorgfältige und kritisch reflektierte Auswahl der Spiele unabdingbar. Wie auch Meyer-Hamme (2007, S. 54) kritisch aufzeigt, zeigt sich in einigen Spielanregungen, dass das inzwischen überholte Konzept der „homogenen Kulturen" weitertransportiert wird. Spiele, die eine eigene Einschätzung, Diskussion bzw. das Finden und Begründen einer eigenen Position zulassen, sind dieser Gefahr weitaus weniger ausgesetzt.

3.3.5 Kriterien zur Auswahl und Beurteilung von Unterrichtsmaterial

Zum Interkulturellen Lernen liegt eine Vielfalt an Materialien vor. Dazu gehören auch die hier vorgestellten Bücher, Geschichten und Spiele. Es gibt Möglichkeiten der Recherche im Internet zu ausgewählten thematischen Feldern und zu den Veröffentlichungen der Kultus- bzw. Bildungsministerien. Darüber hinaus liegen Publikationen vor, die einen fundierten und umfassenden Überblick zu einer Gruppe an Materialien bzw. zu „Materialpaketen" geben. Eine Übersicht dazu wird im „Anhang" gegeben. Angesichts des großen Materialangebots ist es von Bedeutung, dass potentielle Anwender der Materialien über *Kriterien* verfügen, nach denen sie ihre Angemessenheit für den je besonderen unterrichtlichen Einsatz einschätzen und beurteilen können.

Rösch (1997, S. 24-26) hat eine relativ umfangreiche „Liste" mit Kriterien zur Auswahl und Beurteilung vornehmlich von Bilderbüchern zusammengestellt. Mit leichten Veränderungen und Ergänzungen seien diese hier als eine Art „Leitfaden" auch mit Blick auf andere Materialangebote aufgenommen.

Das Forum „Schule für eine Welt" (1994; zit. ebd.) bringt Gesichtspunkte ein; die vor allem hilfreich sein können für Bücher und Materialien zu dem Bereich „Eine Welt/Dritte Welt in der Schule" und differenziert diese nochmals in inhaltlicher und didaktischer Hinsicht. Dazu gehören unter *thematischer* Perspektive:

- „Globale Dimension des Themas": weltweite Zusammenhänge sollen aufgezeigt werden; Konfliktursachen sind aus der Perspektive der unmittelbar Betroffenen wiederzugeben.
- Bewusstmachen von Vorurteilen und diskriminierenden Verhaltensweisen
- Anregung zur Offenheit gegenüber anderen Kulturen und Lebensweisen-Rückbesinnung auf die und Auseinandersetzung mit der eigenen Kultur.
- Aufzeigen von Handlungsbezügen, die auf eine Veränderung im Sinne weltweiter Gerechtigkeit und Mitverantwortung gegenüber Mensch und Umwelt hinweisen und dem Alter und den Möglichkeiten der Schülerinnen und Schüler angepasst sind.

unter *didaktischer* Perspektive:
- Relevanz des Themas für die Schüler, was ein Aufzeigen von Zusammenhängen zwischen Vorgängen in der unmittelbaren Umgebung und auf globaler Ebene einschließt.
- Die Wahl von Arbeits- und Sozialformen, die eigenbestimmtes und konkretes Lernen sowie Fantasie und Kreativität fördern.
- Förderung von vernetztem Denken sowie Hinweise für eine fächerübergreifende Bearbeitung des Themas.

Hinzunehmen könnte man *gestalterische* Kriterien – wie z.B. die multiperspektivische Anlage von Abbildungen und Texten, Zulassen vielfältiger Deutungen und Ermöglichung einer kritischen und selbsttätigen Rezeption durch die Kinder.

Ergänzend sollen Kriterien hinzugenommen werden, wie sie vornehmlich auf Textproduktionen – Geschichten, Bücher – angewandt werden können (ebd., S. 25f.). Mit der „Erklärung von Bern" (1968) liegen von prominenter Seite her weitere Kriterien zur Beurteilung von Kinder- und Jugendliteratur vor, die zur Materialeinschätzung auch durch Lehrerinnen und Lehrer herangezogen werden können.
- Wer sind die „Helden" der Geschichten? Wer bestimmt entsprechend die Handlung und trifft die Entscheidung (Haupt- und Nebenfiguren)? Von wem hängt der „Gang" der Geschichte ab?
- Wie werden Angehörige ethnischer Minderheiten oder diskriminierter Gruppen charakterisiert (Opfer, Täter, handelnde Subjekte, Individuum oder Repräsentant einer Gruppe)?
- Wie werden andere Lebensformen dargestellt (gleichwertig oder abwertend?) Genaue und differenzierte oder pauschale Darstellung der anderen Kultur?
- Werden ethnische Gruppen monolithisch oder multiperspektivisch dargestellt? Stehen sie für eine bestimmte – positiv oder negativ besetzte – Werthaltung? Wie handeln sie und wie verkehren sie untereinander?
- Nehmen die Vertreter der Mehrheitskultur gegenüber den Minderheiten eine überlegene, gleichgültige oder bevormundende Haltung ein?
- Enthält die Geschichte interethnische Begegnungssituationen? Wie sind diese gestaltet? Welche Konfliktlösesituationen werden aufgezeigt?
- Wie wird Verschiedenheit konstruiert? Spielen dabei Stereotypen, Vorurteile, Ethnisierung oder Kulturalisierung eine Rolle? Werden Ansätze für eine Dekonstruktion von Klischees vorgegeben?

- Werden interkulturell relevante Aspekte bearbeitet? Sind diese problembeladen (Rassismus, Eurozentrismus, Diskriminierung) oder sind sie positiv besetzt (wie Mehrsprachigkeit, Multiethnizität, Migration als Aufbruch). Werden Sie auf der inhaltlichen, sprachlichen oder ästhetischen Ebene behandelt? – Was ist die „Botschaft" des Buches oder der Geschichte?
- Sind Sprache und Stil des Autors, sind die Illustrationen so gewählt, dass sie eine respektvolle Haltung dem Fremden gegenüber zum Ausdruck bringen?
- Unterstützt die Geschichte Fremdverstehen (einseitiges oder gegenseitiges?) Gibt sie Anstöße mit dem eigenen Befremden konstruktiv umzugehen? Vermittelt sie Einblicke in interkulturelle Lernprozesse?
- Leistet die Geschichte einen altersentsprechenden Beitrag zur kulturellen Selbstreflexion? Eignet sie sich für Mehrheitsangehörige oder Minderheiten? Eignet sie sich für die Arbeit in multiethnischen Gruppen?
- Wer ist die Autorin/der Autor bzw. die Illustratorin/ der Illustrator? Sind sie selbst Angehörige von Minderheiten oder Angehörige der Mehrheitskultur?

Zusammenfassung: Methodische Elemente

Die Darstellung methodischer Prinzipien zum interkulturellen Lernen nimmt ihren Ausgang von einigen der für die Grundschularbeit grundlegenden und kennzeichnenden Gesichtspunkten und führt sie mit Blick auf das interkulturelle Lernen aus. Anregungen dazu liefert die Zusammenstellung „methodischer Elemente" bei Quehl (2003, S, 255ff.). Leitgedanke für die Umsetzung ist dabei die hier vertretene Auffassung, interkulturelles Lernen und Spielen als konstruierende Tätigkeiten des Kindes zu sehen, die in selbst gestaltete Bildungsprozesse übergehen können.
- *Öffnung des Unterrichts:* Die Offenheit des Unterrichts in inhaltlicher, methodischer, institutioneller und personaler Dimension ermöglicht es, auf mehreren Ebenen Umsetzungsmöglichkeiten für interkulturelles Lernen in den Blick zu nehmen, Entscheidungsspielräume für Schülerinnen und Schüler bereitzustellen und unterschiedliche Lernwege zu gehen. Da für mehrere Themenschwerpunkte interkulturellen Lernens ein größeres Materialangebot zur Verfügung steht, Erkundungen außerhalb der Schule in vielen Fällen ausdrücklich erwünscht sind, kann die methodische Form in diesem Zusammenhang sehr gut zum Erreichen der spezifischen Ziele beitragen.

- *Handlungsorientierung*: Lernen durch Handeln sollte nicht nur im Klassenzimmer, sondern auch an außerschulischen Lernorten ermöglicht werden. Rollenspiele, Theaterarbeit und vielfältige Formen der Begegnung mit Kindern und Erwachsenen aus anderen Ländern stellen dazu Herausforderungen bereit. Dabei sollte auch von der *Selbsttätigkeit* der Kinder ausgegangen und Raum zu deren Entfaltung gegeben werden.

- Insbesondere da, wo eine Erschließung der Inhalte über das eigene Tun nicht möglich oder sinnvoll ist, sollte die Kultur des „Zeigens" zu ihrem Recht kommen und ein Gegenstand aus unterschiedlichen Perspektiven „vorgeführt" werden. Solche können auch von den Kindern vorgeschlagen und/oder ausgeführt werden. Darüber hinaus ist die Einübung des „Perspektivenwechsels" als Fähigkeit, sich in eine andere Person oder Lage hineinzuversetzen im Rahmen sozialer Situationen und geeigneter Kontexte anzustreben.

- *Fächerübergreifender* bzw. *fächerverbindender* Unterricht trägt dazu bei, interkulturelles Lernen wirksam im Rahmen unterschiedlicher fachlicher Zusammenhänge zu verankern. Projektorientiertes Arbeiten eröffnet dazu den Kindern Raum, eigene Vorstellungen zu Fragen und Problemen, welche die Kinder selbst etwas angehen, einzubringen und umzusetzen. Aber auch Formen und Verfahren eines geöffneten Unterrichts lassen sich gut mit einer Lösung von starren Fächergrenzen in Verbindung bringen.

- *Erfahrungs- und Lebensweltbezug* als Ausgangspunkt des Lernens kann deutlich werden lassen, dass – häufig zugeschriebene – durch eine Nationalität geprägte „Identitäten" in sich äußerst vielschichtig sind und von den Kindern selbst sehr unterschiedlich wahrgenommen werden können (Aspekte von Ausgrenzung und „Sich-fremd-fühlen" – oder aber auch innerhalb der Klasse „angenommen" sein). Auch vermittelt die Erschließung der konkreten umgebenden Lebenswelt der Kinder eine angemessene Einschätzung und Fundierung didaktisch-methodischer Überlegungen.

- Das Vergegenwärtigen der *Einheit des Lernens* lässt deutlich werden, dass kognitive, soziale und emotionale Aspekte im Lernprozess untrennbar miteinander verbunden sind. Das Ansprechen des Kindes auf einer emotionalen Ebene – z.B. über das Spiel – hat Auswirkungen auch auf die kognitive (Aufbau bestimmter Fähigkeiten, Fertigkeiten und Haltungen) und auf den sozialen Bereich (z.B. achtsamer Umgang miteinander).

- Über *Differenzierung und Individualisierung* wird ein den jeweiligen Voraussetzungen der Lernenden angemessenes Vorgehen bzw. das Bereitstellen einer „passenden" Lernumgebung möglich. Dabei sind die Spannungsfelder von „Gemeinsamkeit und Individualität" bzw. „Gleichheit und Differenz" gegenwärtig zu halten, um neben der angemessenen Förderung des Einzelnen ein gutes Miteinander aller nicht aus dem Blick zu verlieren.

- *Gespräche* und *Gesprächskreise* ermöglichen es den einzelnen Kindern unterschiedliche Wahrnehmungen und Sichtweisen als Normalität zu erfahren. Ihnen muss dazu die Gelegenheit gegeben werden, sich hier als gleichberechtigte Teilnehmer einzubringen, wozu auch eine Atmosphäre des Vertrauens als notwenige Voraussetzung gelten kann.

- Die Verwendung von *Geschichten* schafft für die Kinder Gelegenheiten auf vielfältige Identifikationsangebote einzugehen. Dies kann im Rahmen unterschiedlicher Schwerpunkte (Eine Welt/Dritte Welt, soziales Lernen) möglich sein und legt die Kinder nicht auf ethnische Aspekte fest. Eine Geschichte kann z.B. Anlass geben zur Auseinandersetzung mit „Ausgrenzung" im Hinblick auf die Kategorie ,Geschlecht' und kann auf eine selbst erfahrene andere Form des Ausgrenzens übertragen werden.

Literaturverzeichnis

Allport, G.W. (1971): Die Natur des Vorurteils („The Nature of Prejudice" 1954). Köln

Altrichter, H./Posch, P. (2007): Lehrerinnen und Lehrer erforschen ihren Unterricht: Unterrichtsentwicklung und Unterrichtsevaluation durch Aktionsforschung. 4. überarb. u. erw. Aufl., Bad Heilbrunn

Amt für multikulturelle Angelegenheiten der Stadt Frankfurt a. M. (Hrsg.) (2000): Feste der Völker – ein pädagogischer Leitfaden – Pädagogische Anregungen und Impulse für eine interkulturelle Arbeit in Kindertagesstätten und Schulen. Frankfurt

Apel, H.J./Knoll, M. (2001): Aus Projekten lernen. Grundlegung und Anregungen. München

Apeltauer, E. (1997): Grundlagen des Erst- und Fremdsprachenerwerbs. Eine Einführung. Fernstudieneinheit (Universität Gesamthochschule Kassel). Berlin, München u.a.

Auernheimer,G. (1996): Einführung in die interkulturelle Erziehung. 2. Aufl., Darmstadt

Auernheimer, G. (2002): Interkulturelle Kompetenz – ein neues Element pädagogischer Professionalität? In: ders. (Hrsg.): Interkulturelle Kompetenz und pädagogische Professionalität. Opladen, S. 183-205

Auernheimer, G. (2003): Einführung in die interkulturelle Pädagogik. 3. neubearb. und erweiterte Aufl., Darmstadt

Auernheimer, G. (2004): Unser Bildungssystem und unsere Schulen auf dem Prüfstand. Zu Systemdefiziten und zur Notwendigkeit interkultureller Bildung im Rahmen von Schulentwicklung. In: große Holthaus, M./Köller, K. (Hrsg.) (2004): Interkulturell lernen – erziehen – bilden. Theoretische und unterrichtspraktische Anregungen zum Umgang mit heterogenen Lerngruppen. Münster, S. 15-29

Auernheimer, G./van Dick, R. u.a. (2001): Interkulturalität im Arbeitsfeld Schule. Empirische Untersuchungen über Lehrer und Schüler. Opladen

Baacke, D. (1998): Die 6- bis 12jährigen. Einführung in die Probleme des Kindesalters. 6. Aufl., Weinheim.

Bade, K.J. (Hrsg,) (1993): Deutsche im Ausland. Fremde in Deutschland. Migration in Geschichte und Gegenwart. 3. Aufl., München

Bade, K.J. (1994): Ausländer. Aussiedler. Asyl. Eine Bestandsaufnahme. München

Bartl, A./Bartl., M. (1993): Spiele, Feste, Feiern in der Schule. Anregungen für Grund- und Hauptschule. 3. Aufl., München

Bartnitzky, H./Speck-Hamdan, A. (2005): Sprachförderung als Herausforderung – zum vorliegenden Buch des Grundschulverbandes. In: dies. (Hrsg.): Deutsch als Zweitsprache lernen. Frankfurt 2005 (Grundschulverband – Arbeitskreis Grundschule e.V.), S. 8-18

Baumert, J. u.a. (2001): PISA 2000. Basiskompetenzen von Schülerinnen und Schülern im internationalen Vergleich. Opladen

Baur, S. (2004): Kommunikation und Kooperation in Mehrheits-/Minderheitssituationen am Beispiel Südtirol. In: Keck, R.W./Rudolph, M./Whybra, D./Wiater, W. (Hrsg.): Schule in der Fremde – Fremde in der Schule. Heterogenität, Bilingualität – kulturelle Identität und Integration. Münster, S. 252-260

Beauftragte der Bundesregierung Migration, Flüchtlinge und Integration (2005): 6. Bericht über die Lage der Ausländerinnen und Ausländer in Deutschland. Drucksache 15/5826. Zugeleitet dem Deutschen Bundestag (15. Wahlperiode) am 22.06.2005

Beck, G./Scholz, G. (1995): Soziales Lernen – Kinder in der Grundschule. Reinbek

Behrens, C.: (2005): „Im Reich der Mitte". „Der Herr der Kraniche" in einer zweiten Grundschulklasse. In: Eine Welt in der Schule. Unterrichtsanregungen für die Grundschule und Sekundarstufe I, Heft 2, S. 7-9

Behrends, S. (2006): Feststellung des Sprachstandes vor der Einschulung. Ein Vergleich der Verfahren ausgewählter Bundesländer. Unveröffentlichte Examensarbeit. Hochschule Vechta

Bender-Szymanski, D. (2004): Die schwierige Toleranz. Ein Planspiel zu religiös-weltanschaulichen Konflikten in der Schule. In: Praxis Schule 5-10, 15, Heft 6, S. 30-37

Benner, D./Ramseger, J. (1981): Wenn die Schule sich öffnet. Erfahrungen aus dem Grundschulprojekt Gievenbeck. München

Bertelsmann Stiftung, Bertelsmann Forschungsgruppe Politik (Hrsg.) (2004): Eine Welt der Vielfalt: Ein Trainingsprogramm des A WORLD OF DIFFERENCE-Institute der Anti-Defamation-League New York, in der Adaption für den Schulunterricht (Lektion 5). 3. überar. Aufl., Gütersloh

Bildungskommission Nordrhein-Westfalen (1995): Zukunft der Bildung. Schule der Zukunft. Denkschrift der Kommission „Zukunft der Bildung – Schule der Zukunft" beim Ministerpräsidenten des Landes Nordrhein-Westfalen. Neuwied

Böhm, D./Böhm, R./Deiss-Niethammer, B. (1999): Handbuch Interkulturelles Lernen. Theorie und Praxis für die Arbeit in Kindertageseinrichtungen. Freiburg u.a.

Bönsch, M. (1998): Qualifikation. In: Haarmann, D. (Hrsg.): Wörterbuch Neue Schule. Weinheim, S. 139-145

Böth, G. (2001): Schulpartnerschaften. Der Beitrag der Schulpartnerschaften zum Interkulturellen Lernen. Münster

Bolscho, D. (2005): Transkulturalität – ein neues Leitbild für Bildungsprozesse. In: Datta, A. (Hrsg.): Transkulturalität und Identität. Bildungsprozesse zwischen Exklusion und Inklusion. Frankfurt, S. 29-38

Borrelli, M. (Hrsg.) (1992): Zur Didaktik Interkultureller Pädagogik. Teil I u. II. Baltmannsweiler

Bos, W. u.a. (2003): Erste Ergebnisse aus IGLU. Schülerleistungen am Ende der vierten Jahrgangsstufe im internationalen Vergleich. Münster u.a.

Bosch, D. (1992): Ausländer- und Aussiedlerkinder im Unterricht. Eine Überforderung für die Grundschule? Essen

Bräu, K. (2005): Individualisierung des Lernens – Zum Lehrerhandeln bei der Bewältigung eines Balanceproblems. In: Bräu, K./Schwerdt, U. (Hrsg.): Heterogenität als Chance. Vom produktiven Umgang mit Gleichheit und Differenz in der Schule. Münster, S. 129-149

Bräu, K./Schwerdt, U. (Hrsg.) (2005): Heterogenität als Chance. Vom produktiven Umgang mit Gleichheit und Differenz in der Schule. Münster

Breugnot, J. (2000): Fremdsprachen. In: Reich,H./Holzbrecher, A./Roth, H.J. (Hrsg.): Fachdidaktik interkulturell. Ein Handbuch. Opladen, S. 287-310

Brockmann, S. (2006): Diversität und Vielfalt im Vorschulbereich. Zu interkulturellen und antirassistischen Ansätzen. Oldenburg

Brügelmann, H. (2001): Heterogenität, Integration, Differenzierung: Empirische Befunde – pädagogische Perspektiven. In: Heinzel, F./Prengel, A. (Hrsg.): Heterogenität, Integration und Differenzierung in der Primarstufe. Opladen, S. 31-43

Brügelmann, H. (2005): Schule verstehen und gestalten. Perspektiven der Forschung auf Probleme von Erziehung und Unterricht. Regensburg

Büker, P. (2001): Europa – ein aktuelles Thema für die Grundschule. In: Schmitt, R. (Hrsg.): Grundlegende Bildung in und für Europa. Grundschulverband – Arbeitskreis Grundschule e.V. Frankfurt, S. 166-181

Büker, P. (1998): Erziehung zu europäischer Verständigung in der Grundschule. Frankfurt a.M.

Büker, P./Kammler, C. (Hrsg.) (2003): Das Fremde und das Andere. Interpretationen und didaktische Analysen zeitgenössischer Kinder- und Jugendbücher. Weinheim und München

Büker, P./Malinowski, A./Strömer-Langer, G. (2004): „Begeisterung steckt an wie Grippeviren" – ein deutsch-polnisches Literaturprojekt um das Kinderbuch „Irgendwie Anders". In: große Holthaus, M./Köller, K. (Hrsg.): Interkulturell lernen – erziehen – bilden. Theoretische und praktische Anregungen zum Umgang mit heterogenen Lerngruppen. Münster, S. 187-210

Buhren, C.G. (1996): Gestaltung des Schullebens und Öffnung von Schule. Materialien zur Lehrerfortbildung. COMED-Material 9/1991. Dortmund

Bulang-Lörcher, M./Große-Oetringhaus, H.-M. (1998): Aminatas Entdeckung. Projekt „Eine Welt in der Schule". Frankfurt (auch als überarb. und aktualisierte CD-ROM-Version 2006)

Büttner, G./Lenzen, K.-D./Schulz, G. (1995): Einfach sprachlos. Interkulturelle Begegnungen zwischen Grundschulkindern in Deutschland und Frankreich. Münster

Bundesamt für Migration und Flüchtlinge (Hrsg.) (2005): Migration, Asyl und Integration. Stand 31.12.2005. 14. Aufl., Bonn

Burk, K. (Hrsg.) (2002): Fremdsprachen und fremde Sprachen in der Grundschule. Mehr gestalten als verwalten, Teil 9. Arbeitskreis Grundschule. Frankfurt a.M.

Burk, K./Speck-Hamdan, A./Wedekind, H. (Hrsg.) (2003): Kinder beteiligen – Demokratie lernen? Arbeitskreis Grundschule. Frankfurt

Bundeszentrale für politische Bildung (2000): Interkulturelles Lernen. Bonn

Cave, K./Riddell, Ch. (1994): Irgendwie Anders. Deutschsprachige Ausgabe. Hamburg

Deutscher Bildungsrat. Empfehlungen der Bildungskommission (1973): Strukturplan für das Bildungswesen. Taschenausgabe. Stuttgart

Dieckhoff, P. (2002): Wir verstehen uns prima. Interkulturelle Erziehung im Kindergarten. Stuttgart

Diehm, I. (2003): Toleranz oder Anerkennung? In: Burk, K./Speck-Hamdan, A./Wedekind,H. (Hrsg.): Kinder beteiligen – Demokratie lernen? Arbeitskreis Grundschule e.V. Frankfurt, S. 296-307

Diehm, I. (2005): Interkulturelle Pädagogik: Die programmatische Antwort auf wachsende ethnische Heterogenität in Schule und Unterricht. In: Bräu, K./Schwerdt, U. (Hrsg.): Heterogenität als Chance. Vom produktiven Umgang mit Gleichheit und Differenz in der Schule. Münster, S. 85-94

Diehm, I./Radtke, F.O. (1999): Erziehung und Migration. Stuttgart

Dreher, E. (2001): Entwicklungspsychologie des Kindes. In: Einsiedler, W. u.a.: Handbuch Grundschulpädagogik und Grundschuldidaktik. Bad Heilbrunn, S. 115-123

Duden Redaktion (Hrsg.) (2007): Das Fremdwörterbuch. (Duden Band 5). 9. Aufl., Mannheim

Duncker, L (1994): Lernen als Kulturaneignung. Schultheoretische Grundlagen des Elementarunterrichts. Weinheim und Basel

Duncker, L. (1999): Perspektivität und Erfahrung. Kontrapunkte moderner Didaktik. In: Holtappels, H.G./Horstkemper, M. (Hrsg.): Neue Wege in der Didaktik? Analysen und Konzepte zur Entwicklung des Lehrens und Lernens. Die Deutsche Schule, 5. Beiheft, S. 44-57

Duncker, L. (2005): Mit anderen Augen sehen lernen – Multiperspektivität in Gesellschaft und Schule. In: Kregcjik, K. (Hrsg.): Intensiv-Programm: Philosophieren mit Kindern mit unterschiedlichem kulturellen Hintergrund. Madrider Impulse. Wien, S. 13-24

Ehlich, K.u.a. (2005): Anforderungen an Verfahren der regelmäßigen Sprachstandsfeststellung als Grundlage für die frühe und individuelle Förderung von Kindern mit und ohne Migrationshintergrund. BMBF. Bildungsreform Band 11. Berlin (a)

Ehlich, K. (2005): Eine Expertise zu „Anforderungen an Verfahren der regelmäßigen Sprachstandsfeststellung als Grundlage für die frühe und individuelle Sprachförderung von Kindern mit und ohne Migrationshintergrund". In: Gogolin, I./Neumann, U./Roth, H.-J. (Hrsg.): Sprachdiagnostik bei Kindern und Jugendlichen mit Migrationshintergrund. Dokumentation einer Fachtagung am 14. Juli 2004 in Hamburg. Münster, S. 33-50 (b)

Eickhorst, A. (1998): Selbsttätigkeit im Unterricht. Grundlagen und Anregungen. München

Eickhorst, A. (2001): Migration und Interkulturelle Pädagogik (Sammelrezension). In: Zeitschrift für Erziehungswissenschaft 4, Heft 2, S. 289-296

Eickhorst, A. (2002): „Gespräch – Spiel – Arbeit – Feier". Anregungen der Petersen-Pädagogik für das Schulleben heute. In: Lernwelten 4; Heft 2, S. 68-73

Eickhorst, A. (2004): Interkulturelles Lernen in der Grundschule. Was sagen die Lehrpläne? In: Carle, U./Unckel, A. (Hrsg.): Entwicklungszeiten. Forschungsperspektiven für die Grundschule. Jahrbuch Grundschulforschung. Band 8, Neuwied 2004, S. 184-189

Eickhorst, A. (2004): Selbsttätig sein – selbstständig werden. Überlegungen zum Umgang mit einer pädagogischen Grundkategorie. In: Hammerer, F./Haberl, H. (Hrsg.): Montessori-Pädagogik heute. Grundlagen – Innenansichten – Diskussionen. Wien, S. 185-194

Eickhorst, A. (2006): Interkulturelles Lernen in der Grundschule. In: Schweer, M.K.W. (Hrsg.): Das Kindesalter. Ausgewählte pädagogisch-psychologische Aspekte. Frankfurt u.a., S. 49-69

Ellen, J./Michely, H./Springer, M. (1998): Interkulturelle Pädagogik. Methodenhandbuch für sozialpädagogische Berufe. Berlin Fort Lauderdale

Faust-Siehl, G. (2001): Individualentwicklung und Sozialerziehung. In: Einsiedler, W. u.a. (Hrsg.): Handbuch Grundschulpädagogik und Grundschuldidaktik. Bad Heilbrunn, S. 233-238

Fechler, B. (2003): Dialog der Anerkennung – Möglichkeiten und Grenzen der Mediation bei „interkulturellen" Konflikten in der Schule. In: Kloeters, U./Lüddecke, J./Quehl, Th. (Hrsg.): Schulwege in die Vielfalt. Handreichung zur Interkulturellen und Antirassistischen Pädagogik in der Schule. Frankfurt a.M., S. 103-148

Feige, B. (2006): Lernortpädagogik in der Grundschule. In: Grundschulunterricht, Heft 11, S. 3-7

Feuser, G.: (1995): Behinderte Kinder und Jugendliche. Zwischen Integration und Aussonderung. Darmstadt

Fountain, S. (1996): Leben in Einer Welt. Anregungen zum globalen Lernen. Braunschweig

Frenzel, D./Sandfuchs, U./Sewing, A. (2005): Ganztagsschule als Integrationsort von Migrantenkindern. Die deutsch-italienische Gesamtschule Wolfsburg. In: Ladenthin, V./Rekus, J. (Hrsg.): Die Ganztagsschule. Alltag, Reform, Geschichte, Theorie. Weinheim und München, S. 311-329

Frederichs, M./Hartmann-Kleinschmidt, E. (2003): Interkulturelles Lernen im Englischunterricht der Grundschule. In: große Holthaus,M./Köller, K. (Hrsg.): Interkulturell lernen – erziehen –

bilden. Theoretische und praktische Anregungen zum Umgang mit heterogenen Lerngruppen. Münster 2004, S. 83-94

Fried, L. (2005): Expertise zu Sprachstandserhebungen für Kindergartenkinder und Schulanfänger. Eine kritische Betrachtung. München (Deutsches Jugendinstitut (a). Internet: http://cgi.dji.de/bibis/271_2232_ExpertiseFried.pdf (Aufruf 04.06.07)

Fried, L. (2005): Spracherfassungsverfahren für Kindergartenkinder und Schulanfänger. In: Gogolin, I./Neumann, U./Roth, H.-J. (Hrsg.): Sprachdiagnostik bei Kindern und Jugendlichen mit Migrationshintergrund. Dokumentation einer Fachtagung am 14. Juli 2004 in Hamburg. Münster, S. 19-32 (b)

Führing, G.: Begegnung als Irritation. Ein erfahrungsgeleiteter Ansatz in der entwicklungsbezogenen Didaktik. Münster/New York 1996

Gläser, E. (2004): Die problematische Kategorie „ausländisches Kind". In: Grundschule 36, Heft 12, S. 40-42

Glumper, E. (1996): Interkulturelles Lernen im Sachunterricht. Bad Heilbrunn

Glumpler, E./Apeltauer, E. (1997): Ausländische Kinder lernen Deutsch. Lernvoraussetzungen. Methodische Entscheidungen. Projekte. Berlin

Goepfert, H. (1985): Ausländerfeindlichkeit durch Unterricht. Konzeptionen und Alternativen für Geschichte, Sozialkunde und Religion. Düsseldorf

Gogolin, I. (1994): Der monolinguale Habitus der multilingualen Schule. Münster

Gogolin, I. (1997): Großstadt-Grundschule. Münster/New York/ München/ Berlin

Gogolin, I./ Neumann, U./Reuter, L. (Hrsg.) (2001): Schulbildung für Kinder aus Minderheiten in Deutschland 1889-1999. Schulrecht, Schulorganisation, curriculare Fragen, sprachliche Bildung. Münster u.a.

Gogolin, I./Neumann, U./Roth, H.-J. (2003): Förderung von Kindern und Jugendlichen mit Migrationshintergrund. Materialien zur Bildungsplanung und Forschungsförderung. Heft 107. BLK. Bonn

Gogolin, I./Neumann, U./Roth, H.-J. (Hrsg.) (2005): Sprachdiagnostik bei Kindern und Jugendlichen mit Migrationshintergrund. Dokumentation einer Fachtagung am 14. Juli 2004 in Hamburg. Münster

Gomolla, M./Radtke, F.O. (2002): Institutionelle Diskriminierung. Die Herstellung ethnischer Differenz in der Schule. Opladen

Gomolla, M.: Fördern und Fordern allein genügt nicht! Mechanismen institutioneller Diskriminierung von Migrantenkindern und -jugendlichen im deutschen Schulsystem. In: Auernheimer, G. (Hrsg.) (2003): Schieflagen im Bildungssystem. Die Benachteiligung der Migrantenkinder. Opladen, S. 97-112

Graumann, O. (2004): Heterogenität in der Schulklasse aus allgemeindidaktischer Sicht. In: Keck, R.W./Rudolph, M./Whybra, D./Wiater, W. (Hrsg.): Schule in der Fremde – Fremde in der Schule. Heterogenität, Bilingualität – kulturelle Identität und Integration. Münster, S. 238-251

Grosch, H./Groß, A./Leenen, W.R. (2000): Methoden interkulturellen Lehrens und Lernens. Saarbrücken

Große Holthaus,M./Köller, K. (Hrsg.) (2004): Interkulturell lernen – erziehen – bilden. Theoretische und praktische Anregungen zum Umgang mit heterogenen Lerngruppen. Dokumentation des Paderborner Grundschultages 2003. Münster

Günther, B./Günther, H. (2004): Erstsprache und Zweitsprache. Einführung aus pädagogischer Sicht. Weinheim und Basel

Gutwerk, S. (2004): Demokratie im Klassenzimmer. In: Grundschulmagazin 72, Heft 2, S. 8-11

Hacker, H. (Hrsg.) (1980): Das Schulbuch: Funktion und Verwendung im Unterricht. Bad Heilbrunn

Hacker, H. (2001): Anfangsunterricht. In: Einsiedler, W. u.a.: Handbuch Grundschulpädagogik und Grundschuldidaktik. Bad Heilbrunn, S. 396-401

Hanke, P. (2005): Unterschiedlichkeit erkennen und Lernprozesse in gemeinsamen Lernsituationen fördern – förderdiagnostische Kompetenzen als elementare Kompetenzen im Lehrerberuf. In: Bräu, K./Schwerdt, U. (Hrsg.): Heterogenität als Chance. Vom produktiven Umgang mit Gleichheit und Differenz in der Schule. Münster, S. 115-128

Hellmich, F./Kiper, H. (2006): Einführung in die Grundschuldidaktik. Weinheim und Basel

Herden, U. (2001): Rund um die Orange. Ein Projekt in einer 4. Klasse. In: Eine Welt in der Schule, Klasse 1-10. Heft 2, S. 4-7

Herwartz-Emden, L. (2003): Einwandererkinder im deutschen Bildungswesen. In: Cortina, K.S./Baumert, J. u.a. (Hrsg.): Das Bildungswesen in der Bundesrepublik Deutschland. Strukturen und Entwicklungen im Überblick. Reinbek, S. 661-709

Herwartz-Emden, L. (2005): Migrant/-innen im deutschen Bildungssystem. In: Bundesministerium für Bildung und Forschung (Hrsg.): Migrationshintergrund von Kindern und Jugendlichen: Wege zur Weiterentwicklung der amtlichen Statistik. Berlin, S. 7-24

Heusinger, R. (Hrsg.) (2000): Begegnungssprache. Kinder Brandenburger Grundschulen begegnen Englisch, Russisch, Französisch und Polnisch in ihrem Unterricht. Weinheim

Höhne, Th./Kunz, Th./Radtke, F.-O. (2005): Bilder von Fremden. Was unsere Kinder aus Schulbüchern über Migranten lernen sollen. Frankfurt

Hölscher, P. (Hrsg.) (1994): Interkulturelles Lernen. Projekte und Materialien für die Sekundarstufe I. Frankfurt

Hohmann, M. (1989): Interkulturelle Erziehung – eine Chance für Europa? In: Hohmann, M./Reich, H.H. (Hrsg.): Ein Europa für Mehrheiten und Minderheiten Diskussionen um interkulturelle Erziehung. Münster/New York, S. 1-32

Holtappels, H.G. (2001): Grundschule mit erweitertem Zeitrahmen: Halbtagsgrundschule und Ganztagsschule. In: Einsiedler, W. u.a. (Hrsg.): Handbuch Grundschulpädagogik und Grundschuldidaktik. Bad Heilbrunn, S. 73-77

Holzbrecher, A. (1999): Dem Fremden auf der Spur. Interkulturelles Lernen im Pädagogikunterricht. Hohengehren

Holzbrecher, A. (2004): Interkulturelle Pädagogik. Berlin

Honneth, A. (1992): Kampf um Anerkennung. Zur moralischen Grammatik sozialer Konflikte. Frankfurt/M.

Horn, H.A. (1993): Die Lehrpläne der Grundschule. Darstellung der Entwicklung von den ersten Ansätzen bis zur Gegenwart. In: Haarmann, D. (Hrsg.): Die Lehrpläne der Grundschule. Band 2. Weinheim, S. 14-28

Horstmann, K./Müller, M. (1997): Das Bild vom „Fremden" in der Grundschule. In: Die Grundschulzeitschrift 11, Heft 106, S. 48-51

Hummerich, M. (2002): Bildungserfolg und Migration. Biographien junger Frauen in der Einwanderungsgesellschaft. Opladen

Ipfling, H.-J. (2002): Schule – ihre Geschichte, ihre Funktionen und ihre Organisation. In: Apel, H. J./Sacher, W. (Hrsg.): Studienbuch Schulpädagogik. Bad Heilbrunn, S. 35-64

Ittermann, R. (1988): „Ausländer" im Sachunterricht der Primarstufe: Lehrpläne und Lehrbücher in Nordrhein-Westfalen. In: Sachunterricht und Mathematik in der Primarstufe 16, Heft 6, S. 272-278

Jelloun, T. B. (2000): Papa, was ist ein Fremder? Gespräch mit meiner Tochter. Hamburg

Johann, E./Michely, H./Springer, M. (1998): Interkulturelle Pädagogik. Methodenhandbuch für sozialpädagogische Berufe. Berlin

Jürgens, E. (2005): Anerkennung von Heterogenität als Voraussetzung und Aufgabe pädagogischer Leistungsbeurteilung in Schulen. In: Bräu, K./Schwerdt, U. (Hrsg.): Heterogenität als Chance. Vom produktiven Umgang mit Gleichheit und Differenz in der Schule. Münster, S. 151-176

Kaiser, A. (2006): Praxisbuch interkultureller Sachunterricht. Basiswissen Grundschule. Band 21. Hohengehren

Keck, R.W. (2001): Schulleben. In: Einsiedler, W. u.a. (Hrsg.): Handbuch Grundschulpädagogik und Grundschuldidaktik. Bad Heilbrunn, S. 203-212

Keck, R.W. (2004): Zum Stellenwert von Heterogenität und Multikulturalität in der pädagogischen Gegenwartsdiskussion. In: Keck, R.W./Rudolph, M./Whybra, D./Wiater, W. (Hrsg.): Schule in der Fremde – Fremde in der Schule. Heterogenität, Bilingualität – kulturelle Identität und Integration. Münster, S. 21-37

Kilpatrick, W.H. (1918): The Project Method. In: Teachers College Record 19, S. 319-335

Kilpatrick, W.H. (1935): Die Projekt-Methode. Die Anwendung des zweckvollen Handelns im pädagogischen Prozess. In: Dewey, J./Kilpatrick, W.H.: Der Projekt-Plan – Grundlegung und Praxis. Weimar, S. 161-179

Kinderbuchfonds Baobab (Hrsg.) (2005): Verzeichnis „Fremde Welten" 2006/2007 (Nr.16). Basel

Kiper, H. (1987): „...und sie waren glücklich". Alltagstheorien und Deutungsmuster türkischer Kinder als Grundlage pädagogischer Arbeit im Sachunterricht. Hamburg

Kirk, S. (2001): Eltern und Schule. In: Einsiedler, W. u.a. (Hrsg.): Handbuch Grundschulpädagogik und Grundschuldidaktik. Bad Heilbrunn, S. 212-218

Klafki, W. (1963): Studien zur Bildungstheorie und Didaktik. Weinheim/Basel

Klafki, W. (1996): Neue Studien zur Bildungstheorie und Didaktik. Zeitgemäße Allgemeinbildung und kritisch-konstruktive Didaktik. 5. Aufl., Weinheim und Basel

Klafki, W./Stöcker, H. (1976): Innere Differenzierung des Unterrichts. In: Zeitschrift für Pädagogik 22, S. 497-523

Klieme, E. u.a. (2003): Zur Entwicklung nationaler Bildungsstandards. Eine Expertise. Gefördert durch das BMBF. 2. Aufl., Berlin

Köller, K. (2004): Wege zur eigenen Identität und zur Identität anderer. Möglichkeiten eines schülerorientierten Unterrichts zur Förderung von Fremd- und Eigenverständnis. In: große Holthaus, M./Köller, K. (Hrsg.): Interkulturell lernen – erziehen – bilden. Theoretische und unterrichtspraktische Anregungen zum Umgang mit heterogenen Lerngruppen. Münster, S. 157-166

Kohlhoff-Kahl, I. (2004): Buket: „Was guckst du?" Jasmin: „Was hast du denn an?" – Zwei Fragen – unzählige Antworten. In: große Holthaus,M./Köller, K. (Hrsg.): Interkulturell lernen – erziehen – bilden. Theoretische und praktische Anregungen zum Umgang mit heterogenen Lerngruppen.. Münster, S. 175-185

Kolb, S. (2004): Offenheit gegenüber fremden Kulturen. Nasreddin Hodscha. In: Grundschulmagazin 36, Heft 1, S. 13-16

Krüger, S. (2005): Interkulturelles Lernen in der Grundschule – Konzepte und Umsetzungsbeispiele. Unveröff. Hausarbeit im Rahmen der Ersten Staatsprüfung für das Lehramt an Grund-, Haupt- und Realschulen an der Hochschule Vechta

Krüger-Potratz, M. (1996): Interkulturelle Erziehung – Reflexionen über Hindernisse auf dem Weg zu einer Schule für alle Kinder. In: Ulonska, H./Kraschinski, S./Bartmann, Th. (Hrsg.): Lernforschung in der Grundschule. Bad Heilbrunn, S. 112-135

Krüger-Potratz, M. (2005): Interkulturelle Bildung. Eine Einführung. Münster

Krumm, H.-J. (2004): Was kann eine Sprachdiagnose bei Kindern und Jugendlichen mit Migrationshintergrund leisten? Gogolin, I./Neumann, U./Roth, H.-J. (Hrsg.): Sprachdiagnostik bei Kindern und Jugendlichen mit Migrationshintergrund. München, S. 97-107

Kunz, Th. (2003): Guten Appetit? Aspekte der Thematisierung und Nicht-Thematisierung „ausländischer Mitschüler" im Schulbuch. In: Kloeters, U./Lüddecke, J./Quehl, Th. (Hrsg.): Schulwege in die Vielfalt. Handreichung zur Interkulturellen und Antirassistischen Pädagogik in der Schule. Frankfurt a.M., S. 221-251

Lanfranchi, A. (2002): Interkulturelle Kompetenz als Element pädagogischer Professionalität – Schlussfolgerungen für die Lehrerausbildung. In: Auernheimer, G. (Hrsg.): Interkulturelle Kompetenz und pädagogische Professionalität. Opladen, S. 206-233

Lehmann, R. (2005): Vorurteile von Kindern. Bewältigungskompetenz und Väter. Hamburg

Leiprecht, R./Kerber, A. (Hrsg.) (2006): Schule in der Einwanderungsgesellschaft. Ein Handbuch. Schwalbach/Ts.

Lentes, S. (2004): Ganzheitliche Sprachförderung. Ein Praxisbuch für Kindergarten, Schule und Frühförderung. 2. Aufl., Weinheim und Basel

List, G. (2005): Was tun und was können Kinder sprachlich? Auf dem Weg vom linguistischen Testversuch zum entwicklungspsychologischen Sprachhandlungskonzept. In: Gogolin, I./Neumann, U./Roth, H.-J. (Hrsg.): Sprachdiagnostik bei Kindern und Jugendlichen mit Migrationshintergrund. Dokumentation einer Fachtagung am 14. Juli 2004 in Hamburg. Münster, S. 51-57

Luchtenberg, S. (1995): Interkulturelle sprachliche Bildung – Zur Bedeutung von Zwei- und Mehrsprachigkeit für Schule und Unterricht. Münster/New York

Lüthi, M. (1997): Das europäische Volksmärchen. Form und Wesen. 10. Aufl., Tübingen und Basel

„Mama lernt Deutsch" (Bayern). „Mama lernt Deutsch – Papa auch" (Frankfurt) (Internet: http://www.km.bayern.de/km/aufgaben/erwachsenenbildung/service (Aufruf: 5.05.07) http://www.stadt-frankfurt.de/amka (Aufruf: 5.05.07)

Marenbach, D. (1980): Das Lesebuch für die Grundschule. In: Hacker, H. (1980) (Hrsg.): Das Schulbuch. Funktion und Verwendung im Unterricht. Bad Heilbrunn, S. 69-86

Marquardt-Mau, B./Schmitt, R. (Hrsg.) (1990): Chima baut sich eine Uhr. Weinheim und Basel

Mayer, C.H. (2006): Trainingshandbuch Interkulturelle Mediation und Konfliktlösung. Didaktische Materialien zum Kompetenzerwerb. Münster

Mecheril, P. (2004): Einführung in die Migrationspädagogik. Weinheim

Meier, B./Oellrich, J./Söll, F./Spilker, N. (2004): Internationale E-Mail-Korrespondenzen – Möglichkeiten und Grenzen fremde Sprachen und Kulturen kennen zu lernen. In: große Holtaus, M./Köller, K. (Hrsg.): Interkulturell lernen – erziehen – bilden. Theoretische und unterrichtspraktische Anregungen zum Umgang mit heterogenen Lerngruppen. Münster, S. 211-222

Merkel, J. (2007): Liefert uns doch bessere Kinder! In: Grundschule 39, Heft 1, S. 13-15

Merks, K./Merks, R. (2002): Toll, *toller*, tolerant. Grundschulkinder lernen Verständnis füreinander. Mühlheim a.d. Ruhr

Mertens, D. (1974): Schlüsselqualifikationen. Thesen zur Schulung für eine moderne Gesellschaft. In: Mitteilungen aus der Arbeitsmarkt- und Berufsforschung, Heft 7, S. 36-43

Meyer-Hamme, J. (2007): Interkulturelles Lernen (Sammelrezension). In: Pädagogik 59, Heft 2, S. 52-55

Meyer-Willner, G. (2001): Differenzierung und Individualisierung. In: Einsiedler, W./Götz, M. u.a. (Hrsg.): Handbuch Grundschulpädagogik und Grundschuldidaktik. Bad Heilbrunn, S. 367-376

Michel, U. (2005): Sprachliche Bildung bei sprachlich-kultureller Vielfalt. Das neue BLK-Programm „FörMig". In: Grundschulmagazin 73, Heft 2, S. 8-11

Moser, A. (1994): Nasreddin Hodscha – ein Till Eulenspiegel aus der Türkei. In: Hölscher, P. (Hrsg.): Interkulturelles Lernen. Projekte und Materialien für die Sekundarstufe I. Frankfurt a.M., S. 45-51

Naegele, I.M./Haarmann, D. (Hrsg.) (1986): Darf ich mitspielen? Kinder verständigen sich in vielen Sprachen – Anregungen zur interkulturellen Kommunikationsförderung. Weinheim und Basel

Natus, U. (2004): Das Puppenspiel als interkulturelles Medium. In: große Holthaus, M./Köller, K. (Hrsg.): Interkulturell lernen – erziehen – bilden. Theoretische und unterrichtspraktische Anregungen zum Umgang mit heterogenen Lerngruppen. Münster, S. 149-154

Nestvogel, R. (2002): Aufwachsen in verschiedenen Kulturen. Weibliche Sozialisation und Geschlechterverhältnisse in Kindheit und Jugend. Weinheim/ Basel (Neuausgabe)

Neuhaus-Siemon, E. (2001): Grundfragen des Lehrplans unter besonderer Berücksichtigung der Auswahl und Anordnung von Inhalten des Grundschulunterrichts. In: Einsiedler, W./Götz; M. u.a. (Hrsg.): Handbuch Grundschulpädagogik und Grundschuldidaktik. Bad Heilbrunn, S. 299-311

Niedersächsisches Kultusministerium (Hrsg.) (2000): Sichtwechsel. Wege zur interkulturellen Schule. Ein Handbuch. Hannover

Niedersächsisches Kultusministerium (2005): Integration und Förderung von Schülerinnen und Schülern nichtdeutscher Herkunftssprache. RdErl. vom 21.07.2005. In: Schulverwaltungsblatt für Niedersachsen, Heft 9, S. 475-484

Niedersächsisches Kultusministerium (2006): „Fit in Deutsch". Feststellung des Sprachstandes (Feb. 2006). Internet: http://www.nibis.de/nibis.phtml?menid=965 (Aufruf: 04.06.2007)

Nieke, W. (2000): Interkulturelle Erziehung und Bildung. Wertorientierungen im Alltag. 2. Aufl., Opladen

Oomen-Welke, I. (2004): Körpersprache und Extrasprachliches verschiedener Kulturen. In: Rosenbusch, H.S./Schober, O. (Hrsg.): Körpersprache und Pädagogik. Das Handbuch. 4. überarbeit. Aufl., Hohengehren, S. 68-98

Oser, F. (2001): Standards. Kompetenzen von Lehrpersonen. In: Oser, F./Oelkers, J. (Hrsg.): Die Wirksamkeit der Lehrerbildungssysteme. Zürich, S. 67-96

Ossowski, H. (2000): Wärst du mal ich und ich mal du ... Ausländische Kinder in der Kinderliteratur. In: Grundschule 32, Heft 1, S. 43-46

Pantos, R. (2001): Ideen und Materialien für Lehrerinnen und Lehrer. T.B. Jelloun: Papa, was ist ein Fremder? Reinbek

Petillon, H. (1993): Das Sozialleben des Schulanfängers. Die Schule aus der Sicht des Kindes. München

Peterßen, W.H. (2000): Fächerverbindender Unterricht. Begriff – Konzept – Planung – Beispiele. München

Peterßen, W.H. (2001): Kleines Methoden-Lexikon. 2. Aufl., München

Pfeuffer, P. (1994): Grundlegung sozialer Handlungsfähigkeit und -bereitschaft. In: Schorch, G. (Hrsg.): Grundlegende Bildung. Erziehung und Unterricht in der Grundschule. 2. Aufl., Bad Heilbrunn, S. 70-84

Philipp, E./Rolff, H.-G. (2006): Schulprogramme und Leitbilder entwickeln. Weinheim

Pommerin, G. (Hrsg.) (1995): Und im Ausland sind die Deutschen auch Fremde. 2. veränderte Aufl., Frankfurt a.M.

Preissing, Ch. (1998): Und wer bist du? Interkulturelles Leben in der Kita. Ravensburg

Preissing, Chr. (2003): Vorurteilsbewusste Bildung und Erziehung im Kindergarten. In: Preising, Chr./Wagner, P. (Hrsg.): Kleine Kinder, keine Vorurteile? Interkulturelle und vorurteilsbewusste Arbeit in Kindertageseinrichtungen. Freiburg u.a., S. 12-33

Prengel, A. (2006): Pädagogik der Vielfalt. 3. Aufl., Opladen

Prengel, A. (1999): Vielfalt durch gute Ordnung im Anfangsunterricht. Opladen

Prengel, A. (2005): Heterogenität in der Bildung – Rückblick und Ausblick. In: Bräu, K./Schwerdt, U. (Hrsg.): Heterogenität als Chance. Vom produktiven Umgang mit Gleichheit und Differenz in der Schule. Münster, S. 19-35

Quehl, Th. (2003): Möglichkeiten interkultureller und antirassistischer Pädagogik in der Grundschule. In: Kloeters, U./Lüddecke, J./Quehl, Th. (Hrsg.): Schulwege in die Vielfalt. Handreichung zur Interkulturellen und Antirassistischen Pädagogik in der Schule. Frankfurt a.M., S. 253-315

Rademacher, H. (1991): Spielend interkulturell lernen? Berlin

Rademacher, H./Wilhelm, M. (2005): Interkulturelle Spiele für die Klassen 5 bis 10. Berlin

Radtke, F.-O. (1988): Zehn Thesen über Möglichkeiten und Grenzen interkultureller Erziehung. In: 23. Beiheft der Zeitschrift für Pädagogik („Erziehung und Bildung als öffentliche Aufgabe), S. 50-56

Radtke, F.-O. (1994): Fremd geboren wird keiner, fremd wird man gemacht. Grundschule in der Einwanderungsgesellschaft. In: Die Grundschulzeitschrift, Heft 71, S. 21-37

Rauch, M./Wurster, E. (1997): Schulbuchforschung als Unterrichtsforschung. Frankfurt a.M.

Reich,H.-H./Holzbrecher,A, u.a. (Hg.) (2000): Fachdidaktik interkulturell. Ein Handbuch. Opladen

Reich,H.-H./Pörnbacher,U. (1993): Interkulturelle Didaktiken. Fächerübergreifende und fächerspezifische Ansätze. Münster/New York

Renner, E. (1982): Entwicklung und Erprobung für den gemeinsamen Sachunterricht mit ausländischen Kindern – Szenen aus einem sozialen Lernfeld. In: Frey, H. u.a.: Ausländische Kinder im Unterricht. Erfahrungen, Materialien, Hilfen zu einer mehrkulturellen und integrativen Pädagogik. Heinsberg, S. 161-232

Retter, H. (1995): Soziales Lernen – so nicht! In: Grundschule 27, Heft 2, S. 56-57

Rösch, H. (1997): Bilderbücher zum interkulturellen Lernen. Hohengehren

Rösch, H. u.a. (2003): Deutsch als Zweitsprache. Grundlagen, Übungsideen, Kopiervorlagen zur Sprachförderung. Braunschweig (a)

Rösch, H. (2003): Es war einmal und es wird immer wieder sein. – Interkulturelle Literaturdidaktik am Beispiel von Märchen. In: Kloeters, U./Lüddecke, J./Quehl, Th. (Hrsg.): Schulwege in die Vielfalt. Handreichung zur Interkulturellen und Antirassistischen Pädagogik in der Schule. Frankfurt a.M., S. 195-220 (b)

Rossbach, H.-G. (2001): Heterogene Lerngruppen in der Grundschule. In: Einsiedler, W./Götz, M. u.a.: Handbuch Grundschulpädagogik und Grundschuldidaktik. Bad Heilbrunn, S.143-148

Roth, H.J. (2000): Allgemeine Didaktik. In: Reich, H.H./Holzbrecher, A./Roth, H.J. (Hrsg.): Fachdidaktik interkulturell. Ein Handbuch. Opladen, S. 10-53

Roth, H.J. (2006): Perspektiven der Zweitspracherwerbsforschung für die Sprachförderung von Kindern mit Migrationshintergrund. In: Hanke, P. (Hrsg.): Grundschule in Entwicklung. Herausforderung und Perspektiven für die Grundschule heute. Münster, New York, S. 159-187

Rupp, G. (1989): Literarische Texte im interkulturellen Unterricht. In: Grundschule 21, Heft 10, S. 28-30

Sader, M. (2002): Toleranz und Fremdsein. 16 Stichworte zum Umgang mit Intoleranz und Fremdenfeindlichkeit. Weinheim und Basel

Sandfuchs, U. (2001): Fördern und Förderunterricht. In: Einsiedler, W. u.a. (Hrsg.): Handbuch Grundschulpädagogik und Grundschuldidaktik. Bad Heilbrunn, S. 292-298

Sandfuchs, U. (2004): Interkulturelle Erziehung in der internationalen Schul- und Bildungspolitik – Integration und Förderung von Migrantenkindern im Schulwesen als soziale und pädagogische Herausforderung. In: Keck, R.W./Rudolph, M./Whybra, D./Wiater, W. (Hrsg.): Schule in der Fremde – Fremde in der Schule. Heterogenität, Bilingualität – kulturelle Identität und Integration. Münster, S. 62-74

Sandfuchs, U. (2006): Schulbücher in der Diskussion. In: Grundschule 38, Heft 12, S. 6-9

Schäffter, O. (1991): Das Fremde. Erfahrungsmöglichkeiten zwischen Faszination und Bedrohung. Opladen

Schanz, C. (2004): Wege zu einer interkulturellen Schule. Die Überwindung ausländerpädagogischer Strukturen an der Albanischule in Göttingen. In: große Holthaus, M./Köller, K. (Hrsg.): Interkulturell lernen – erziehen – bilden. Theoretische und unterrichtpraktische Anregungen zum Umgang mit heterogenen Lerngruppen. Münster, S. 31-44

Scheunpflug, A./Hirsch, K. (Hrsg.) (2000): Globalisierung als Herausforderung für die Pädagogik. Frankfurt

Schilmöller, R. (1996): Kollision kultureller Werte. Pädagogische Konzeption interkultureller Erziehung im Dilemma. In: Schneider, J. (Hrsg.): Kulturelle Vielfalt als Problem für Gesellschaft und Schule. Münster, S. 70-97

Schmidt, M. (1992): Partnerschaft zwischen einer Grundschule im Land Niedersachsen und einer Ecole Elementaire in der Normandie. In: Burk, K. (Hrsg.): Fremdsprachen und fremde Sprachen in der Grundschule. Arbeitskreis Grundschule – Der Grundschulverband – e.V. Frankfurt, S. 22-45

Schmitt, R. (Hrsg.) (2006): „Eine Welt" in der Schule in den Klassen 1-10. Internetpräsentation 2001, überarbeitet 2006. Bremen (http://www.weltinderschule.uni-bremen.de/frameset.htm. Aufruf: 01.06.2007)

Schmitt, R. (1979): Kinder und Ausländer. Einstellungsänderung durch Rollenspiel – eine empirische Untersuchung. Braunschweig

Schmitt, R. (1995): Materialband zu Aminatas Entdeckung. Projekt „Eine Welt in der Schule" Frankfurt

Scholz, G. (2005): Die Unterrichtsformen. Eine problemgeschichtliche Studie. Frankfurt u.a.

Schorch, G. (Hrsg.) (1994): Grundlegende Bildung. Erziehung und Unterricht in der Grundschule. 2. Aufl., Bad Heilbrunn

Schorch, G. (2006): Die Grundschule als Bildungsinstitution. Leitlinien einer systematischen Grundschulpädagogik. 2.Aufl., Bad Heilbrunn

Schreier, M. (1986): Ausländische Kinder in deutschen Regelklassen. Zwischen Integration und Identität: Herausforderung und Chance für interkulturelles Lernen. In: Tumat, A.J. (Hrsg.): Migration und Integration. Ein Reader. Baltmannsweiler, S. 246-256

Schroeder, Chr./Stölting, W. (2005): Mehrsprachig orientierte Sprachstandsfeststellungen für Kinder mit Migrationshintergrund. In: Gogolin, I./Neumann, U./Roth, H.-J. (Hrsg.): Sprachdiagnostik bei Kindern und Jugendlichen mit Migrationshintergrund. Dokumentation einer Fachtagung am 14. Juli 2004 in Hamburg. Münster, S. 59-74

Schründer-Lenzen, A./Mücke, St. (2006): Konzeption und Ergebnisse von Förderunterricht für Kinder mit Migrationshintergrund. In: Hinz, R./Schumacher, B. (Hrsg.): Auf den Anfang kommt es an: Kompetenzen entwickeln – Kompetenzen stärken. Jahrbuch Grundschulforschung, Band 10, S.153-161

Schütz, A. (1932): Der sinnhafte Aufbau der sozialen Welt (Neuauflage 1974/1981). Frankfurt

Schulte-Bunert, E. (1993): Ausländer in der Bundesrepublik. Frankfurt a.M.

Schulz- v. Thun, F. (1981): Miteinander reden. Reinbek

Schwander, M.W./Andersen, K.N. (2005): Spiel in der Grundschule. Multiple Funktionen – maßgebliche Aufgaben. Bad Heilbrunn

Schwarz, H. (2005): Märchen aus 16 Ländern zum Mitmachen. Vorlesen, Erzählen, Singen. 2. Aufl., Weinheim und Basel

Sekretariat der Ständige Konferenz der Kultusminister der Länder in der Bundesrepublik Deutschland (KMK) (1990): Europa im Unterricht. Beschluss der Kultusministerkonferenz vom 08.07.1978 in der Fassung vom 07.12.1990. Bonn

Sekretariat der Ständige Konferenz der Kultusminister der Länder in der Bundesrepublik Deutschland (1996): Empfehlung „Interkulturelle Bildung und Erziehung in der Schule". Beschluss der Kultusministerkonferenz vom 25.10.1996. Bonn

Sekretariat der Ständige Konferenz der Kultusminister der Länder der Bundesrepublik Deutschland) (1994): Empfehlungen zur Arbeit in der Grundschule Bonn (Aktualisierung von 1970)

Sekretariat der Ständige Konferenz der Kultusminister der Länder in der Bundesrepublik Deutschland (1997): „Eine Welt/Dritte Welt" in Unterricht und Schule. Beschluss der Kultusministerkonferenz vom 28.02.1997. Bonn

Sekretariat der Ständigen Konferenz der Kultusminister der Länder der Bundesrepublik Deutschland (2000): Empfehlung der Kultusministerkonferenz zur Förderung der Menschenrechtserziehung in der Schule. Beschluss der KMK vom 4.12.1980 i.d.F. vom 14.12.2000

Sekretariat der Ständigen Konferenz der Kultusminister der Länder der Bundesrepublik Deutschland (Hrsg.) (2005): Bildungsstandards im Fach Mathematik für den Primarbereich (Jahrgangsstufe 4). Beschluss vom 15.10.2004. München, Neuwied (a)

Sekretariat der Ständigen Konferenz der Kultusminister der Länder der Bundesrepublik Deutschland (Hrsg.) (2005): Bildungsstandards im Fach Deutsch für den Primarbereich (Jahrgangsstufe 4). Beschluss vom 15.10.2004. München, Neuwied (b)

Selman, R.L. (1984): Die Entwicklung des sozialen Verstehens. Frankfurt a.M.

Senatsverwaltung für Schule, Jugend und Sport Berlin (2001): Handreichung für Lehrkräfte an Berliner Schulen. Interkulturelle Bildung und Erziehung. Berlin

Stanat, P./Müller, A.G. (2005): Förderung von Schülerinnen und Schülern mit Migrationshintergrund. In: Bartnitzky, H./Speck-Hamdan, A. (Hrsg.): Deutsch als Zweitsprache lernen. Frankfurt a.M. (Grundschulverband – Arbeitskreis Grundschule e.V.), S. 20-32

Stein, G. (2001): Schulbücher in berufsfeldbezogener Lehrerbildung und pädagogischer Praxis. In: Roth, L. (Hrsg.): Pädagogik. Handbuch für Studium und Praxis. 2. Aufl., München, S. 839-847

Terhart, E. (2000): Perspektiven der Lehrerbildung in Deutschland. Abschlussbericht der von der Kultusministerkonferenz eingesetzten Kommission. Weinheim und Basel

Thomas, A. (1988): Psychologisch-pädagogische Aspekte interkulturellen Lernens im Schüleraustausch. In: Thomas, A. (Hrsg.): Interkulturelles Lernen im Schüleraustausch. Saarbrücken; Fort Lauderdale, S. 77-99

Thomas, A. (2003): Psychologie interkulturellen Lernens und Handelns. In: ders. (Hrsg.): Kulturvergleichende Psychologie. 2. Aufl., Göttingen, Bern u.a., S. 433-485

Topsch, W. (2004): Einführung in die Grundschulpädagogik. Berlin

Tumat,A.J. (Hrsg.) (1986): Migration und Integration. Ein Reader. Baltmannsweiler

Ulich, M./Oberhuemer, P. (Hrsg) (1994): Es war einmal, es war keinmal ... Ein multikulturelles Lese- und Arbeitsbuch. 3. Aufl., Weinheim/Basel (4. aktualisierte und neu ausgestattete Aufl. 2005)

Ulich, M./Oberhuemer, P./Reidelhuber, A. (Hrsg.) (1995): Der Fuchs geht um ... auch anderswo. Ein multikulturelles Spiel- und Arbeitsbuch. 3. Aufl., Weinheim/Basel (6. aktualisierte und neu ausgestattete Aufl. 2005)

Ulich, M./Oberhuemer, P./Soltendieck, M. (2005): Die Welt trifft sich im Kindergarten. Interkulturelle Arbeit und Sprachförderung in Kindertageseinrichtungen. 2. Aufl., Weinheim und Basel, (1. Auflage 2001)

Vollstädt, W./Tillmann, K.-J./Rauin, U. u.a. (1999): Lehrpläne im Schulalltag. Eine Studie zur Akzeptanz und Wirkung von Lehrplänen in der Sekundarstufe I. Hamburg

Vorst, C. (2004): Interkulturelles Lernen mit und an Kinder- und Jugendliteratur. – Positionen der Literaturdidaktik und Vergleich dreier Werkbeispiele zum Thema „Aussiedler". In: große Holthaus, M. /Köller, K. (Hrsg.): Interkulturell lernen – erziehen – bilden. Münster, S. 47-61

Wagner, P. (2003): „Anti-Bias-Arbeit ist eine lange Reise ...". Grundlagen vorurteilsbewusster Praxis in Kindertageseinrichtungen. In: Preissing, Chr./Wagner, P. (Hrsg.): Kleine Kinder, keine Vorurteile? Interkulturelle und vorurteilsbewusste Arbeit in Kindertageseinrichtungen. Freiburg i.Br., S. 34-62

Walter, P. (2001): Kompetenz und Erfahrung in kulturell heterogenen Grundschulen. In: Auernheimer, G./van Dick, R./Petzel Th./Wagner, U. (Hrsg.): Interkulturalität im Arbeitsfeld Schule. Empirische Untersuchungen über Lehrer und Schüler. Opladen, S. 111- 139

v. Wedel-Wolff, A. (2006): Wie wird ein Schulbuch zu „meinem" Buch? In: Grundschule 38, Heft 12, S. 18-21

Weinert, F.E. (1980): Entwicklungsgemäßer Unterricht. Probleme der Anpassung des Unterrichts an den kognitiven Entwicklungsstand der Schüler. In: Rost, D.H. (Hrsg.): Entwicklungspsychologie für die Grundschule. Bad Heilbrunn, S. 207-211

Weinert, F.E. (2001): Vergleichende Leistungsmessung in Schulen – eine umstrittene Selbstverständlichkeit. In: Weinert, F.E. (Hrsg.): Leistungsmessungen in Schulen. Weinheim und Basel, S. 17-31

Wiater, W. (2004): Kulturelle Integration. Begriff und Ideal einer Pädagogik der Vielfalt. In: Keck, R.W./Rudolph, M./Whybra, D./Wiater, W. (Hrsg.): Schule in der Fremde – Fremde in der Schule. Heterogenität, Bilingualität – kulturelle Identität und Integration. Münster, S. 46-61

Wittenbruch, W. (2000): Grundschule: Texte und Bilder zur Geschichte einer jungen Schulstufe. 2. Aufl., Heinsberg

Zimmer, J. (1998): Das kleine Handbuch zum Situationsansatz. Praxisreihe Situationsansatz. Ravensburg

Lehr- und Rahmenpläne; Kerncurricula

Bayerisches Staatsministerium für Unterricht und Kultus (Hrsg.) (2000): Lehrplan für die Grundschule in Bayern. München

Der Senator für Bildung und Wissenschaft. Freie Hansestadt *Bremen* (Hrsg.) (2004): Rahmenplan für die Primarstufe. Pädagogische Leitideen. Bremen

Freie und Hansestadt *Hamburg*. Behörde für Bildung und Sport (Hrsg.) (2003): Bildungsplan für die Grundschule. Rahmenplan Aufgabengebiete. Hamburg. Internet: http://www.hamburger-bildungsserver.de/bildungsplaene/Grundschule/AGG_Grd.pdf. (Aufruf: 14.05.07)

Ministerium für Bildung, Wissenschaft und Kultur des Landes *Mecklenburg-Vorpommern* (Hrsg.) (2002): Rahmenplan Interkulturelle Erziehung. Erprobungsfassung. Roggentin

Ministerium für Schule, Jugend und Kinder des Landes *Nordrhein-Westfalen* (2003): Richtlinien und Lehrpläne zur Erprobung für die Grundschule in Nordrhein-Westfalen. Heft 2010, Frechen

Niedersächsisches Kultusministerium (Hrsg.) (2006): Kerncurriculum für die Grundschule. Schuljahrgänge 1-4. Deutsch. Hannover. Internet: http://db2.nibis.de/ldb/cuvo/ausgabe/ (Aufruf: 16.12.06)

Ministerium für Bildung, Wissenschaft, Forschung und Kultur des Landes *Schleswig-Holstein* (Hrsg.) (1997): Lehrplan Grundschule. Glückstadt

Anhang: Hinweise auf Materialien und Internetadressen

Zum Interkulturellen Lernen liegt eine Vielfalt an „einsatzfähigen" Materialien vor; es gibt Möglichkeiten zu umfassenden Recherchen im Internet. Angesichts der Fülle und Vielfalt ist es wichtig, dass die potentiellen „Anwender" der Materialien über Kriterien verfügen, nach denen sie „Eignung" und Angemessenheit für einen je besonderen unterrichtlichen Einsatz beurteilen können (vgl. Abschnitt 3.3.5). Die hier vorgelegte *Auswahl* berücksichtigt vornehmlich die Belange der Grundschule und beschränkt sich – insbesondere, was die Recherchemöglichkeiten im Internet angeht – auf wenige zentrale Hinweise, die als Ausgangspunkt für eine weitere Suche dienen können.

Angebote des Bundes und der Länder: Für die Suche nach Materialien und weiteren Hinweisen zum Interkulturellen Lernen in der Schule lohnt sich eine Recherche unter den Angebotsseiten des Deutschen Bildungsservers (http://www.bildungsserver.de).

Von hier aus gelangt man unmittelbar auf die Portale der *Landesbildungsserver*. Der Bereich ‚Interkulturelle Pädagogik' ist nochmals unterteilt in „Interkulturelle Bildung für den Elementarbereich" und „für die Schule"; jeweils mit Hinweisen auch auf Praxishilfen, Elternarbeit und Projekte. Weitere Links verweisen auf Institutionen, rechtliche Rahmenbedingungen und Migration.

Statistische Angaben zu Anzahl, Herkunftsländern, rechtlichen Voraussetzungen, Schülerzahlen erhalten Sie unter

http://www.destatis.de (Statistisches Bundesamt); angewählt werden können die Bereiche „Bevölkerung" bzw. „Ausländische Bevölkerung"; „Bildung und Kultur"

http://www.auslaender-statistik.de

Unter „http://www.bundesregierung.de" gibt es einen direkten Link zu den Seiten der Integrationsbeauftragten mit vielen Hinweisen und Schriften zu Fragen der Migration sowie zum Bereich „Europa".

Unter „http://www.bmbf.de" (Bundesministerium für Bildung und Forschung) kann gezielt gesucht werden nach Publikationen, die das Thema „Förderung von Kindern und Jugendlichen mit Migrationshintergrund" aufgreifen (Förderung der Lesekompetenz, Sprachstandsfeststellung).

Das Bundesministerium für Familie, Senioren, Frauen und Jugend (http://www.bmfsfj.de) greift die Themen Migrationsfamilien, UN-Kinderrechtskonvention auf und gibt Berichte zur Lage der Familien in Deutschland heraus:

6. Familienbericht (2000): „Familien ausländischer Herkunft in Deutschland, Leistungen – Belastungen – Herausforderungen"
7. Familienbericht (2006): „Familien zwischen Flexibilität und Verlässlichkeit. Perspektiven für eine lebenslaufbezogene Familienpolitik".

Bildungsbeteiligung von Kindern und Jugendlichen mit Migrationshintergrund: Hier sei nochmals verwiesen auf die Publikationen der Integrationsbeauftragten der Bundesregierung, die sich auch zu Fragen der Mehrsprachigkeit geäußert hat sowie auf das Forum „Bildung Plus":
http://www.bundesregierung.de
http://bildungplus.forum-bildung.de
Auch das BLK-Gutachten „Förderung von Kindern und Jugendlichen mit Migrationshintergrund" (BLK Heft 107) kann abgerufen werden unter: http://www.blk-bonn.de. Genauere Ausführungen dazu finden sich unter „Sprachförderung und Mehrsprachigkeit".

An dieser Stelle sei auch auf die großen internationalen Vergleichsstudien verwiesen, die in diesem Band Erwähnung finden:
PISA- Studie (Programme for International Student Assesment):
http://www.pisa.ipn.uni-kiel.de
IGLU-Studie (Internationale Grundschul-Lese-Untersuchung)
http://www.ifs.uni-dortmund.de/iglu2006/
DESI- Studie (Deutsch Englisch Schülerleistungen International)
http://www.dipf.de/desi/index.htm
http://www.thueringen.de/de/tkm/schule/informationen/vergleiche/desi

Austauschprogramme/Partnerschulen: Die – auch im Text genannten – einschlägigen Empfehlungen der Kultusministerkonferenz können abgerufen werden unter: http://www.kmk.org
Im Rahmen des „Pädagogischen Austauschdienstes" informiert die Kultusministerkonferenz u.a. auch über den Aufbau von Schulpartnerschaften:
http://www.kmk-pad.org/.

Hinweise zur Vorbereitung und konkreten Durchführung zum Schüleraustausch (vgl. Abschnitt 2.3.2) finden sich im Internet unter
http://www.ausgetauscht.de
http://www.schueleraustausch.de

Auch die Landesbildungsserver stellen Informationen bereit. Ausführlich wird z.b. im Bundesland Niedersachsen über internationale Schulpartnerschaften in Niedersachsen informiert und sind Hilfen für eine geeignete Austauschmöglichkeit aufgezeigt:

http://partnerschulen.nibis.de

http://www.bildung-mv.de (Informationen des Bundeslandes Mecklenburg-Vorpommern zu Schüleraustausch und Schulpartnerschaften).

Soziales Lernen/Sozialerziehung: Hier seien – ergänzend zum Abschnitt 2.3.1 – auf einige weiterführende Materialien verwiesen: Konzeptionelle Hinweise und Anregungen zur Durchführung eines Mediationsverfahrens bzw. zur Konfliktlösung im interkulturellen Feld (allerdings nicht speziell für die Arbeit mit Kindern gedacht) finden sich in dem Band von

C.-H. Mayer (2006): Trainingshandbuch Interkulturelle Mediation und Konfliktlösung. Didaktische Materialien zum Kompetenzerwerb. Münster.

Eine Zusammenstellung von Büchern mit Spiel- und Übungsvorschlägen zum sozialen Lernen, aber auch zum Umgang mit Streit und Konflikten hat Quehl (2003, S. 288; siehe Literaturverzeichnis) zusammengestellt. Hier sind z.B. genannt:

Faller, K. (1998): Mediation in der pädagogischen Arbeit. Ein Handbuch für Kindergarten, Schule und Jugendarbeit. Mühlheim/Ruhr

Fuchs, B. (2001): Spiele fürs Gruppenklima. 3. Aufl., München

Kahlert, J. u.a. (2002) Achtsamkeit und Anerkennung. Materialien zur Förderung des Sozialverhaltens in der Grundschule. Köln (Bundeszentrale für gesundheitliche Aufklärung)

Portmann, R. (2001): Spiele, die stark machen. 2. Aufl., München

Ebenfalls Spielanregungen zum Sozialen Lernen finden sich bei Schwander/Andersen (2005, S. 147ff.): Spiele zur Integration, Aufgaben und Rollen übernehmen, Konflikte erkennen und bewältigen.

Dem Anbahnen von Toleranz im Grundschulalter widmet sich das Begleitbuch für eine Unterrichtsreihe von Karina und Romana Merks (Mühlheim 2002): „Toll, toller, tolerant. Grundschulkinder lernen Verständnis füreinander" (vgl. Abschnitt 2.3.1). Neben detaillierten Hinweisen zur Durchführung enthält es weiterführende Literatur- und Internettipps auch zu angrenzenden Themenfeldern.

Mit dem Buch – herausgegeben von Ingrid Naegele und Dieter Haarmann (1986) – „Darf ich mitspielen? Kinder verständigen sich in vielen Sprachen – Anregungen zur interkulturellen Kommunikationsförderung". Weinheim und Basel. liegt ein – schon etwas älterer – Band vor. Die Herausgeber betonen die Förderung kindlichen Lernens durch das Spiel und wollen durch die sich in den spielorientierten Aktivitäten ergebenden Handlungssituationen insbesondere den mündlichen Sprachgebrauch der Kinder anregen.

Öffnung zum schulischen Umfeld: Zu dem Abschnitt 3.1.3 vorgestellten Konzept der „Gemeinwesenorientierten Schule" gibt es Hinweise im Internet unter
http://www.community-education.de
Außerdem verdient die Arbeit der „RAA" (Regionale Arbeitsstelle zur Förderung von Kindern und Jugendlichen aus Zuwandererfamilien) im Bundesland Nordrhein-Westfalen Beachtung, die sich für eine Kooperation mit Kindertagesstätten, Schulen und Jugendämtern einsetzt. So wird die Beratung von Eltern, Kindern und schulischen Institutionen übernommen, auch Konzepte und Unterrichtsmaterialien zum interkulturellen Lernen und zu „Mehrsprachigkeit" bereitgestellt.
Zu finden sind die Arbeitsstellen über http://www.raa.de

Globales Lernen; "Eine Welt/Dritte Welt" im Unterricht: Zu dem Gedanken einer Thematisierung der „Einen Welt" im Unterricht (vgl. Abschnitt 3.2.1) ist bereits über Anregungen und unmittelbar einsatzfähige Materialien berichtet worden. Auch die Zeitschrift „Eine Welt in der Schule" ist über das Internet abrufbar:
http://www.weltinderschule.uni-bremen.de/frameset.htm
http://www.globales-lernen.de
Auch die Landesbildungsserver gehen auf die Thematik ein. So verfügt der Hamburger Bildungsserver über ein „Eine Welt"-Schulnetz und stellt Informationen für Nord-Süd-Schulpartnerschaften zur Verfügung.
Weitere Informationen zu der umfassenden Thematik:
http://www.ded.de (Deutscher Entwicklungsdienst)
http://www.bmz.de (Bundesministerium für wirtschaftliche Zusammenarbeit und Entwicklung).
Der Band von Susan Fountain „Leben in Einer Welt. – Anregungen zum globalen Lernen" (Braunschweig 1996) gibt im Rahmen von fünf Lernfeldern (jeweils gegliedert nach Altersgruppen) 53 einzelne Szenarien zur Vorbereitung von Kindern und Jugendlichen auf das Leben in der „Einen Welt" vor. Die Angebote sind nach ihrem Komplexitätsgrad angeordnet und können frei kombiniert werden. So kommen z.B. vor: „Wechselseitige Abhängigkeit", „Soziale Gerechtigkeit" und „Konflikte und Konfliktlösungen". – Da die vorgeschlagenen Aktivitäten zum großen Teil aus dem amerikanischen

Kulturraum übernommen worden sind, bedarf ihre Übernahme besonders sorgfältiger Planung und Reflexion.

Europa im Unterricht: Auch wenn sich die „Landschaft" Europas durch das Anwachsen der Europäischen Union bereits wieder verändert hat und auch die Schulstruktur der einzelnen Länder Veränderungen unterworfen ist, dürfte doch der von Rudolf Schmitt herausgegebene Band: „Grundlegende Bildung in und für Europa" (Grundschulverband, Arbeitskreis Grundschule e.V., Frankfurt a.M. 2001) zunächst einmal noch einen guten Überblick geben zur Frage der strukturellen und inhaltlichen Ausfüllung der gemeinsamen Schulzeit in insgesamt 41 Ländern. Zudem sind enthalten: Hinweise auf Bücher und Nachschlagewerke für Kinder zum Thema ‚Europa', auf Lieder, Spiele und CD-Roms sowie Quellen für weitere Recherchen. Weitere Quellen:
http://www.bildungsserver.de (entsprechende Suchbegriffe eingeben)
http://europa.eu/index_de.htm (Portal der Europäischen Union).

Sprachförderung und Mehrsprachigkeit: Es gibt eine Fülle an Materialien zur Sprachförderung, die überwiegend auch Bezug nehmen oder sich gänzlich ausrichten auf den vorschulischen Bereich. Folgende Bücher vermitteln zudem praktische Anregungen:

Schader, B. (2000): Sprachenvielfalt als Chance. Handbuch für den Unterricht in mehrsprachigen Klassen. Zürich

Schlösser, E. (2003): Wir verstehen uns gut. Spielerisch Deutsch lernen. Methoden und Bausteine zur Sprachförderung für deutsche und zugewanderte Kinder als Integrationsbeitrag in Kindergarten und Grundschule. Münster

Tophinke, D. (2003): Sprachförderung im Kindergarten – Julia, Elena und Faith entdecken gemeinsam die deutsche Sprache.

Wiedenmann, M. (2000) (Hrsg.): Handbuch Sprachförderung mit allen Sinnen. 2. Aufl., Weinheim und Basel

Der Band von Ulich, M./Oberhuemer, P./Soltendieck, M. (2001, siehe Literaturverzeichnis) enthält ebenfalls Hinweise und Anregungen zur Sprachförderung.

Einen Überblick zu den in den Bundesländern jeweils eingesetzten Sprachstandsverfahren geben die Portale der Landesbildungsserver. Als Beispiel sei verwiesen auf:

Senatsverwaltung für Bildung, Jugend und Sport Berlin (2006): Sprachlerntagebuch für Kindertagesstätten. Handreichung für Erzieherinnen und Erzieher. Berlin. Internet: http://www.daks-berlin.de/downloads/handreichungfuererzieherinnenundzieher.pdf

In diesem Band ist auf die folgenden Sprachstandsverfahren eingegangen worden:
HAVAS 5 („Hamburger Verfahren zur Analyse des Sprachstandes bei 5-jährigen" von H.H. Reich und H.-J. Roth). Einbezogen sind auch die Erprobung und Bewertung eines Sprachförderkonzepts im Rahmen einer Kooperation von KITA und Grundschule durch das „Landesinstitut für Lehrerbildung und Schulentwicklung" Hamburg
http://www.li-hamburg.de
CITO: Der Test weist aus, ob ein 3 bis 7-jähriges Kind die Sprachkompetenz besitzt, die es für einen erfolgreichen Schulbesuch braucht. Da eine digitale Durchführung und damit auch Auswertung möglich ist, kann er zeitsparend eingesetzt werden.
http://www.cito.com/de_index.htm
„Fit in Deutsch": Das niedersächsische Sprachstandsverfahren wurde ab dem Schuljahr 2003/04 in allen Grundschulen eingeführt. Der Förderzeitraum ist ab dem 1.08.06 auf ein Jahr ausgedehnt worden. Zusätzlich liegen Schriften mit didaktisch-methodischen Anregungen zur Sprachförderung vor:
http://www.nibis.de
http://www.nibis.ni.schule.de/nibis.phtml?menid=946

Der Beobachtungsbogen *SISMIK* („Sprachverhalten und Interesse an Sprache bei Migrantenkindern in Kindertageseinrichtungen") ist entwickelt worden am Staatsinstitut für Frühpädagogik München (IFP) von Michaela Ulich und Toni Mayr (2003). Er konzentriert sich auf die Entwicklungsspanne von 3 ½ Jahren bis zum Schuleintritt. Der Bogen wurde bundesweit erprobt mit einer Stichprobe von über 2000 Migrantenkindern.
http://www.ipf-bayern.de/cmain/a_Bildungsplan_Materialien/s 161

Das Modellprogramm *FörMig* („Förderung von Kindern und Jugendlichen mit Migrationshintergrund") startete am 1.09.2004 mit einer Laufzeit von 5 Jahren und fördert insgesamt 5000 Kinder und Jugendliche. An der Finanzierung sind die Bund-Länder-Kommission für Bildungsplanung und Forschungsförderung (BLK) sowie das Bundesministerium für Bildung und Forschung (bmbf) beteiligt. Die Koordination hat das ‚Institut für International und Interkulturell Vergleichende Erziehungswissenschaft' an der Universität Hamburg übernommen. Es sind insgesamt 10 Bundesländer mit teilweise eigenen Projekten beteiligt. Die Themenschwerpunkte sind in „Module" gefasst und folgenden Schwerpunkten zugeordnet (vgl. Michel 2005, S. 10f.):

- Sprachförderung auf der Basis individueller Sprachstandsfeststellung
- Sprachförderung in allen Lernbereichen
- Förderung sprachlicher Fähigkeiten beim Übergang von der Schule in den Beruf.

Ausgearbeitete Curricula: Das Werk *„LIFE – Ideen und Materialien für interkulturelles Lernen"* ist in Zusammenarbeit des Staatsinstituts für Schulqualität und Bildungsforschung (ISB) in München mit der BMW Group entwickelt worden und umfasst vielfältige curriculare Vorschläge – überwiegend mit Materialangeboten versehen –, die unmittelbar für einen unterrichtlichen Einsatz gedacht sind. Das Grundwerk (in der Konzeption von Petra Hölscher und Hans Hunfeld) erschien erstmals im Jahre 1997. Es folgten weitere Ergänzungslieferungen: „Verstehen und Verständigung" 1999, „Sprachen der Kulturen" 2000, „Bilder der Kulturen" 2001 und „Fremde Sprache Literatur" 2006. Zusätzlich liegt ein Film (REE! – Aspekte interkulturellen Lernens. München 1999) mit dem Ziel einer weltweiten Förderung des interkulturellen Lernens vor. Zu den grundlegenden Zielsetzungen der Konzeption des Werkes gehört das Verständnis von der eigenen Kultur als Prozess und eine Auffassung, welche die Normalität des Fremden als Herausforderung begreift und interkulturelles Lernen als Selbstverständlichkeit ansieht. Auf didaktischer Ebene sind Respekt vor Verschiedenheit, Flexibilität der Methoden, offene Formen des Unterrichtens und die Sensibilisierung für Mehrsprachigkeit wesentliche und grundlegende Aspekte. Die Materialien zum Curriculum können kostenlos bezogen werden (presse@bmw.de).

Das *„Anne Frank Zentrum"* in Berlin stellt Lernmaterialien für die Altersgruppen zwischen 4 und 18 Jahren bereit, die als „Lernpakete" mit Foto-Text-Büchern, Hörspielen, Musik-CDs, Videos, Arbeitsblättern und Begleitmaterial für Lehrkräfte ausgestattet sind. Die Pakete wurden in enger Kooperation mit dem Anne Frank Haus in Amsterdam von internationalen Teams entwickelt und kommen – teilweise schon seit 1995 – in fünf europäischen Ländern zum Einsatz (Dänemark, Luxemburg, Niederlande, Deutschland und Österreich). Für den Kindergarten und die ersten beiden Grundschulklassen geeignet ist:
„Das bin ich – International": Zwölf Kinder aus verschiedenen Ländern stellen Geschichten aus ihrem Alltag vor, die zur Suche von Gemeinsamkeiten und Unterschieden einladen.

„Das sind wir" wendet sich an Kinder zwischen 9 und 12 Jahren. Diese erzählen von den wichtigsten Erlebnissen aus ihrem Alltag in Deutschland und geben ein Bild der bestehenden Vielfalt wieder. http://www.annefrank.de/interkulturelleslernen/interkulturellelernmaterialien. html

Kinderliteratur: Da dieser Bereich in verschiedenen Abschnitten des Bandes zur Sprache kommt (vgl. Abschnitte 3.2.4 und 3.2.5), soll hier nur ergänzend verwiesen werden auf die vom Kinderbuchfonds Baobab (Basel 2005, Nr. 16) herausgegebene Schrift „Fremde Welten". Die Lesegruppen dieses Kinderbuchfonds haben rund 200 empfehlenswerte Kinder- und Jugendbücher zu den Themen Afrika, Asien, Lateinamerika, außereuropäische ethnische Minderheiten und Rassismus ausgewählt. Die Titel werden nach Kontinenten aufgelistet präsentiert und mit bibliografischen Angaben und einer kritischen Inhaltsanalyse versehen. Die Auswahl- und Beurteilungskriterien sind in der Einleitung dargelegt. Zusätzlich gibt es Empfehlungen zum Lesealter und zum Einsatz in der Praxis: http://www.baobabbooks.ch

Sachregister